AGIT-POP

Günther Jacob

Agit-Pop

Schwarze Musik und weiße Hörer

Texte zu Rassismus und Nationalismus, HipHop und Raggamuffin

Edition ID-Archiv

Berlin – Amsterdam

Günther Jacob ist Journalist und lebt in Hamburg. Als DJ und Autor verschiedener Musikzeitschriften ist er mit Musik und Literatur sowie mit den sozialen Verhältnissen der amerikanischen und britischen Black Communities befaßt. Involviert in antinationalistische Arbeit, schreibt Jacob auch in verschiedenen Zeitschriften über Theorie und Empirie des Rassismus sowie über den Zusammenhang von Lebensstilen und Sozialstruktur.

This book is dedicated to Shirley Dalby, Jean Dweyer, Michael Franti, Judah James, Wyndell Moses, Helen Smith.

Edition ID-Archiv
Schliemannstr. 23
10437 Berlin

ISBN: 3-89408-027-2

1. Auflage, Juni 1993

Redaktionelle Bearbeitung
Andreas Fanizadeh, Martin Hoffmann

Satz & Layout
seb, Hamburg

Druck:
Winddruck, Siegen

Buchhandelsauslieferungen:
BRD: Rotation Vertrieb, Mehringdamm 51, 10961 Berlin
Schweiz: Pinkus Genossenschaft, Postfach, Ch-8025 Zürich

Inhalt

Vorwort

Stop making sense

Zwischen 1235, als der Staufenkaiser Friedrich II. mit Kamelen, Leoparden und einer dunkelhäutigen Leibgarde durch Magdeburg zog und 1890, als der Afrikaner Wilhelm Sambo Kapellmeister beim 1.Ostpreußischen Grenadierregiment wurde, haben lediglich ein paar tausend Individuen afrikanischer Herkunft im deutschen Sprachraum gelebt. Obwohl die große Mehrheit der Bevölkerung in dieser Zeit »Schwarzen« als sozialen Personen nie begegnet waren, existierte schon ein mythologisches Bild von ihnen, als man mit »Afrika« noch einen fernen und märchenhaften Teil des »Morgenlandes« umschrieb, den noch kein Mitteleuropäer gesehen hatte. Begegnungen mit muslimischen nubischen Kriegern, die an der Seite der Araber Spanien eroberten, rätselhafte Andeutungen in der Bibel sowie eine schon lange zuvor existierende Symbolik, in der Schwarz für Finsternis und Gefahr und nicht zuletzt für den Teufel stand, prägten die ersten Vorstellungen von den am »Rande der Welt« lebenden dunkelhäutigen Menschen. Zugleich wurden sie als Repräsentanten einer beneideten »orientalischen Kultur« aufgefaßt. Seit dem 14. Jahrhundert galt es in deutschen Adelskreisen als dekorativer Ausweis einer verfeinerten Kultur und eines über die eigene Provinz hinausreichenden Machtanspruches, »Mohren« als Dienstpersonal oder Militärmusiker einzusetzen. Deren soziale Lage blieb merkwürdig ambivalent. Obwohl meistens Sklaven, lebten sie oft so privilegiert, daß sie der Bauernbevölkerung als Sinnbild der aristokratischen Auspressungspolitik galten. Als jedoch Mitte des 17. Jahrhunderts immer mehr Sklaven direkt von der westafrikanischen Küste nach Europa verschifft wurden, wandelte sich ihr Image – mehr bei den Bürgern als beim Adel – vom »kultivierten Mohr« zum »Wilden«. Doch erst der naturwissenschaftlich begründete und von Nützlichkeitskriterien geleitete Klassifizierungswahn des Bürgertums beschleunigte diesen Statusverfall der einstmals respektierten

»Exoten« zu verachteten »Untermenschen«. Gegen den Widerstand der Kirche, die die Menschen allein nach ihrer inneren Nähe oder Ferne zu Gott ordnete, machte man sich daran, wirkliche oder erfundene Unterschiede zwischen den Menschen nach biologischen und zoologischen Kriterien zu »Rassenmerkmalen« zu verdichten und diese dann am Maßstab des klassisch-griechischen Schönheitsideals zu bewerten. Neben schottischen Hochlandbauern und Lappländern fielen vor allem Afrikaner durch dieses Raster. Als Objekte wissenschaftlicher Experimente wurden die Körper toter Afrikaner seziert und sogar ausgestopft, andere Forscher schickten junge Sklaven in deutsche Ausbildungseinrichtungen, um die Richtigkeit des aufklärerischen Ideals von der prinzipiellen Erziehbarkeit auch der »Primitiven« zu beweisen.
Wandel und Kontinuität der Vorstellungen, die sich Deutsche seit Jahrhunderten von »den Schwarzen« machen, können als eine lange Kette von diskursiven Praktiken und metaphorischen Sinnverschiebungen aufgefaßt werden, die sich als unscharfe aber doch nachweisbare stereotype »Bilder« im kollektiven Gedächtnis festgesetzt haben und auf die eine oder andere Weise auch die Wahrnehmung der »Black Music« strukturieren.
Die Subheadline »Schwarze Musik und weiße Hörer« im Titel dieses Buches greift bewußt jene übliche Sichtweise auf, die sowohl »uns« als auch »die anderen« von vornherein in kollektiven Identitäten fixiert. Noch bevor »wir uns« zum Beispiel die sogenannte Black Music genauer anhören, steht somit fest, daß es »deren« Musik ist und nicht »unsere«. Auch dort, wo den »Anderen« freundlich und respektvoll begegnet wird, und das ist in der Rezeption von HipHop, Soul oder Raggamuffin in der BRD fast durchweg der Fall, schließt das Denken in kollektiven Identitäten deren wirkliche Zurkenntnisnahme notwendig aus.
Damit erklärt sich auch ein Phänomen, das seit der Intensivierung der Begegnung von »schwarzer Musik und weißen Hörern« ab etwa Mitte der 80er Jahre zu beobachten ist: Das auffällige Ungleichgewicht zwischen dem angehäuften Detailwissen über diese Musik sowie über die Auffassungen der Musiker und der spürbaren Unwilligkeit zur Auseinandersetzung darüber.

In diesem Buch steht die Auseinandersetzung im Mittelpunkt. Dabei wurde darauf zu achten versucht, nicht selbst zu einer »künstlich gesteigerten Sichtbarkeit« (Horkheimer) beizutragen. In einem Buch, das von »Black Music« und ihrer Rezeption in Deutschland handelt, und ausdrücklich nicht von Heavy Metal (der Einwurf, Heavy Metal sei doch auch kritisch zu bewerten, taucht unvermeidlich auf allen Diskussionsveranstaltungen über HipHop auf), kommt es darauf an, Kollektivformeln zu vermeiden, möglichst konkret über Individuen zu reden und auch deren Fehler, etwa autoritäre Auffassungen, nicht zu unterschlagen. Eine Kritik an rassistischen Äußerungen von Personen, die selbst Objekte rassistischer Degradierung sind, stößt nicht zuletzt deshalb häufig auf entschiedene Ablehnung, weil sich viele den abstrakten Fremden nur als untadeligen Freund vorstellen möchten.
Um zu unterstreichen, daß bereits die Termini »schwarz« und »weiß« eine willkürliche Abgrenzung darstellen (ab welcher Hautschattierung ist jemand »schwarz«?) und eine fiktive Ethnizität produzieren, wurden sie durchgängig in Anführungszeichen gesetzt. Verzichtet wurde auf diese Kennzeichnung dort, wo sich »rassifizierte« Menschen z.B. als Afroamerikaner, African-Americans oder Black Americans bezeichnen. Der historische Wandel der Selbstdefinitionen und ihre Abhängigkeit vom jeweiligen politischen Standort ist evident und die Problematik solcher Verortungen offenbart sich spätestens bei der Verknüpfung von »afrikanischer Kontinent« und »BRD-Paß« zur Bezeichnung »Afrodeutsche« (wie definieren sich »Deutsche«?). Gleichzeitig gilt jedoch, daß die Doktrin, wonach »schwarze« US-Bürger als eine »Rasse« angesehen werden, auf grausame Weise geschichtsmächtig geworden ist, insofern sie der Rassismus »wahr gemacht« hat. Die Existenz einer »Black Community« in den USA oder in England ist soziale Realität, allerdings eine paradoxe, weil »schwarze« Menschen ja dazu genötigt wurden, sich als Solidargemeinschaft zu konstituieren. Auch wenn es unter ihnen politische Strömungen gibt, die die ausgegrenzte Gruppe zum »Volk« überhöhen wollen, so ist dies zwar in erster Linie jenen anzulasten, die solche Positionen provoziert haben, es wäre aber fatal, die seit Generationen andauernde Strategiediskussion der Afroamerikaner nicht wahrzuneh-

men, in der es immer Strömungen gab, die die Existenz eines »afrikanischen Volkes« in den USA bestritten.
Solange es Staaten, Nationalismus und Rassismus gibt, werden Anführungszeichen gegen Kollektivformeln wenig ausrichten. Subversiv eingesetzt, kann aber eine sprachliche Infragestellung von Zuschreibungen zur Dekonstruktion beitragen, z.B. wenn von »Rasse« oder »Schwarzen« die Rede ist.

Ist in popkulturellen Zusammenhängen von HipHop die Rede, schwingt oft die Vorstellung mit, es gäbe eine kausale Verbindung zwischen der afroamerikanischen »Ethnie« und der »schwarzen Kultur«. Die Fähigkeiten von Menschen und ihr Verhalten werden mehr oder weniger deutlich mit ihrer Zugehörigkeit zu einer bestimmten »Kultur« erklärt. Unter der Hand werden damit kulturelle Äußerung ethnopluralistisch »naturalisiert«. Kulturen werden als naturgegeben verstanden, wobei die Naturvorstellung selbst ideologisch ist. Daß »die Schwarzen« den Groove im Blut haben, wird so platt zwar nur noch selten ausgesprochen, dafür werden ihnen jedoch umso engagierter unzählige Sonderfähigkeiten nachgesagt. Tut ein konkreter »schwarzer« US-Bürger etwas kund, dann spricht nicht dieser konkrete Mensch, sondern aus ihm spricht »ES« – »das Schwarze« bzw. »der schwarze Standpunkt«. Wenn dann auch noch rappende Afroamerikaner genau dies von sich selbst behaupten, dann fühlt sich das »weiße« Publikum in seiner stereotypen Vorstellung bestätigt, »Schwarze« wären total anders, hätten einen anderen Humor, einen anderen Geschmack, andere Träume, ja insgesamt eine andere (nach dieser Logik in letzter Instanz »ethnisch« fundierte) Kultur als »Weiße«, so daß man sie letztlich nie ganz begreifen könne.
Während viele afroamerikanische Autoren davon ausgehen, daß alle Amerikaner »mulatto people« sind und daß »schwarze« und »weiße« Amerikaner über Gleichheit, Redefreiheit, Geld und Geschlechterrollen die gleichen Vorstellungen haben, behandelt die deutsche Musikszene Afroamerikaner gerne wie die rätselhafte Kultur jenes Südpolvolkes, vor dessen unaufschließbaren Hieroglyphen Poes Romanheld Pym auf der Insel Tsalal grübelt. Aber in deutschen Clubs tanzt man zu HipHop und nicht zur Musik der in die USA eingewander-

ten Menschen aus Guatemala und nicht zur Musik indischer Moslems. Die Stimme der jungen Afroamerikaner ertönt hier einfach deshalb lauter, weil sie so amerikanisch und somit vertraut klingt. »Minderheiten«, die an diesen Hörgewohnheiten nicht anknüpfen können oder wollen, rücken nicht ins Blickfeld der Popkultur.
HipHop oder auch Raggamuffin taugen dann auch als Identifikationsangebot. Der oft emphatische Bezug auf diese Genres gilt vor allem ihren »dissidenten Anteilen«. Indem sie in das eigene progressiv/reaktionär-Schema eingepaßt und aus der Perspektive einer Differenzkultur rezipiert werden, lassen sich aus ihnen jene Elemente herausdestillieren, die der eigenen Lebenspraxis und den eigenen Erwartungen entsprechen. »Schwarze«, Schwule, Punks oder S-Bahn-Surfer gehören dann alle der gleichen Kategorie, »subkulturelle Minderheiten«, an.
Dieser Relativismus, der »schwarze Befreiung« nur als einen weiteren Ort der Differenz behandelt, macht den existentiellen Widerstand gegen Rassismus belanglos, indem er ihn in einem Sammelsurium von »dissidenten« Äußerungen untergehen läßt. Das popkulturelle Streben nach dem Signet der Unverwechselbarkeit wird um ethnopluralistische Momente erweitert und führt damit unversehens immer tiefer in eine Gesellschaft hinein, die sich in ihrer »Asyldiskussion« auch auf das »Recht auf Differenz« beruft. Unter ästhetischen Gesichtspunkten wird der Unterschied zwischen subkulturellem Rebellengestus (der nie eindeutig »links« war und es heute erst recht nicht ist) und weltpolitisch bedeutsamen gesellschaftlichen Auseinandersetzungen irrelevant. Man möchte die aus der importierten Kultur herausgelösten Bruchstücke als Bausteine der eigenen Kultur verwenden.

Da ein solches konsumistisches und selbstbezogenes »Haben-Wollen«-Verhältnis zur »schwarzen Befreiung« gegenüber dem sozialen Anliegen der »Rassifizierten« indifferent ist, weil die anderen *nur* unter dem Gesichtspunkt wahrgenommen werden, daß sie *anders* sind (»Respekt vor der Differenz«), spielen auch deren Irrtümer keine Rolle, weshalb auch keine Sorge darüber aufkommen kann, ob die »schwarze Befreiung« möglicherweise an falschen Strategien scheitert und an fehlender Unterstützung von außen. Offensiv formuliert lautet das Credo dieser Indifferenz: »Europäer sollten keine Zensuren verteilen und nicht versuchen, Unterdrückte aufzuklären.«

Wer ab Mitte der 80er Jahre erstmals über HipHop mit der Existenz der Black Communities konfrontiert wurde, kann nicht ohne weiteres erkennen, daß deren gegenwärtige Verfaßtheit keineswegs repräsentativ für ihre gesamte Geschichte ist. So war zum Beispiel der »schwarze« Nationalismus nicht immer die dominierende und lautstärkste politisch-ideologische Strömung in diesen Communities. Deutschen Rap-Fans erscheint die Doktrin des Nationalismus jedoch als die »authentische«, geradezu »natürliche« Einstellung der Afroamerikaner.[1] Aber dieser Nationalismus – und das gilt auch für viele Äußerungen im HipHop – ist nichts als ein anachronistisches 60s-Revival, eine hilflose Reaktion auf zwei einschneidende, sich gegenseitig beeinflussende Veränderungen: Die soziale Polarisierung der Afroamerikaner und die neue »ethnische« Zusammensetzung der amerikanischen Bevölkerung. Die seit zwanzig Jahren ansteigende Zuwanderung aus den ökonomischen und politischen Krisengebieten von El Salvador bis Guatemala wie auch die Zuwanderung aus asiatischen Ländern hat den Stellenmarkt und den Wohnungsmarkt radikal verändert. Sowohl durch Zuzug als auch durch Flucht vor der Verelendung verändern sich ganze Stadtteile und wandelt sich auch die traditionelle »ethnische« Aufteilung in den Industriebranchen. Während die Black Middle Class sozial über den neuen Zuwanderern steht, geraten die unteren Schichten unter den Druck der extremen Niedriglöhne, für die sich Menschen, die gerade ihre Haut gerettet haben und nur über wenige Beziehungen verfügen, verdingen müssen.
Diese Veränderungen lassen sich auch aus den Themen des HipHop heraushören, dessen ethnozentristische Parolen heute nur *eine* Stimme in einem Chor von minoritären Nationalismen (sowie unzähligen Bewegungen für kulturellen und sexuellen Pluralismus) ist.
Die gesellschaftliche Anerkennung einer jeden »Differenz«, d.h. des »Fremden«, das auch fremd bleiben soll, ist in den USA (ablesbar auch am strukturalistischen und diskurstheore-

tischen Boom in Philosophie und Literaturwissenschaft während der 80er Jahre) viel weiter entwickelt als in Deutschland, auch wenn dort zur Zeit der revanchistische Gegenschlag gegen die »Political Correctness«-Bewegung erfolgt, in dem sich die Angst vor dem Pluralismus entlädt und der die hierarchischen und autoritär-patriarchalischen Werte wieder in Kraft setzen soll. Mit diesem Boom ging eine unendliche, naturalistisch begründete, innere Vervielfältigung der Gesellschaft nach den Kriterien von »Rasse«, »Ethnie«, »Klasse«, »Geschlecht« sowie sexueller und kultureller Orientierung einher. Diese gegen den bürgerlich-imperialen Universalismus der Moderne gerichtete segregationistische und »tribalistische« Tendenz war nie unproblematisch, da die damit verbundene gesteigerte Sichtbarkeit von »Sondermerkmalen«, spätestens dann handlungsstrukturierend und geschichtsmächtig wird, wenn sie auf einen kulturrelativistischen Status Quo orientiert, d.h., wenn die Selbstvergewisserung zum »Endziel« wird und die Perspektive eines antirassistischen Universalismus endgültig verloren geht.
Wo die Gesamtheit der gesellschaftlichen Widersprüche auf einen einzigen reduziert wird und die Gesellschaft, so wie sie ist, von »Minderheiten« einfach als Miniaturausgabe nachgebildet wird, ist der »Stolz« auf die eigenen Besonderheiten (»Rassenstolz« inklusive) nur ein anderer Begriff für Konformismus. Vor dem Hintergrund einer sich parallel zur kapitalistischen Internationalisierung entwickelnden weltweiten Renaissance »nationaler Identität«, »ethnisch« begründeter Bürgerkriege und faschistischer Pogrome kann eine Politik der Selbstethnisierung, die keine weiteren Ziele mehr kennt, in Konflikte zwischen den Partikularinteressen der verschiedenen Gruppen münden.
Auch der Ethno-Beat des HipHop bekommt einen anderen Klang, wenn er, statt vom antirassistischen Widerstand zu künden, synchron zum Takt der weltweiten Nationalismen pocht. Er ist zwar auch dann nicht Verursacher dieser Entwicklung, aber auch nicht mehr ihr wirksamer Gegner. Umso interessanter ist es zu sehen, wie das »weiße« Publikum darauf reagiert. An dieses Publikum sind die hier versammelten Texte adressiert. Die Rezeption von HipHop als »Ghetto Music« bedeutete in der BRD 1983 und 1987 etwas anderes

als 1993 in Deutschland, ohne das die US-Rapper in dieser Zeit ihre Meinung hätten ändern müssen.
Die positive Bezugnahme auf »Rasse«, »Nation« und »Familie«, die Idealisierung von »survival«, »streetculture«, charismatischen Helden und Körperkult, die ungewöhnliche Kombination von Befreiungsrethorik und offensichtlichem Einverständnis mit der Moderne und nicht zuletzt der häufig sehr provokative autoritäre Männlichkeitskult (Julius Lester: »Rap is the most macho art form to invade pop culture in the last 50 years. There is a pitifull lack of female perspectives in all these tracks.«) – all das existiert unzweifelhaft als starke Strömung in HipHop und Raggamuffin Reggae. Wenn solche Positionen hier übernommen werden, vielleicht noch versehen mit dem Hinweis, sie seien als Positionen von Ausgegrenzten nicht angreifbar, dann können dafür nicht die Rapper und Toaster verantwortlich gemacht werden.
Daß HipHop und Raggamuffin als Berufungsinstanzen bei der Verbreitung hierarchischer und autoritärer Werte und sogar von »ethnischen« Sprachregelungen (die allergenaueste Erwähnung der »ethnischen« Herkunft eines Musikers, z.B. »jüdisch/afroamerikanisches Elternhaus«, ist in der Musikszene bereits Standard) instrumentalisiert werden, daran kann es nach meiner Überzeugung keinen Zweifel geben.

Auf der anderen Seite hat besonders HipHop bewirkt, daß sich die für Deutschland so charakteristische Trennung von Pop und Politik bzw. von Lebensstil und Sozialstruktur ein Stück gelockert hat. Die Ausgrenzung von politischer Kritik aus dem Pop-Diskurs wurde wieder zum Problem, als im HipHop plötzlich das Soziale in den Vordergrund gerückt wurde und damit das Ritual subkultureller Desorientierungsstrategien in die Krise geriet. Die zweite Erschütterung brachte der neue Rechtsrock, weil damit auch das Paradigma des antiuniversalistischen Tribalismus obsolet wurde. Mit beiden Ereignissen war die Erfahrung verbunden, daß selbst ein guter Groove in bestimmten Situationen auch einmal nebensächlich werden kann und daß sich Pop gelegentlich in Wissen und Kritik auflösen muß.
Die Antwort auf die willkürliche Entkopplung von Pop und Politik kann jedoch nicht in der Forderung bestehen, Musik

unter dem Gesichtspunkt ihrer »political correctness« auszuwählen. Wäre das der typische Umgang mit Pop, hätten wir HipHop nie kennengelernt. Am Anfang steht normalerweise die Faszination der Musik. Danach einsetzende Reflexionen sind nur Versuche zu verstehen, was auch schon unverstanden gefallen hat. Diese Selbstverständlichkeit sei deshalb noch einmal erwähnt, weil die hier präsentierten Texte mehrheitlich in Musikzeitschriften veröffentlicht wurden. Herausgerissen aus ihrem ursprünglichen Kontext aus Plattenbesprechungen, Interviews, Trendberichten, Berichten über Club-Nächte, Fotos und Vierfarbanzeigen, gehen unvermeidlich einige Aspekte dieser Texte verloren, die mit dem Zeitpunkt und dem Ort ihrer Veröffentlichung zusammenhängen. Der Aufsatz über Josephine Baker erzielte in einer Discozeitung mit einer nahezu ausschließlich männlichen Leserschaft eine andere Wirkung als in dem feministischen Magazin, das ihn nachgedruckt hat. Zum Verständnis des Interviews mit den Jungle Brothers gehört eigentlich die Kenntnis über den Rap-Diskurs, der seinerzeit in »Spex« geführt wurde.
Diese Texte sind zudem nur ein kleiner Ausschnitt aus einem flüchtigen Popjournalismus, dessen Alltag eher aus Verbraucherberatung als aus Kulturkritik besteht, der sich in einer Welt abspielt, in der Namen, Bandgeschichten, Genregeschichten und vor allem Platten, Platten, Platten .... im Mittelpunkt stehen. Das meiste, was auf diese Weise geschrieben wird, ist schon nach kurzer Zeit einer wiederholten Lektüre nicht wert. Deshalb fehlen hier all die schönen Belanglosigkeiten, die kurzweiligen und wenig inhaltsschweren Berichte und Rezensionen über Brit-Soul, House, Funk, Rap und andere Genres, über Loose Ends, Adiva, Defunkt, Boo-Yaa Tribe, Depeche Mode, En Vogue oder Kylie Minogue. Darüber zu schreiben, die Platten zu hören und öffentlich aufzulegen, schafft erst die Laune, aus der heraus gelegentlich auch genauere Reflexionen entstehen.

I. Rassismus und Rap, Widerstand und Konformismus

South Central I

Hollywoods Most Wanted

South Central, Los Angeles. Von kaum einem »Weißen« bewohnt, von der Stadtverwaltung aufgegeben, beherrscht von Elend, Drogen und organisiertem Verbrechen, ist dieses Viertel längst zur Metapher geworden für das Ende des gerne kolportierten amerikanischen Traums, in dem angeblich alle »Rassen« und »Klassen« zur Großen Amerikanischen Nation verschmolzen. Hollywood, kaum zwanzig Meilen Luftlinie entfernt, gehört einer anderen Galaxis an. Teile von South Central sind Bürgerkriegsgebiet.
Zahllosen ebenso billigen wie blutrünstigen Filmen über die Gewalt der Straße, die allen Thesen von der westlichen »Zivilgesellschaft« Hohn sprechen, diente South Central als Vorbild und Kulisse – meist nachgebaut an sicheren Orten. South Central ist heute weltweit das bekannteste »schwarze« Ghetto. Das Publikum aber ist davon mehr fasziniert als schockiert. Während ein vergleichbares Viertel in Moskau oder Peking früher jedem TV-Magazin als Beweis für die Verkommenheit des gegnerischen Systems gedient hätte, ist South Central niemals der Ausgangspunkt einer radikalen Kapitalismuskritik. Solch ein Ghetto fasziniert als Ort eines sozialtechnischen Großversuches. Anthropologisch argumentierende reaktionäre Verhaltensforscher, die all das, was die Ökonomie der freien Konkurrenz an Gemeinheiten produziert, gerne in die »Natur« des Menschen verlegen wollen – Aggression, Egoismus, rücksichtsloser Überlebenskampf – mußten früher immer auf konstruierte Fälle zurückgreifen, um ihr anti-emanzipatorisches Paradigma zu »beweisen«: »Stellen Sie sich vor, ein Vergnügungsdampfer mit 100 Per-

sonen sinkt und in dem einzigen Rettungsboot haben nur 90 Menschen Platz. Was wird dann wohl passieren? Wir könnten in diesem Fall beobachten, wie die natürlichen Ur-Instinkte der Menschen über ein mühsam angelerntes Sozialverhalten siegen würden.« Solche behavioristischen Analogien werden heute an South Central festgemacht. Das ist der Grund, weshalb die Existenz dieses Ghettos nicht zu einem anklagenden Aufschrei, sondern zum Nervenkitzel führt. Das Ghetto ist der Ort, an dem aus Armut Kunst entsteht. Die fotogene und exotische Fußnote im Merian-Heft. Das »Leider« und »Aber« zum beeindruckenden Bericht über Amerikas Größe. Das Ding, das mit dem Reichtum an anderer Stelle nichts zu tun haben soll. Ein Pluspunkt für die BRD im internationalen Leistungsvergleich. Noch. Und auch erst, seit die Erinnerung an das Ghetto von Warschau kaum noch vorhanden ist. »Ghettoblaster« ist heute ein Gattungsname für größere Cassettenrekorder. Ghetto ist das Stichwort zum wohligen Schaudern, wenn von Drogen, Mord und Aids die Rede ist. Bestätigung für Strukturpolitiker (»strukturschwaches Gebiet«), Sozialtechniker (»negative soziale Entmischung«) und Rassisten (»die wollen ja so leben«). Reagenzglas für empirische Sozialdarwinisten (»Survival Of The Fittest«). Das Ghetto zählt heute zum Unterhaltungssektor. Es ist Western, Science Fiction, Horror, Krimi und Dschungelabenteuer zugleich.

Und es produziert interessante, vermarktungsfähige Sonderfähigkeiten, etwa Blues, Break Dance und Rap. Oder eine Soul-Legende wie Curtis Mayfield, dem besten und scharfsinnigsten singenden Kritiker der amerikanischen Gesellschaft aus der Ghettoperspektive. Oder Schriftsteller wie Chester Himes, Donald Goines, Anthony Haywood, Walter Mosley, Jess Mowry. Manchmal brennt das Ghetto auch, etwa 1968 in 125 Städten, aber auch 1989 in Overtown und Liberty City, den »schwarzen« Vierteln von Miami.

Die amerikanischen Ghettos sind Großstadtghettos. Etwa 80 Prozent (20 Milllionen) der Afroamerikaner leben in den großstädtischen Ballungszentren und davon 60 Prozent in innerstädtischen Ghettos. In diesen Bezirken, radikale »Schwarze« sprechen von militärisch kontrollierten »Reservaten«, gibt es nicht nur Slums, sondern auch mittelständische Viertel und Villengegenden. Die wohlhabenderen Afroamerikaner bleiben gerne in Sichtweite des eigentlichen Ghettos, denn weiße Rassisten machen zwischen armen und reichen »Niggern« nur selten Unterschiede. Das produziert wiederum auf der Seite der Betroffenen ethnische Gemeinsamkeitsvorstellungen, wie sie sich etwa in der Redewendung vom »schwarzen Volk« ausdrücken.

Das »schwarze« Ghetto ist also doppelt bestimmt: Als mehrere soziale Schichten umfassender Ort der Vergemeinschaftung zwecks besserer Selbstverteidigung und als Reservat besonders ungeschützter Niedriglohnarbeiter und sozial verelendeter Almosenempfänger. Aber das Ghetto ist auch ein Arbeits- und ein Verbrauchermarkt. Im Ghetto existiert – vor dem Hintergrund von 6 Millionen Obdachlosen, 40 Millionen nicht Krankenversicherten, 25 Millionen Lebensmittelkartenbeziehern und 1,1 Millionen Strafgefangenen (die welthöchste Inhaftierungsquote) in den USA – die Schattenwirtschaft mit illegalen Fabriken (»Sweatshops«), 80-Stundenwoche und Kinderarbeit als Ersatz für moderne Maschinen. Gleichzeitig fördert der Staat die soziale Polarisierung durch »Small Business Administration«-Programme für »minority firms«.

Rapsploitation – Hollywoods Most Wanted

Die meisten Filme über South Central sind an diesen Details nicht interessiert. Gerade deshalb geht es den Regisseuren jedoch darum, möglichst an »Originalschauplätzen« statt am sicheren Ort vor nachgebauter Kulisse zu drehen. Das verlangt neben einer Menge Mut vor allem die genaue Kenntnis des Machtgefüges und der abgesteckten Territorien der rivalisierenden Gangs, die sich Crisps, Bloods oder Exterminators nennen und L.A. Raiders-Mützen tragen. Filmteams brauchen diplomatisches Geschick, um Waffenstillstandsabkommen und Schutzgarantien auszuhandeln.

Der Regisseur Charles Burnett, selbst hier aufgewachsen, hat alle seine Filme in South Central gedreht. Doch die Geschichten, die er erzählt, handeln nicht vom Bandenkrieg, spekulieren nicht auf den Schauer, der von bewaffneten Kindern und drogensüchtigen Messerstechern ausgeht. Es sind vielmehr Filme über brave Gemeindemitglieder, die am Rande der (nicht allzuviele Straßen umfassenden) Gefechtszonen, oder auch mitten drin, ihr traditionsgebundenes Familienleben führen. »To Sleep With Anger« (in der deutschen Fassung: »Zorniger Schlaf«), Burnetts fünfter Film, wurde 1990 auf dem Sundance Film Festival von Salt Lake City als bester Film ausgezeichnet. Er erzählt die Geschichte einer konservativen, gläubigen Familie, des älteren Ehepaares Gideon und Suzie. Er ist Rentner und züchtet in seinem kleinen Gemüsegarten hinter dem Haus Hühner, während sie Schwangerschaftskurse für junge Paare aus der Nachbarschaft gibt. Babe Brother, der älteste von zwei Söhnen, macht den Eltern Sorgen, weil er mit seiner erfolgreichen Frau und einem gemeinsamen Kind, für das beide Eltern selten Zeit haben, in einer modernen Stadtwohnung lebt, fest entschlossen zum sozialen Aufstieg. Burnett möchte in diesem Fall zeigen, wie unterschiedliche Lebensentwürfe zur familiären Entfremdung führen.

Würde man diesen Film unter dem reißerischen Motto »Straight Outta South Central« ankündigen, was ja keine Lüge wäre, das Publikum wäre enttäuscht. Die Vorstellung darüber, wie ein Film aus solchen Gegenden auszufallen hat, werden heute nicht mehr von Regisseuren wie Charles Burnett bestimmt, sondern von Hollywood. Dort drehte beispielsweise der Regisseur Walter Hill (unter anderem: »48 Hours«) »Looters«, einen Film mit Ice-T und Ice-Cube, den beiden Rappern, die bereits mit »New Jack City« und »Boyz 'N The Hood« 1991 große Filmerfolge hatten.* »Hollywoods most wanted«, Ice Cube, bewegte sich mit dem South Central-Film »Boyz 'N The Hood« auf dem Terrain der »Identity politics« (ein politisches Denken und Handeln, das Individuen in einer Gruppenidentität fixiert) und hatte damit Erfolg. Gleiches gilt für den von Mario van Peebles, einem Sohn des Blaxploitation-Regisseur Melvin van Peebles, gedrehten Ghetto-Thriller »New Jack City« mit Ice-T. (Die »schwarzen« Low Budget Action Movies der 70er Jahre, etwa

---

* Als dieser Film nach den Riots in die Kinos kam, hatte er plötzlich einen anderen Namen: »Trespass«. Die Realität hatte den Film weit hinter sich gelassen und da schien den beiden »militanten« Rappern ein an die Plünderungen erinnernder Titel doch zu gewagt.

»Bronx Warriors« oder »Superfly« werden als Bl(ack)-Exploitation-Filme bezeichnet. An diese Tradition knüpfte 1988 noch einmal die Ghetto-Persiflage »Im Gonna Git Ya Sucka« mit Isaac Hayes an.) Andere Rap-Filme, etwa »Strictly Business« mit Heavy D. und »House Party« mit Kid N Play sowie die amerikanische TV-Serie »The Fresh Prince Of Bel Air« mit Jazzy Jeff, zeigen statt dem Ghetto der Marginalisierten die Lebenswelt der Black Middle Class. Auch im amerikanischen Fernsehen spielen Sprache und Rhythmus der afroamerikanischen Jugendkultur eine zunehmende Rolle. In »In Living Color«, der ersten Fernseh-Komödie aus afro-amerikanischer Perspektive, sprechen die jugendlichen Charaktere die Sprache des Rap. »True Colors«, eine US-Fernsehserie über eine »interracial family«, zeigt zwei »schwarze« Teenager, die ihre »weiße« Großmutter auf freundliche Weise mit lautem Rap schockieren.

Die amerikanische Rap-Szene hat bereitwillig am South Central-Mythos mitgewirkt und sie kann auch alles bieten, was Hollywood braucht: ein junges, leicht zu definierendes Publikum, das Potential für lukrative Soundtracks, mediengeile Stars und ein riesiges Reservoir an Stories.[2]

South Central II
Triumphzug der weltweit gültigen Farbenlehre

»Ich gehe zu einem Aufstand. Ich möchte jemanden töten. Ich stehe auf der Straße, bin hellwach. Noch ist kein Blut geflossen. Alle stellen sich auf. Der Wind trägt uns Gerüchte zu. Die Leute warten. In den Straßen ist ein Rumpeln zu hören. Die Panzer kommen. Die Wilden sind unruhig. Die Panzer werden die Wilden schon zur Räson bringen. Ich komme mir absurd vor und ohnmächtig. Wen will ich denn angreifen?«

Erinnerungen von Assata Shakur, der heute im kubanischen Exil lebenden ehemalige Black Panther-Aktivistin an die Tage nach der Ermordung Martin Luther Kings: Was sich heute dem ersten Eindruck nach wie ein Bericht über South Central/L.A. im Mai 1992 liest, zeigt bei genauerem Hinsehen jedoch das Gegenteil – zwischen 1968 und 1992 gibt es nur noch wenige Parallelen.

Im April 1968 kam es in den Ghettos von 125 amerikanischen Städten zu gewaltsamen Aufständen. 60.000 Soldaten erschossen dabei 46 Afro-Amerikaner und machten 15.000 Gefangene.

Mit der Ausnahme von drei Riots in den Ghettos von Miami schien seither das Phänomen derartiger »Rassenunruhen« der Geschichte anzugehören. Doch vor dem Hintergrund eines unübersehbaren ökonomischen Verfalls der militärischen Weltmacht USA und einer zunehmend als moralisches »Unrecht« interpretierten Massenarmut brannte 24 Jahre später, genau zu Beginn des anlaufenden Wahlkampfes und nur wenige Monate, nachdem in Lousiana der ehemalige Ku Klux Klan-Mann David Duke nur knapp die Wahl zum Gouverneur verloren hat, erneut ein Ghetto – South Central in Los Angeles.

Der Funke, der die Explosion auslöste, war der Freispruch von vier weißen Polizisten, die einen »schwarzen« Verkehrssünder halb totgeschlagen hatten und dabei zufällig von einem Videoamateur gefilmt wurden. Dieser von den US-Fernsehstationen wiederholt ausgestrahlte Videofilm, der erstmals eindeutig den alltäglichen Terror einer rassistischen Polizei gegen die afroamerikanische Bevölkerung dokumentierte, konnte eine »weiße« Jury nicht überzeugen. Das Urteil machte alle Afroamerikaner zum Freiwild rassistischer Cops. Wenn nämlich die Schläge, die Rodney King alle Knochen brachen, rechtmäßig gewesen sind, dann kann ab sofort kein »Schwarzer« mehr seines Lebens sicher sein.

Die Konstruktion der »Rasse«

Nach den mehrtägigen Riots stehen sowohl die Generation der Bürgerrechtler als auch die der jüngeren Black Power-Militanten, die Ende der 60er Jahre die Non-Violent Coordination Commitees ablösten, ziemlich ratlos vor den Ruinen der Geschäfte, in deren geplünderten Auslagen manchmal noch ein Plakat mit der eilig verfaßten Aufschrift »Bitte nicht anzünden – in schwarzem Besitz«. Was in Los Angeles geschah, paßt nicht mehr bruchlos in den traditionellen Black Power-Diskurs.

Ahnungs- und gedankenlos aber sprechen deutsche Medien von »Rassenunruhen«, die in Amerika toben würden. Die amerikanischen »Schwarzen« jedoch waren weder in den 60er Jahren eine »Rasse«, noch sind sie es in den 90er Jahren. Am Versuch, einen »Afrikaner« zu definieren, ist schon die faschistische »Rassenforschung« gescheitert. Doch die deutschen Medien wollen gar nichts mehr beweisen, weil sie auf den Gedanken, es könnten all die schwarzen, weißen, roten und brauen Rassen nur in der Phantasie bestehen, niemals kommen würden.

Die amerikanischen »Schwarzen« (die 200jährige Identitätsdiskussion läßt sich an den Selbstcharakterisierungen ablesen: »Negro«, »People of color«, »Blacks«, »Afro-American«, »Black American«, »African-Amerikan« und – im Sinne einer Anti-Political Correctness-Haltung – »Nigger«) sind keine »Rasse«, sondern eine Gruppe vom Menschen, die von einer grundsätzlich an Auslese und Hierarchisierung interessierten Gesellschaft wie eine »Rasse« behandelt, »rassifiziert« werden. Nur dadurch erscheint der soziale Verteilungskampf als »Rassenkampf«.

Die Schlüsselfaktoren bei der sozialen Konstruktion einer »Rasse« sind die diskriminierenden Praktiken. In Nordamerika setzte diese bekanntlich mit dem Import afrikanischer

Sklaven ein. Für Benjamin Franklin war der »Neger ein Tier, das so viel wie möglich frißt und so wenig wie möglich arbeitet«. Diese Überzeugung wird zwar heute selten so deutlich ausgesprochen, aber verschwunden ist sie sicher nicht. Nach dem Bürgerkrieg und der Abschaffung der Sklaverei wechselte die Ausgrenzung mehrfach die Form. Im Süden sorgten die »Jim Crow«-Gesetze für eine Art aufgeklärter Apartheit. Ihr Motto hieß »Equal but separate« und machte die »Schwarzen« zu Staatsbürgern zweiter Klasse im Wortsinn. Bis 1970 flohen 5 Millionen Afroamerikaner in den Norden und an die Westküste, um dort abermals aussortiert zu werden – die Apartheit hatte die Form von »Ghettos« angenommen. Als 1968 mit dem Fair Housing Act das letzte Antidiskriminierungsgesetz verabschiedet wurde, war die neue Marginalisierung schon unumstößliche Realität geworden.

Die Schaffung der schwarzen »Rasse« ist das Werk der »weißen« Mehrheitsgesellschaft. Ihr »Rasse«begriff ist eine ideologische Kategorie. Er beschreibt nur eine Praxis, in der bestimmten realen oder behaupteten Unterschieden zwischen den Menschen spezifische Bedeutungen und Wirkungen zugeschrieben werden. Diese Praxis schafft dann ihrerseits soziale Fakten, die der »rassischen« Zuschreibung als Beleg dienen. Am Ende gibt es die »Rasse« scheinbar wirklich – man kann sie sogar in den Ghettos besichtigen. (Die räumliche Trennungsrate liegt heute in New York bei 77% und in Chicago bei 92%. Die Zahl der standesamtlichen »interracial marriages« lag nach Angaben von »New People«, einer Zeitung für »mixed-race couples«, 1970 bei 61.000 und 1992 bei 246.000, das sind 4 von 1000 Eheschließungen).

Die liberale Antwort auf diese Situation ist der Wunsch nach guten »race relations«. Nachdem man die Existenz zweier »Rassen« akzeptiert hat, wünscht man beiden viel Glück auf ihren weiteren Wegen und freut sich über jede geschlagene Brücke. Selbst von Bush sagt man, daß ihm als Mann von Bildung jedes schlechte Wort über die andere »Rasse« ein Greuel sei. So lebt sich's gut auf der richtigen Seite der Barrikade, und der Charakter wird dabei auch nicht beschädigt. In Deutschland nennt man diese »Rassendiplomatie« ein »multikulturelles Miteinander«. Im Fall Rodney King ist sie darin zum Ausdruck gekommen, daß jetzt auch »weiße« Amerikaner die Einsetzung einer »rein weißen Jury« für einen Skandal halten. Die Vorstellung, daß ein Mensch nur als Charaktermaske seiner Hautfarbe agieren kann, wird von allen Seiten geteilt.

Die Abstammungsgemeinschaft

Der Prozeß der »Rassifizierung« bleibt auf Seiten der Opfer nicht ohne Folgen: Sie konstituieren sich zwangsläufig als Widerstand leistende Notgemeinschaft und machen sich damit wiederum für die Täter als »Rasse« sichtbar. Wenn dieser Zustand lange anhält, schafft sich die »Rasse« notwendigerweise ihre eigenen Strukturen, Institutionen, und es treten bald bestallte Wortführer auf, die die »Rasse« zum Sprechen bringen und sogar ein Interesse an ihrer Aufrechterhaltung entwickeln. Man kennt die Phänomene auch aus der Geschichte von »Klassenbewegungen«, etwa wenn »100 Jahre IG Metall« gefeiert werden, als gäbe es nichts Schöneres als einen Kampf um Prozente.

Wie stark sich solche identitätsstiftenden Überbauten verknöchern können, hängt natürlich von der Qualität der Theoretiker dieser »Rasse« ab, davon, ob sie an der Perspektive festhalten, die Notgemeinschaft überflüssig zu machen. Versäumen sie das, setzt ein Prozeß zusätzlicher »Selbstrassifizierung« ein, und die Bewegung läuft in die rassistische Falle: Aus der Notgemeinschaft wird die von den »weißen« Rassisten behauptete Abstammungsgemeinschaft, eine Gemeinschaft angeblicher Blutsverwandschaft, aus der dann wiederum die Notwendigkeit des Gemeinschaftshandelns abgeleitet wird.

Die Notgemeinschaft der amerikanischen »Schwarzen« ist mehrheitlich in diese Falle gegangen. Martin Luther King, Malcolm X in seinem letzten Lebensjahr, W.E.B. Du Bois, C.L.R. James und die Black Panther Party sahen mehr oder weniger deutlich die Gefahr, viele andere Theoretiker sahen sie nicht. Im Riot von Los Angeles zeigte sich jedoch erstmals empirisch, daß die Ableitung des Gemeinschaftshandelns aus der als Black Community gedachten Abstammungsgemeinschaft an deren innerer sozialer Polarisierung zunehmend scheitert.

Betrachtet man nur die Aktivitäten der Afroamerikaner, die ja als unmittelbar Betroffene des King-Urteils zunächst im Mittelpunkt aller Aktionen standen, so finden sich nur noch wenige der Elemente politischen Handels, die Assata Shakur beschreibt. Bei ihr heißt es noch: »Alle stellen sich auf. Die Leute warten.« Es ist das Bild einer organisierten Demonstration, die später vielleicht in eine Straßenschlacht mündet, bei der sich die Menschen jedoch an Vorstellungen eines zielgerichteten Gemeinschaftshandelns orientieren und dabei auf organisatorische Strukturen, Koordination und anerkannte Sprecher verlassen können.

In den 60er und 70er Jahren existierte ein weitverzweigtes Netz pazifistischer und militanter schwarzer Organisationen, die in der Regel auch an Bündnissen mit »weißen« Liberalen und Radikalen interessiert waren. Damals war das politische Ziel klar und übersichtlich. Es ging gegen das »equal but separate« der Jim Crow-Gesetze in den Südstaaten, gegen die Apartheit in den Schulen und Bussen und schließlich um die erstmalige Garantie der Staatsbürgerrechte im ganzen Land. Für diese Ziele konnten praktisch alle sozialen Schichten der Black Community eintreten. Entsprechend waren die Aktionsformen der Civil Rights-Bewegung: Boykott von Verkehrsmitteln und Geschäften, Sit-Ins, Kampagnen zur Eintragung in die Wählerlisten, Hilferufe an die UNO, Aufbau schwarzer Gewerkschaften, Rechtshilfeorganisationen, Schulungseinrichtungen und anderer Massenorganisationen sowie die Gründung politischer Parteien wie der Mississippi Freedom Democratic Party. Die gemeinsamen Ziele waren für die Frau auf den Baumwollfeldern genauso so wichtig wie für den »schwarzen« Geschäftsmann in Harlem.

Die optimistische Erwartung, daß die formale Gleichstellung auch zu einer Verbesserung der materiellen Lebensbedingungen führen würde, hatte seinerzeit alle Afroamerikaner erfaßt. Die afroamerikanische Massenbewegung war letztlich davon überzeugt, daß der »American dream« auch der ihre werden könnte. Zu diesem Zeitpunkt waren die sozialen Lebenswelten in der Black Community schon erheblich ausdifferenziert und umfaßten nahezu die gesamte Hierarchie der Berufe und Einkommensgruppen. Noch innerhalb des Korsetts der »Rassengesetze« hatte sich ein »schwarzer« Mittelstand herausgebildet, doch selbst »schwarze« Millionäre konnten am Ende einer Reise nicht wissen, ob man ihnen ein Hotelzimmer vermieten würde. Immerhin sah es zu Beginn der 70er Jahre für viele so aus, als hätte sich der Kampf gelohnt. Unter Johnson wurden die letzten Gleichstellungsgesetze verabschiedet, und selbst Nixon und Ford hielten es vor dem Hintergrund einer anschwellenden Oppostion gegen den Vietnamkrieg, die auch die »schwarze« Bevölkerung erfaßt hatte, für angebracht, diverse Strukturhilfeprogramme zur Sanierung der Ghettos und besonders zur Stärkung der »schwarzen« Mittelklasse zu starten.

Die soziale Polarisierung

Zwanzig Jahre später ist die soziale Polarisierung der Black Community weit vorangekommen. Wo es früher nur 200 »schwarze« Volksvertreter und Wahlbeamte gab, sind es heute 7.000. Colin Luther Powell, 1937 in der South Bronx geboren, kommandierte die Vereinten Streitkräfte im Golfkrieg. Neben den Ghettos der Marginalisierten sind abgeschirmte Villengegenden (im Volksmund »gilded ghettos« genannt) und »schwarze« Mittelstandviertel entstanden. Weil für Rassisten auch ein afroamerikanischer Professor oder Arzt immer ein »Nigger mit Doktortitel« bleibt (ein Album der Rap-Gruppe NWA heißt deshalb »Niggers For Life«) sind auch die Bessergestellten meistens gezwungen, in Sichtweite des »richtigen« Ghettos zu leben. Die Anzahl der Afroamerikaner mit einem Jahreseinkommen von 50.000 Dollar hat sich seit 1970 vervierfacht. Gleichzeitig errreichte oder überstieg der Anteil der Lohnarbeitslosen (und unter den gegeben Bedingungen Lohnarbeitsunwilligen bzw. -unfähigen) in allen Ghettos die 40-Prozent-Marke.

Im Besitz der afroamerikanischen Kapitalistenklasse (die Zeitschrift »Black Enterprise« spricht von »black-owned firms«, wenn sie zu 51% in »schwarzem Besitz« sind) befinden sich nur wenige Industriebetriebe. Neben einigen Banken existieren einige Großunternehmen wie die Lebensmittelkette TLC mit 1.542 Millionen Dollar Jahresgewinn (Platz 259 in der Liste der größten US-Konzerne) oder Pepsi-Cola Of Washington mit 44 Millionen Dollar Gewinn.

Ein Teil des afroamerikanischen Mittelstandes ist unmittelbar an das Fortbestehen der Black Community gebunden und neigt deshalb zur nationalistisch-reformistischen Rhetorik

(»mein Volk ...«) und der Pflege des über 90 Jahre alten Mythos' von einer seperaten »black economy«. Aus ihrer Perspektive sind »schwarze« Kapitalisten die wahre Avantgarde im Befreiungskampf. Die Skepsis der kleinen Leute besänftigen sie mit wohltätigen Spenden, im Volksmund ironisch als »black tax« bezeichnet.

Nachdem die Black Community – im Unterschied etwa zu den »Latinos«, die bis heute kaum eine Stimme haben – über viele Jahre hinweg über qualifizierte und charismatische Vordenker wie Martin Luther King, Malcolm X oder Eldridge Cleaver verfügte, gibt es heute keine wirklich anerkannten Leader mehr.

Die Funktionäre der alten Bürgerrechtsbewegung sind in Kirchen, Parteien, Rechtshilfeorganisationen und Dachorganisationen wie der altehrwürdigen NAACP mit reformistischer Alltagsarbeit beschäftigt.

Wenn es irgendwo brennt, werden sie vom Präsidenten empfangen – ohne sichtbare Folgen. Ihr Einfluß auf die Ghetto-Jugend ist daher minimal. Die letzte charismatische Figur aus der älteren Generation ist Louis Farrakhan, der Chef der rassistischen und antisemitischen Black Muslim-Sekte »Nation Of Islam«. Die wirklich wichtigen »rule models« sind jedoch die jungen Rapper, die es in den vergangenen 15 Jahren fertigbrachten, das Ghetto ihrer Community zum Sprechen zu bringen, die ihr »Identität« verliehen, in ihr die Vorstellung von »Unrecht« aufrechterhielten und eine (durchaus auch gegen noch Schwächere gerichtete) »militante Haltung« kultivierten. Die Rapper machten das Ghetto wieder sichtbar, indem sie Millionen Platten sowohl an alle Schichten der Black Community als auch an »weiße« amerikanische und europäische Kids verkauften. Einige Gruppen wollen nur die Sprache des Ghettos wiedergeben und dazugehören, neben der Verherrlichung teurer Markenartikel auch die denkbar brutalsten Statements einer verrohten Generation männlicher Hoodlums. Andere bemühen sich – häufig von einem Black Power-Standpunkt aus – um Aufhellung der Zusammenhänge und rappen gegen »gangbanger«, Drogenkrieg und »black-on-black violence«. Zu den bekanntesten L.A.-Rappern, alle ehemalige Street Gang-Mitglieder, zählen Above The Law (Plattenuntertitel: »South Central Survival Kit«), Ice-T, Niggers

With Attitude (NWA), Ice Cube, Capital Punishment Organization (CPO), Comptons Most Wanted (CMW), der aus Samoa stammende Boo-Yaa Tribe und die Latin Rapper Mellow Man Ace, Kid Frost und Cypress Hill.

Hinter dem Einflußverlust der alten Führung verbirgt sich kein Generationenkonflikt, sondern ein inhaltliches Problem: Die formale Gleichstellung der »Schwarzen« ist erreicht. Solange die soziale Diskriminierung andauert, hat das zwar – der Fall Rodney King beweist es – immer wieder auch negative Rückwirkung auf die formale Gleichbehandlung, aber eine gesetzliche Abschaffung der Gleichstellung ist momentan nicht zu erwarten. Für zivile Rechte konnten damals alle soziale Schichten der Community kämpfen. Wer aber soll gegen die extreme Ghettoisierung der Marginalisierten antreten?

Nachdem sich die soziale Spaltung vertieft hat, werden kollektive Schicksale zunehmend als individuelle interpretiert, vollzieht sich ein Prozeß der Herauslösung des Einzelnen aus den traditionellen Bindungen und damit ein Verlust von kollektivem Handlungswissen.

Der Weg aus dem Ghetto scheint nur noch als individuelle Karriere denkbar zu sein. Auch wenn diese selten gelingen mag – an der Orientierung ändert das nichts.

Wer kann, zieht in bessere Viertel. Nach Hollywood etwa, wie die Megastars des Rap, die den goldenen Revolver an der Halskette gegen einen Mercedesstern ausgetauscht haben. Seit Anfang der 80er Jahre ist auch eine Rückwanderung von Facharbeitern, Akademikern und Rentnern in den Süden zu beobachten.

Zurück im »echten« Ghetto bleiben diejenigen, die 1992 randalierten, der »Mob«, der sich ständig zwischen Kriminalität und passiver Armut zu entscheiden hat und sich darüber auch noch gegenseitig das Leben zur Hölle macht.

Das Ghetto der Marginalisierten ist eine, wie der mittlerweile ebenfalls in Hollywood lebende Ex-Gangster und Rapper Ice-T feststellte, »geschlossene Anstalt«, aus der alle rauswollen. Draußen aber halten es die meisten von ihnen nicht aus und kehren deshalb schon bald wieder zurück. In dieser völlig hoffnungslosen Situation gedeihen Formen des Massenwahnsinns: Wunderheiler, Jaguar-fahrende Sektenprediger, Killer mit Afro-centric-Stickern, Zuhälter in Malcolm X-Shirts, von Drogensüchtigen geleitete Street Gangs, deren Hobby das »drive-by shooting« ist, Verschwörungstheoretiker, die Polizeispitzel sind und rassistische Eiferer, die gegen Koreaner hetzen.[3]

Die neue Community

Was sich daher am Horizont des South Central-Riots abzeichnete, war eine Neudefinition von »Community«; nicht mehr als Abstammungsgemeinschaft, sondern als »ethnisch« heterogene Zwangsgemeinschaft von Marginalisierten.
Noch sind die Trennungslinien zwischen den vielen Sub-Communities scharf gezogen – meistens markieren Highways und Durchgangsstraßen die Grenze zwischen »Latinos«, »Schwarzen«, »Asiaten« und anderen – aber während des Riots wurden sie temporär durchbrochen.
»Latinos«, die den Fall Rodney King zunächst als Außenstehende verfolgten, stürzten Polizeiwagen um und beteiligten sich an der Plünderung schwarzer und koreanischer Läden. Auch »schwarzen« Plünderern war es vollkommen gleichgültig, ob ein Laden »black owned« war. Für die Annahme, der »schwarze« Geschäftsmann könnte ihr Verbündeter sein, konnten sie in der Realität offensichtlich keine Anhaltspunkte mehr finden.
Diese Notgemeinschaft der Marginalisierten ist in einer Art militärisch von außen und oben (Helicopter) bewachtem und von den Sozialbehörden durchleuchtetem Staatsreservat isoliert. Zugleich ist sie auch weitgehend von der kapitalistischen Produktionsweise selbst abgeschnitten. Große Teile ihrer Bewohner sind nicht einmal als industrielle Reservearmee gefragt. Alle ihre Forderungen richten sich daher unmittelbar an den Staat. Ihr Kampfmittel ist nicht Streik, sondern Rebellion. Wie im Gefängnis ist das die einzige Möglichkeit, auf sich aufmerksam zu machen und höhere Rationen durchzusetzen.
Die »weißen« Hauptverantwortlichen der »Rassifizierung« kommen in dieser Auseinandersetzung kaum noch vor, denn das »weiße« Amerika ist im Ghetto nur noch in Gestalt von Sicherheitskräften vertreten, die sich auch noch nachdrücklich um die Anwerbung »farbiger« Cops bemühen. So gese-

hen muß jeder »Rassenkampf« schon am Fehlen des Kontrahenten scheitern. Zusätzlich dramatisch wird die Situation der Marginalisierten durch den Umstand, daß es nennenswerte »weiße« Verbündete, also eine größere, radikale, gegen die Strategien der »Rassifizierung« gerichtete Bewegung heute nicht gibt. Auch die Mehrzahl der Afroamerikaner begaffte den Riot nur im TV und dachte nicht daran, die Rebellion zu verallgemeinern. Letztlich erwies sich auch die afroamerikanische Studentenbewegung zum Protest zu schwach. Selbst aus dem angekündigten Boykott der Klausuren ist nichts geworden. Der Ausnahmezustand in San Francisco und die massive Polizeipräsenz in zwölf anderen Städten erstickte selbst die zaghaftesten Versuche, South Central zur Seite zu springen. Wäre die Situation außerhalb der Ghettos günstiger gewesen, dann hätte die Rebellion im Ghetto zum Signal für andere werden können. So aber verursachte der Funke des King-Urteils nur eine Implosion und keinen Steppenbrand.
Zu den selbstzerstörerischen Momenten, die durch die fehlende Außenunterstützung verstärkt wurden, gehört auch die von vielen Beteiligten als »Bestrafung« gerechtfertigte Plünderung von Koreatown. Zwei koreanische Geschäftsleute hatten im vergangenen Jahr einen vermeintlichen und einen wirklichen »schwarzen« Dieb erschossen, woraufhin einige Sektenführer einen 133-Tage-Boykott organisierten und der Muslim Rapper Ice-Cube den Titel »Black Korea« schrieb. Auch diese Auseinandersetzung folgt treu der weltweit gültigen Hautfarbenlehre, denn seit dem blutigen Triumphzug des kapitalistischen Europas um den Erdball ist die Haut der Herren weiß.
Der Grad der Nähe der jeweiligen Hauttönung zu der des Herrn gilt international als Ausweis der Zugehörigkeit. In dieser Hierarchie steht der hellere »Schwarze« über dem dunkleren und der Asiate über dem Afrikaner.
Daß manche der eingewanderten Koreaner, die selbst Opfer einer »Rassifizierungspraxis« sind, den Konkurrenzvorteil einer helleren Haut glauben nutzen zu müssen, gehört zum Wahnsinn der ganzen Konstruktion: Wenn erst einmal eine Seite – und das waren und sind die »weißen« Rassisten – mit der sozialen Konstruktion von »Rassen« oder »Ethnien« anfangen, dann verbreitet sich dieser Irrsinn wie eine Seuche,

weil er immer auch andere über den Zwang zur Gegenwehr dazu bringt, die »rassische« Unterscheidung zu bestätigen. Den selbst wie eine »Rasse« behandelten asiatischen Einwanderern fehlen ökonomisches und soziales Kapital, um downtown mit den Supermarktketten konkurrieren zu können. Das macht sie zu Nachbarn der in den Ghettos Marginalisierten. Nur dort verwandelt sich ihr »kulturelles Kapital« in einen Konkurrenzvorteil: Unter den Bedingungen fehlender Ladenschlußzeiten wirkt sich ein kulturell geprägter »Familiensinn« plötzlich positiv aus. Ganz entgegen einer oft dem Kapitalismus unterstellten »immanenten Tendenz«, überall langfristig versachlichte, entpersonalisierte und verrechtlichte und daher gegen Geschlecht und »Rasse« gleichgültige Ausbeutungs- und Herrschaftverhältnisse herzustellen, ist es gerade die Handlungsebene der Konkurrenz, die alle denkbaren Unterschiede zwischen den Menschen immer wieder sozial relevant macht. Klassenhabitus, ästhetische Codes, Titel, Verbindungen, Mitgliedschaften und schließlich auch Geschlecht und »ethnische« Herkunft entscheiden dann über Zugangschancen zu gespaltenen Arbeits-, Wohnungs- und Kreditmärkten. Wo die Teilnahme am gesellschaftlichen Reichtum als Konkurrenzkampf ums Dasein organisiert ist, werden die »feinen Unterschiede« zwischen den Menschen unter negativen Vorzeichen relevant gemacht. Die Verlierer dieser »rassifizierten« Konkurrenzkämpfe aber werden marginalisiert und ghettoisiert.

Nachtrag

Am 16.April 1993 wurden zwei der Polizisten, die Rodney King zusammengeschlagen hatten, in einem zweiten Prozeß für schuldig befunden, »die Bürgerrechte« von King verletzt zu haben. Bill Clinton sagte, Amerika können nun wieder stolz auf seine Justiz sein.
Im Mai 1992 starben in South Central/L.A. – hauptsächlich durch gezielte sowie verirrte Kugeln von Street Gangs, Plünderern und Ladenbesitzern – 55 Menschen (33 »Schwarze«, 14 »Hispanics«, 6 »Weiße«, 2 »Asiaten«). Die Cops konnten ungestraft 12 »Schwarze« erschießen.
Insgesamt wurden 2.383 Menschen verletzt (davon 226 schwer) und 13.505 Personen (vorwiegend »Schwarze« sowie etwa 3.000 »Latinos«) festgenommen. Als »riot control forces« kamen 8.000 kalifornische Polizisten, 9.900 Nationalgardisten (darunter Jugendliche, die

zuvor als Plünderer festgenommen wurden und gegen Kaution freikamen.), 1.500 Marineinfantristen (mit Invasionserfahrung in Panama und Kuweit), 1.600 Heeressoldaten sowie mehrere Hundert FBI-Agenten zum Einsatz.

Nach Auskunft der »Mothers Of Murdered Sons« (MOMS) wurden ein Jahr vor den Riots 25.000 Menschen auf Amerikas Straßen umgebracht. 70 % davon waren Afroamerikaner, die von anderen Afroamerikanern ermordet wurden.

»Krieg der Rassen«?

Die HipHop-Charts als Polit-Barometer

Wer ist Louis Farrakhan? Sein Name ist in den langen »Thanx-Listen« vieler HipHop-Alben zu finden. Angefangen bei Afrika Bambaataa, dem »Godson« des HipHop, bis zu den Agit-Prop-Rappern von Public Enemy, die ihn auch in ihren Texten und in Interviews zitieren. Aber was hat Farrakhan mit HipHop zu tun und was mit Afrika Bambaataa?
Die Liste von Bambaataas Vorbildern ist lang, und sie umspannt ein ideologisches Spektrum, das von Bishop Tutu bis zu Mao Tse Tung reicht. Denn »Bam's« Rolle ist die des Zusammenführenden, des Ausgleichenden, des Katalysators. Er ist der Mann, der den sich sinnlos bekämpfenden Streetgangs die Alternative der losen Vereinigung »Universal Zulu Nation« eröffnete, der damit begann, die bewaffneten Zusammenstöße in MC- und DJ-Clashes zu überführen. Im Konzept seines Albums »The Light« manifestiert sich diese Grundposition darin, daß er die unterschiedlichsten Musiker und Musikstile – Reggae, Calypso, Funk, Pop, HipHop – unter dem ideellen Dach »Afrika Bambaataa & Family« zusammenfaßt. Daß er kein ordinärer Rassist ist, sei hier bereits vorweg gesagt, weil es gute Gründe dafür gäbe, dies aus seinen politischen Verwicklungen zu schließen. Wenn Bambaataa immer wieder die Zusammenarbeit mit »weißen« Musikern wie Boy George, Johnny Rotten oder Adrian Sherwood sucht, dann ist das auch stets wohlüberlegte Provokation der eigenen Anhänger. »The Light«, musikalisch nicht sonderlich bemerkenswert, ist politische Erziehung pur. »The Light« soll die Engstirnigkeit aufbrechen und einen falsch begründeten »schwarzen« Rassismus verdrängen. Bambaataa – und nur er kann sich so etwas erlauben – ist für die Black Youngsters nach wie vor der charismatische Unantastbare. Er kann sich selbst als den Tabubrecher, als den »Renegade of Funk« bezeichnen. Für seine demonstrative Einbeziehung auch einzelner »Weißer« in den Kampf gegen den »World Racial War« und für seine massive Kritik an den mit Goldketten behangenen Hardcore-HipHopern wird er höchstens hinter vorgehal-

tener Hand kritisiert. Und er weiß das: »They don't come with all that nonsense when they're around me.« Doch bei allen Bemühungen um Ausgleich ist Bam kein Prophet der goldenen Mitte.
Seine Gedanken kreisen vor allem um »die Dinge, die unser Volk zerstören«, d.h. um Drogen, Ghetto-Gewalt, paid in full-Attitüde, Frauenverachtung.
Das ist wichtig, denn Bambaataa spricht anders über die von ihm als real und weltweit existierend unterstellte »Afrikanische Nation« als viele andere Black Leaders. Auch anders als andere Muslims.
Bambaataa ist Muslim: »I'm just a humble fellow and praise Allah will let me be blessed by what I do.«
Diese Auskunft mag einem an die Verbannung des Glaubens in die Privatsphäre gewöhnten BRD'ler wenig bemerkenswert erscheinen. Aber sie wird bemerkenswert, wenn man weiß, daß es sich bei den hier nur bruchstückhaft und ungenau ankommenden Statements politisierender HipHopper um zitathafte Momente einer internen Auseinandersetzung der amerikanischen »Schwarzen« über ihre Lage und ihre Zukunft handelt. Daß für uns HipHop zunächst einmal eine gute und tanzbare Abteilung der Popmusik ist, ändert ja nichts daran, daß Musik anderswo ein Medium des politischen Streits ist. Deswegen zurück zur Eingangsfrage.

Louis Farrakhan ist der Führer einer in den afroamerikanischen Ghettos wieder stark anwachsenden politisch-religiösen Bewegung, der »Nation of Islam« (NOI). Farrakhan, der noch 1984 Jesse Jackson's Wahlkampfberater war, kann mittlerweile als der radikalste Vertreter des »schwarzen« Separatismus in den USA angesehen werden. Es ist zunächst erstaunlich, aber dieser smarte, stets mit Anzug und Fliege auftretende, halb nach Business, halb nach Intellektuellem ausschauende Mann ist gegenwärtig das Ideal vieler der ärmsten und hoffnungslosesten Ghettobewohner, aber auch vieler afroamerikanischen Studenten. Farrakhans Programm wirkt wirr und eklektizistisch: Mit großer Leidenschaft wendet er sich gegen »schwarze« Mittel- und Oberschicht und deren Integrationsideologien. Jesse Jackson, die verschiedenen afroamerikanischen Bürgermeister und andere professionelle Politiker hält er für Illusionisten, wenn nicht für Verräter an der »schwarzen Sache« und auf jeden Fall für Bestandteile des »weißen Systems«. Mit dieser Position zielt er auf die in den Ghettos Marginalisierten, die sich von den zu Präsidentenberatern und Armeegenerälen Aufgestiegenen zurückgelassen fühlen.

Die Bereitschaft, die Diskriminierung nach Hautfarbe durch die Diskriminierung des Untüchtigen ersetzen zu wollen, war im Grunde immer das zentrale Credo der Bürgerrechtsbewegung: »We want a share in the American economy« (Martin Luther King). Es ist dies die »schwarz-radikale« Fassung der bürgerlichen Forderung nach »Chancengleichheit«. Und die ist auf ihre Weise biologistisch, indem sie an die Stelle ererbter oder auf Beziehungen beruhender Sondervorteile das Recht des Tüchtigen setzt. Der Tüchtige – und d.h. auch immer: Gesunde, »Intelligente«, Angepaßte etc. – soll dem Kranken, dem Behinderten, dem »Dummen«, dem »Faulen« und »Versager« zeigen, was eine Harke ist. Idealisierung der Konkurrenz also – vorgetragen von den Opfern selbst.

Tatsächlich gehörte es ja zum Programm jeder bürgerlichen Revolution und gehört es bis heute zum Grundbestand bürgerlicher Ideale, daß Herkunft, Glaube, Geschlecht und Hautfarbe nicht zu berücksichtigen seien, wenn eine Firma eine gute Computerfachkraft einstellen will. Doch der real existierende Kapitalismus richtet sich nicht nach seinen aus sich selbst heraus gesetzten Idealen. Der »Tendenz« zur Chancengleichheit ohne Ansehen der Person steht die konkrete Geschichte des Konkurrenzkampfes innerhalb der bürgerlichen Gesellschaft gegenüber. Der enge Horizont der »schwarzen« Liberalen ging über die Perspektive einer »rassischen« Neuzusammensetzung der gesellschaftlichen Hierarchiestufen nie hinaus und erreichte deshalb nicht einmal dies in nennenswertem Umfang. Die Antwort der »weißen Gesellschaft« war eben, daß der Tüchtige zwar alle Chancen haben sollte, daß aber leider die Praxis zeige, daß es den »Schwarzen« an Intelligenz und Strebsamkeit fehle. »Untüchtig« und »schwarz« zu sein fiel ihrer Meinung nach eben zusammen. Rassismus und Auslese nach dem Leistungsprinzip gingen auf dieser Grundlage eine moderne Ehe ein. Die unteren, besitzlosen Schichten der Afroamerikaner sehen sich somit stärker angegriffen als zuvor. Früher wurden sie »einfach« wegen ihrer Hautfarbe – also aufgrund offensichtlich »sinnloser Vorurteile« – diskriminiert, heute wegen ihrer »generellen Unfähigkeit«, die jedoch als eine ihrer »Natureigenschaften« gilt. Vor dem Hintergrund dieser allgegenwärtigen rassistischen Beleidigung (an deren Inhalt »Schwarze« manchmal schon selber glauben!) wird erst die Begeisterung begreiflich, wenn es einer der ihren trotzdem zu »etwas gebracht« hat. Jeder erfolgreiche »schwarze« Boxer, HipHopper, Universitätsprofessor oder Politiker gilt als der lebendige Gegenbeweis für diese ungeheuerliche Behauptung. Dafür liebt man die gleichen Vertreter der Black Middle Class und der Black Bourgeoisie, denen man auf der anderen Seite so mißtraut.

Die Zeitungen der Black Communities in USA und UK sind voll mit diesen Meldungen, die mit den Worten »erster Schwarzer ...« anfangen und dann die Institutionen aufzählen, in die mal wieder einer der ihren »erstmals« vorgestoßen ist. Um welche Institutionen es sich dabei handelt, ist praktisch völlig ohne Bedeutung. Manche würden wahrscheinlich auch den ersten »schwarzen« Henker in der Geschichte Amerikas feiern. Andererseits ist das Mißtrauen gegen die Aufsteiger aus den eigenen Reihen größer geworden. Heute gibt es in den USA mehr afroamerikanische Sportler, Filmstars, Musiker, Offiziere, Juristen, Professoren, Politiker und Geschäftsleute als je zuvor. Es gibt auch mehr »schwarze« Facharbeiter, kleine Angestellte und Beamte, Soldaten etc. als je zuvor. Sie alle profitieren gewissermaßen von den Auseinandersetzungen der 60er Jahre und insbesondere von der großen Revolte des Jahres 1968.

Auf den damaligen Massenaufstand, genau zur Zeit des Höhepunktes der Anti-Vietnamkriegsbewegung, reagierte der Staat nicht nur mit massivem Truppeneinsatz, sondern auch mit finanziellen Sofortprogrammen, deren Hauptziel in der Vergrößerung der »schwarzen« Mittel- und Oberschicht bestand. Die Demonstranten, Separatisten wie Integrationisten, hatten u.a. genau das gefordert: »Black Ownership« und besseren Zugang zu allen Posten, die eine Klassengesellschaft zu bieten hat.

Nachdem es das alles gibt, müssen Millionen Lower Class Blacks feststellen, daß dabei für sie nicht viel rausgekommen

ist. Manchen geht es sogar schlechter als zuvor. Solche Erfahrungen veranlassen zu Schlußfolgerungen – allerdings nicht zwangsläufig zu den richtigen.
In Louis Farrakhans Schlußfolgerungen verbinden sich nun auf spezifische Weise die Überhöhung des »schwarzen Aufsteigers« zum Vorkämpfer der »Sache aller Schwarzen« mit der ebenso verbreiteten Stimmung, in diesen Aufsteigern Gaukler zu sehen, die der großen Mehrheit Perspektiven vorleben, die es für sie selbst gar nicht geben kann.
Farrakhan bietet hier eine nicht neue, aber immer noch überraschende Antwort: Der Aufbau eines nach außen abgeschotteten Black Business Empire, basierend auf den bereits bestehenden Firmen für »schwarze« Kosmetikprodukte, den Zeitschriftenverlagen, Finanzinstituten, Serviceeinrichtungen, Einzelhandelsgeschäften etc. sowie auf vom US-Staat geforderten Reparationszahlungen für die Leiden der Sklaverei.
Farrakhan will alle Schichten der Black Community auf einer neuen Grundlage zusammenschließen – auf geschäftlicher Grundlage sozusagen. In dem 12%-Anteil der Afroamerikaner an der US-Bevölkerung (ca. 30 Millionen) sieht Farrakhan zugleich ein politisches Machtmittel wie auch die sachliche Voraussetzung einer separatistischen Lösung. Der ehemalige Calypso-Sänger Louis Eugene Walcott, der sich jetzt Hochwürden Farrakhan nennt, übernahm 1978 die Führung der NOI, die heute von immer mehr Rappern unterstützt wird, etwa von Afrika Bambaataa (NOI-Mitglied seit 1978), Public Enemy oder Big Daddy Kane.
Die NOI wurde bereits 1930 als Abspaltung der Moorish Science Temple-Sekte gegründet und vertrat in der ersten Zeit eine skurrile Mischung aus Islam, Garveyismus und Christentum. Ab 1933 machte Elijah Muhammad (auch sein Name ziert viele HipHop-Platten) aus diesem Verein eine streng zentralistische Massenorganisation des radikalen Separatismus. Den Dogmen zufolge schuf der (schwarze) Gott die Menschen mit schwarzer Hautfarbe. Ihre »natürliche Religion« ist der Islam, der »blue-eyed man« ist der Sendbote des (weißen) Teufels und das Christentum ist sein Mittel zur geistigen Versklavung der Schwarzen. Aber letztlich wird der Teufel besiegt und mit ihm auch der »weiße Mann« vernichtet werden. Deshalb gilt es, sich von ihm fernzuhalten und ab-

zusondern. Die »auserwählte Rasse« benötigt dazu vor allem die ökonomische Autonomie (»economic selfhelp«) und dies am besten im Rahmen eines eigenen Staates.
Neben einer paramilitärischen Organisation (»Fruits of Islam«, ein Vorbild übrigens der Security Force »S1W« von Public Enemy, deren Mitglieder gleichzeitig Mitglieder der neuen »Fruit of Islam« sind) schuf sich die NOI ein beachtliches Millionen-Dollar-Imperium mitsamt einer ausgedehnten Zentralbürokratie. Ihre Prediger übten sich in einer radikalen Rhetorik, die sich auch gegen Martin Luther Kings Pazifismus (»if there is any blood spilled in the streets, let it be our blood«) richtete. Im Gemeindebezirk Harlem (Temple No.7) predigte Malcolm X. Bevor er die Black Muslims 1964 verließ, war er ihr charismatischster Agitator (und neben Cassius Clay aka Muhammad Ali berühmtestes Mitglied). Auch auf ihn beziehen sich Afrika Bambaataa, Public Enemy, BDP und andere Rapper. Der Titel des BDP-Album »By All Means Necessary« ist das leicht geänderte Schlußwort aus einem Telegramm, das Malcolm X nach seinem Austritt aus der NOI an den Ku Klux Klan schickte: »This is to warn you ... that you and your Ku Klux Klan friends will be met with maximum physical retaliation from those of us who are not hand-cuffed by the disarming philosophy of nonviolence, and who believe in asserting our right of self-defence – by any means necessary.«
Der Weggang von Malcolm X brachte der NOI einen nachhaltigen Verlust an Anziehungskraft, der noch größer wurde, nachdem Malcolm X während einer Rede in Harlem im Februar 1965 von drei Black Muslims erschossen wurde. Nach dem Tod des »Sendboten« 1975 übernahm dessen Sohn die Führung der sich fraktionierenden NOI, dezentralisierte sie und veränderte ihr Image vollständig zu einem auch für »weiße« Muslims offenen orthodox-islamischen und auch patriotischen Verein.
Und damit sind wir wieder bei Minister Louis Farrakhan. Nachdem er als langjähriger Sprecher der NOI den Kurs von Wallace einige Jahre mitgetragen hatte, trat er 1978 mit dem Anspruch auf, die NOI wieder auf der Basis der Lehren Elijah Muhammads zu rekonstruieren. Er ließ die Schriften des »Messengers« nachdrucken, veröffentlichte seine Reden auf

Schallplatten, rief zur Gründung neuer Moscheen auf und gründete die Zeitung »The Final Call«.

Farrakhans fundamentalistische neue NOI bekam Zulauf im ganzen Land und verfügt heute wieder über eine beachtliche Zahl an Wirtschaftsunternehmen. Farrakhan liebt provozierende Auftritte. In der Vergangenheit hat er sich durch rassistische Ausfälle gegen »weiße« Juden ins Gespräch gebracht, deren Geschäfte er aus den »schwarzen« Ghettos verdrängen will. Er konnte dabei auf einen schon lange existierenden »schwarzen« Antisemitismus setzen, der sich Mitte der 60er Jahre noch verstärkte, als sich jüdische Lehrervereinigungen gegen die staatlich festgesetzte »Quotierung« der Lehrerstellen nach Hautfarbe aussprachen.

Wie aber ist es möglich, daß der seinem Anspruch nach nichtrassistische Afrika Bambaataa, in dessen »Zulu Nation« Juden, Puertoricaner, Italiener und Afroamerikaner zusammengefaßt sind, Farrakhan unterstützt? Sicher ist der Amnesty International-Unterstützer Bambaataa politisch etwas naiv. Er, der den 60er Jahren nachtrauert, der Zeit der Anti-Vietnamkriegs-Bewegung und der größten politischen Aktivität der Afroamerikaner, fördert grundsätzlich alle Bestrebungen, die sich gegen die Zerrüttung der Black Community richten: Black-on-Black Violence, Junkies, Prostitution etc. Dagegen schuf er die Zulu Nation, und auch deswegen wurde er Mitglied der gegen Drogen auftretenden NOI. Außerdem gehört neben »Peace, Love, Unity« und »Agitate, Educate and Organize« auch unbedingt das »Having fun« zu seinen Prinzipien.

Er weiß, daß die Leute, um die es ihm geht, über Musik am besten erreichbar sind. »I brought HipHop to people who were apolitical.« Die musikalische Konstruktion des HipHop erlaubt ja in einzigartiger Weise die Verbindung von Agitprop und Tanz. Bambaataa hat als erster DJ Malcolm X-Reden zu Kraftwerks »Trans-Europe-Express« verlesen. Bam kämpft gegen die Auflösung des »ethnischen« Gemeinsamkeitsglaubens. Daraus leitet dieser zwei Meter große und 150 Kilo schwere ehemalige Chef der »Black Spades«-Streetgang seine Gegnerschaft zur Rap Violence und insbesondere zum Geld-ist-Macht-Image des Gangsta Raps ab. Die »I'm black and I'm bad«-Attitüden vieler Rapper stehen Bams Absichten

entgegen, zumal die Crack-rauchenden Yo-Boy-Gangs es nicht beim Reden belassen. Doch Bambaataa ist auch unbestreitbar Black Nationalist. Er anerkennt von dieser Position aus das Basisprogramm Farrakhans: göttliche Auserwähltheit des »schwarzen Volkes«, globale Einheit aller »Schwarzen« (»schwarzer Internationalismus«), »Race First«-Prinzip, Separation von der »weißen Zivilisation«.
Diese Ideologie, und alle ihre in den letzten 100 Jahren entstandenen Varianten (Garveyismus, Pan-Afrikanismus etc.), ist das Resultat der Umdeutung einer sozialen und politischen Schicksalsgemeinschaft ehemaliger Sklaven in eine vermeintlich blutsverwandte »rassische« oder »ethnische« Gemeinschaft. Es ist der Aberglaube an die Beteuerungen »weißer« Rassisten, daß ihre Praxis der Ausgrenzung keinen anderen Grund habe als eine Abneigung gegen dunklere Haut, daß diese Diskriminierung entlang von Hautschattierungen also *kein* willkürlicher Vorwand wäre für eine sozial gespaltene und hierarchisch strukturierte Gesellschaft, die ständig nachträgliche »Begründungen« für etwas sucht, was ihre Mitglieder täglich praktizierten: Andere sozial ausgrenzen, um eigene Vorteile zu sichern oder durchzusetzen.
Bambaataa geht nicht mit allen Konsequenzen Farrakhans konform. Aber er ist bemüht, dies herunterzuspielen: »People say he's a racist and a bigot, but he's just cutting through the table.« Oder: »He's a warner. They try to put lies and say he loves Hitler. They take his words out of context. He called Judaism a dirty religion? He never said that, he said your practice of religion makes religion dirty.« Fast wortgleich (»He's been taken out of context because he's a black man ...«) argumentieren Public Enemy.
Bambaataa verfolgt seine eigene universelle Love & Peace-Utopie, aber er verfolgt sie eben innerhalb des Rahmens der Black Muslim-Tradition. Nur: Diese Tradition umfaßt ein Spektrum, das vom rassistischen Fundamentalismus eines Elijah Muhammad bis zur Sozialkritik eines späten Malcolm X reicht. Beide Flügel sind jedoch durch die genannten fundamentalen Gemeinsamkeiten miteinander verbunden. Um diesen »kleinsten gemeinsamen Nenner« bemüht sich Afrika Bambaataa. Bestimmte Konsequenzen des rechten Flügels sind ihm zwar unangenehm, aber er verdeckt sie mittels Ap-

pellen an die notwendige »Brüderlichkeit«. Konkret bedeutet das etwa, daß er gegen pauschale Anti-Weiß-Parolen auftritt, um dann ein friedliches Nebeneinander getrennt lebender »Rassen« vorzuschlagen: »Let black and white see themselves.«

Die Ideen der Black Muslims haben mittlerweile London erreicht. Dabei spielt auch HipHop eine Rolle. Der Niedergang der Bewegung des Rastafarismus schuf ein Vakuum, in das die Muslims vorstoßen. Sicher sind dieser Entwicklung durch die christliche Tradition der Westinder enge Grenzen gesetzt, aber es gibt in England über zwei Millionen (orthodoxe) Moslems, darunter auch Afrikaner und Westinder. Im April 1988 haben die britischen Behörden Farrakhan die Einreise untersagt. Dazu Bambaataa: »Why won't they let him in? I'll tell you why: what comes out of his mouth is like fire.«
Die Afroamerikaner und auch die Afrocaribbeans in England befinden sich derzeit in dem wohl krisenhaftesten Orientierungsprozeß seit den 60er Jahren. Der Unterschied zu damals besteht vor allem in der viel weiter fortgeschrittenen sozialen Polarisierung der Black Community und einer damit zusammenhängenden Tendenz zur Auflösung der alten Ideen des »Schwarzen Selbstbewußtseins«. Die »schwarze« Linke, die sich, aus der Furcht, sich zu »isolieren« (eine Furcht, die auch mit der geringen Zahl aktiver »weißer« Antirassisten zusammenhängt), dem Nationalismus gegenüber immer wieder nachgiebig zeigt, konnte von dieser Krise nicht profitieren. Jede Stagnation im Kampf gegen den »weißen« Rassismus schwächt auch die Position der christlich-bürgerlichen Integrationisten und stärkt stattdessen die »Re-Education-Linie« der militanten Separatisten.

Im gegenwärtigen Selbstverständigungsprozeß in den Black Communities kämpfen verschiedenen gesellschaftliche Kräfte um die Interpretationshegemonie. Eine Ahnung davon vermittelt auch die aktuelle »Black Music«, insbesondere amerikanischer und britischer HipHop und Soul, sowie Fast Style Reggae und Raggamuffin HipHop. Anfang der 80er Jahre war HipHop noch in erster Linie unpolitisches Pop-Entertainment, eine Antwort der New Yorker Street Kids auf die Tristesse des Ghettos und der Versuch, jenseits des Rock- und

Disco-Mainstreams etwas Eigenes auf die Beine zu stellen. Die ersten sozialkritischen Rap-Titel, etwa »The Message« von Grandmaster Flash, kannten noch keine Muslim-Parolen. Die Mehrzahl der Rapper war entweder christlich orientiert (wie etwa Run DMC) oder an religiösen Dingen überhaupt nicht interessiert. Erst mit der Radikalisierung der Aussage, die für sich genommen noch keineswegs den Pop-Rahmen sprengt, stellte sich irgendwann auch die Frage nach dem Inhalt einer symbolischen Dissidenz.

Spätestens seit Jesse Jacksons erster Bewerbung als Präsidentschaftkandidat der Demokraten, 1984, überschlug sich dann die Politisierung der Szene. In die lange Zeit recht harmloser Rap- und Graffiti-Kultur wie auch in den Modern Soul brach eine ganze Flut von Agitpop-Titeln ein: »Run Jesse Run« von Face 2000, »Jesse« von Melle Mel, »Martin Luther« von der S.C. Band, »Happy Birthday« von Stevie Wonder (mit Originalreden von King auf der B-Seite) und – in Opposition dazu – »No Sell Out« von Keith LeBlanc (mit einer Originalrede von Malcolm X). Innerhalb des HipHop läßt sich das ganze Spektrum der Auseinandersetzungen nachweisen: schlichte Popmusiker mit gequältem Pflichtbekenntnis zur »Solidarität aller Schwarzen« und Give-the-people-what-they-want-Programm (Gangster-Attitüde, Militanz-Attitüde, Hip-Attitüde etc.): Schoolly D, LL Cool J., Run DMC. Ganz ähnlich, aber ausdrücklich gegen das »militant stuff«: Spoonie Gee. Christliche Martin Luther King-Fraktion: Grandmaster Flash, Marley Marl. Von den Black Muslims »Rassenstolz« lernen, aber nicht so weit gehen wie Farrakhan: Bass Inc. und Sindecut (beide UK). Gegen Gangsterimage, Drogendealer und für einen Mittelweg zwischen Malcolm X und Martin Luther King: Philosoph KRS-1. Für unpolitisches Gangsterimage: NWA, Ice-T. Gegen disfunktionalen »reverse racism«, aber für Black Muslims und Black Nationalism: Bambaataa und Big Daddy Kane. Für die Rekonstruktion der Muslim-Militanz (»*Black Race* – how low can you go?« hieß es auf »Bring the Noise«, bevor die Zensur *»Bass«* daraus machte): Public Enemy. Bewußt gegen »schwarzen« Rassismus und Separatismus: Three Wize Men (UK).

Die HipHop-Charts als Polit-Barometer? Wo doch bekannt ist, wie widersprüchlich und konfus solche Musikerstatements sind? Wo es doch nicht zuletzt ums schnelle Geld und Geschäft geht? Und schließlich nicht Musiker, sondern Politiker die Politik machen? Solche Einwände haben alle eines gemeinsam: zu leugnen, daß das Alltagsbewußtsein soziale Realität konstruiert und somit geschichtsmächtig wird. Es ist an der Zeit, aus den kulturellen Codes, die uns erreichen, die ganze Story zu rekonstruieren.

Malcolm X für alle

The Rebirth Of Cool

»Nach seiner Reise nach Mekka distanzierte Malcolm X sich von den ›Schwarzen Muslims‹ und trat für die Idee der Solidarität der Rassen ein.« (Frankfurter Rundschau)

»›X‹ – das steht für den schwarzen Bürgerrechtler Malcolm X, ein Zeitgenosse von Martin Luther King und John F. Kennedy. Alle drei wurden Opfer von Attentaten, deren Hintergründe bis heute nicht ganz geklärt sind.« (Presseinfo des Filmverleihs Tobis)

»In einem kleinen Geschäft in Frankfurt beugte sich der Ladenbesitzer über die Theke zu uns herüber und bewegte seine Hand hin und her, wobei er auf die deutschen Passanten zeigte, die vorbeigingen: ›Heute so, morgen so ... ‹. Mein muslimischer Bruder erklärte mir hinterher, daß er wohl gemeint habe, die Deutschen würden es irgendwann wieder zu etwas bringen.« (Malcolm X)

Auch in Deutschland muß man heute nicht mehr HipHop-Fan oder Aktivist einer antirassistischen Kleingruppe sein, um alles über Malcolm X zu wissen. Seit in den USA Spike Lees Hollywood-Produktion »Malcolm X« anlief, berichten Nachrichtenmagazine, Illustrierte, Lifestyle- und Zeitgeistmagazine, die Feuilletons der Tageszeitungen und sämtliche Fernsehsender über den Mann, den der Sozialdemokrat Klaus Harpprecht 1965 im Vorwort zur Fischer-Taschenbuchausgabe der Malcolm X-Autobiographie als »schwarzen Goebbels« bezeichnete und der auch nach Meinung des »Spiegel« vom 3.März 1965 lange Zeit der Vizechef einer Sekte war, deren Sicherheitsdienst »der Gestapo weder an Brutalität noch an Wachsamkeit« nachstand.
Als Lees Dreieinhalbstunden-Film auch hier anlief und von dem wohl größten Medienrummel begleitet wurde, den es je in Deutschland um einen radikalen Sprecher der amerikanischen Black Community gegeben hat, wurde eine Gesellschaft, die die Pogrome von Rostock ermöglichte und die sich auch nach Mölln im Kerzenschein über ihren Rassismus ausschweigt, mit dem »Prophet des Hasses« von einst ganz an-

ders fertig. Nicht nur FAZ-Korrespondent Jörg von Uthmann gab aus New York Entwarnung. Seine besorgte Frage: »Würde sich Spike Lee zum Anwalt des Demagogen Malcolm X machen?« wurde zwar so offen nicht von allen gestellt, aber die erleichterte Antwort war aus jedem Feature herauszuhören: »Erfreulich, daß Lee der Versuchung, den schwarzen Rassismus zu verherrlichen, nicht erlegen ist.«
Malcolm X hatte, als er sich von seinen früheren Reden über »den blauäugigen weißen Teufel« distanzierte, genau das befürchtet: Weiße Rassisten gratulieren den von ihnen Ausgegrenzten, wenn sie nicht mit gleicher Münze zurückzahlen und unterschlagen dabei, daß die weiße Praxis der »Rassifizierung« den schwarzen »reverse racism« provoziert hat.
Leider hat es der eher moderate »schwarze« Nationalist Spike Lee nicht verstanden, die zu erwartende Vereinnahmung des späten Malcolm X als zur Vernunft gekommenen Bürgerrechtler zu erschweren. Um den massiven Druck zu unterlaufen, den die unterschiedlichsten politischen Lager auf ihn ausübten – nicht zuletzt die Black Muslims, mit deren Führer Louis Farrakhan Lee während der Vorbereitungen zu dem Film ein ausgesprochen offensives Gespräch führte – die alle ihren Malcolm X verfilmt sehen wollten, hat Lee mit der Akkuratesse eines beamteten Schulfunk-Autors kapitelweise die von Alex Haley herausgegebene Autobiographie nacherzählt – und verliert darüber immer wieder aus den Augen, worauf es wirklich ankommt: Zum einen trennt er Malcolm X vom politischen Klima dieser Zeit ab, insbesondere von jenen Kämpfen, die ihn nachhaltig beeinflußten, also von dem antikolonialen Aufbruch in vielen Ländern der »Dritten Welt«, von der kubanischen Revolution und Vietnam und auch von der Bürgerrechtsbewegung, die zwar ins Bild gerückt wird, jedoch ohne richtig deutlich zu machen, daß die gezeigten Polizeieinsätze allesamt Reaktionen auf die Politik von Martin Luther King waren und nicht auf die von Malcolm X. Zum anderen kolportiert Lee unbesehen Malcolms Behauptung von der Nichtexistenz von Rassismus in der islamischen Welt. (Weswegen ihn zum Beispiel arabische und indische Muslime in England in Zeitungsanzeigen als »Islam's answer to the racial problem« feiern können. Malcolm X war sowohl über die Geschichte der arabischen Sklavenwirtschaft informiert, als

auch über den Rassismus gegenüber »schwarzen« Arbeitern in den Ländern, die er besuchte. Seine Schilderungen über die »Rassenharmonie« in Mekka sollte vor allem seinem Bruch mit dem Separatismus auch bei den Black Muslim-Anhängern Autorität verleihen). Des weiteren wird am Ende dieses Films nicht deutlich, daß Malcolm X nach seiner Trennung von den Black Muslims von dem amerikanischen Establishment noch ernster genommen – und entsprechend stärker überwacht – wurde, weil seine politischen Perspektiven jetzt nicht mehr von dem apolitischen »Rassen«-Mystizismus der Black Muslims begrenzt wurden und er neue Bündnisse auf nationaler (etwa mit Martin Luther King) und internationaler Ebene anstrebte (obwohl bereits skeptisch gegenüber der politischen Standfestigkeit der »Dritten Welt«-Regierungen, wollte er mit ihrer Hilfe die Lage der Afroamerikaner vor der UNO thematisieren).
So konnten denn auch die Stadträte und Polizeioffiziere von Los Angeles, die sich den Film im November 1992 sicherheitshalber vorab zeigen ließen, gerade unter Hinweis auf die »Botschaft des Brückenbauens in der zweiten Hälfte des Filmes« verbreiten, sie würden sogar ihren eigenen Kindern einen Kinobesuch empfehlen.

Warum Deutsche den »schwarzen Separatismus« gut verstehen können

Als Malcolm Little 1925 in Nebraska als Sohn eines militanten schwarzen Predigers und einer aus der Karibik stammenden Mutter geboren, deren ungewöhnlich helle Haut diese lebenslang daran erinnerte, Folge einer rassistischen Vergewaltigung zu sein, verbrachte Malcolm X eine trostlose Kindheit im Zeichen von Armut und Rassismus. Sein Vater wurde wahrscheinlich von einer dem Ku Klux Klan vergleichbaren Organisation ermordet, die Mutter landete in der Psychiatrie. Der jugendliche Malcolm wurde zum modevernarrten Hipster und begeisterten Lindy Hop-Tänzer, bis er dann als Hustler und Hilfszuhälter in die Unterwelt von Harlem abrutschte und schließlich für acht Jahre im Gefängnis landete. Dort konvertierte er zu der damals mit rund 400 Mitgliedern bedeutungslosen Sekte der Black Muslims (»Nation Of Islam«), deren prominentester Prediger er werden sollte. Nach

einer Pilgerreise nach Mekka löste er sich schließlich von der pauschalen Qualifizierung aller Weißen als »blauäugige Teufel«, trennte sich endgültig von der durch seine Agitation und sein Charisma auf 40.000 Anhänger angewachsenen NOI und fiel nach wiederholten Morddrohungen von Seiten seiner »Rassegenossen« (ohne Anführungszeichen in FAZ, Spiegel etc.) und ehemaligen Brüder einem Attentat zum Opfer.
Neben diesen knapp und pflichtgemäß abgehandelten »Eckdaten«, die immer in den beruhigenden Hinweis münden, daß Malcolm X in seinen letzten Jahren selbstkritisch auch die Existenz von guten Weißen bemerkt habe, wird in den Medien in der Regel ein zehnfach höherer Berg aus allerwichtigsten Marginalien aufgetürmt: Stories über die Enstehung des Films, die schillernde Figur des Regisseurs, den gut aussehenden Schauspieler Denzel Washington und schließlich über diese typisch amerikanische, an den Batman-Hype erinnernde 100-Millionen-Dollar-Merchandising-Maschine, die unaufhörlich »X-Waren« ausspuckt.
Dieser Overkill an »Informationen« beansprucht den gesamten Platz, der für eine Auseinandersetzung mit dem Lebenswerk von Malcolm X genutzt werden könnte. Die Kultur- und Filmkritik hat damit den Dreh gefunden, sich über den zentralen Inhalt des Films, also die Problematik eines wirkungsvollen Widerstandes gegen den weißen Rassismus, ausschweigen zu können.

Reverse racism

Malcolm X ist die historische Figur, in der sich schon früh die Skepsis gegenüber der begrenzten Orientierung der Bürgerrechtsbewegung auf die formale Gleichstellung verkörperte und die deshalb – der Funke zündete zuerst bei dem »Student Non Violent Coordinating Commitee« – zum Bezugspunkt der späteren Black Power-Bewegung wurde. Was Malcolm X von den Sprechern der Bürgerrechtsbewegung unterschied, war vor allem seine polarisierende Polemik gegen die »bourgeoisen Schwarzen« und sein durchgehender Bezug auf die, die auf »die unterste Stufe der Gesellschaft des amerikanischen weißen Mannes gesunken« waren. In seiner berühmten Rede über die gegensätzlichen Charaktere von »House Negro« und »Field Negro« erinnerte er darüber hinaus die

Schwarzen in Amerika an die in einer langen Leidensgeschichte entstandene »Sklavenmentalität« und setzte damit einen Prozeß der individuellen und kollektiven Rückeroberung ihres Selbstbewußtseins in Gang.
Seine Vorbehalte gegenüber der von Martin Luther King geführten Bewegung formulierte er allerdings zunächst im Rahmen des phantastisch-religiös begründeten Gegenrassismus' der Nation Of Islam. Deren Gründer und »Sendbote« Elijah Muhammad predigte, ein bösartiger Gelehrter habe vor 6600 Jahren die »weiße Rasse« als Inkarnation des Teufels geschaffen. Um das daraus abgeleitet Ziel einer vollständigen Separierung der »Rassen« durch die Gründung eines schwarzen Bundesstaates realisieren zu können, nahm diese Sekte sogar Verbindungen zum Ku Klux Klan und zu Nazigruppierungen auf. Sie stellte damit den Irrtum des »schwarzen« Separatismus', der ja in auswegslosen Situationen als verzweifelter Wunsch nach Absonderung von Unterdrückern entstand, mit dem Separatismus der Täter auf eine Stufe. Die Forderung »weißer« Rassisten nach dem Verbot von »interracial relationships« und nach in »Rassenzonen« unterteilten »Divided States Of America« wird auch vom heutigen NOI-Chef Louis Farrakhan (wie auch von Ralph X, dem Chef der britischen NOI) unterstützt.
Der »schwarze« Islam war damals eine radikale Absage an das christliche Amerika, die agressive Umkehrung der »weißen« Ideologie. Doch dieser Sturz des »weißen Vaters« war nur möglich durch Unterwerfung unter die »Offenbarungen« eines »schwarzen Vaters«.
Die Perspektive einer »totalen Separation der Rassen« (die innerhalb der NOI eine Demütigung der »light skinned«-Mitglieder als »Mischlingsponys« zur Folge hat) war über 15 Jahre hinweg auch das Ziel von Malcolm X. Als zweithöchster NOI-Funktionär hatte er es auf unzähligen Versammlungen propagiert – erfolgreicher als jeder andere Prediger. Als er schließlich die Black Muslims im Streit verließ und sich nach seiner Mekka-Reise selbstkritisch von diesem Apartheidskonzept distanzierte, blieb er doch der Vorstellung verhaftet, es ginge um die – nun mit anderen Mitteln und auf anderen Wegen zu bewerkstelligende – Gestaltung von »Rassenbeziehungen«. Weil er auch weiterhin überzeugter Muslim war, grün-

dete er neben der politischen »Organization Of Afro-American Unity« noch eine weitere muslimische Gemeinde. Entgegen weit verbreiteten Unterstellungen war Malcolm X auch in seinen letzten Jahren nicht auf dem Weg zu »linken« Positionen. Seine sozialkritischen Aussagen blieben, auch als er später religiöse Überzeugungen aus taktischen Erwägungen zur Privatsache zurückstufte und als er die Existenz von Klassenspaltungen anerkannte, dem Islam verpflichtet, dem die Sozialkritik ja genausowenig fremd ist wie dem Christentum.

»Race-mixing«

»Integration würde letztlich die weiße Rasse genauso auflösen wie die schwarze« (Malcolm X, 1965)

»Dark skinned gentleman seeks light skinned or mixed race lady«. (Kontaktanzeige)

In Heft 4/87 von »Nationalism Today«, einer Zeitschrift der britischen Faschisten, findet sich ein Foto, das zwei »Schwarze« und einen »Weißen« beim gemeinsam Lesen einer Ausgabe der »National Front News« zeigt. Die Schlagzeile der Zeitung lautet: »Race-mixing destroys our people.« Genau darin, so der Kommentar, seien sich die Nationalisten beider »Rassen« einig. Marcus Mosiah Garvey, der Black Hero der Rastafarians habe mit seiner »Back to Africa«-Losung das gleiche Ziel verfolgt wie die National Front: »He was doing for his people what we are doing for ours.« Mit den Worten »A God-send to all races and cultures« wird auch der amerikanische NOI-Führer Farrakhan geehrt. Die britischen Nazis (die westdeutschen »Nationalrevolutionäre« vertreten diese Linie des »differentialistischen« Rassismus ebenfalls) bringen mit solchen Beiträgen auch viele »moderate« Vertreter der »black empowerment«-Position in Verlegenheit. Der Reggae Sänger The Phantom, der sich schon vor Jahren von den Rastas trennte und zur strikt anti-panafrikanistischen, linken Black Unity & Freedom Party wechselte, sagt: »They love to hear Black nationalists talking about repatriation because it makes their jobs a lot easier«. Mit den Slogans »Come what may, we're here to stay« und »We are here because you were there« argumentiert auch der Dub Poet Linton Kwesi Johnson gegen die Verleugnung der sozialen Frage.
(Januar 1988)

Sein Antiimperialismus, der ihn vom anbiederischen Patriotismus der führenden Bürgerrechtler unterschied – Malcolm X war der erste prominente Afroamerikaner, der den Krieg der USA gegen Vietnam öffentlich verurteilte – beruhte lange Zeit auf der Vorstellung einer Internationalisierung des »Rassenkampfes«. Erst im Mai 1964 stellte er, ohne eine Antwort zu finden, aber mit der Bereitschaft zur radikalen Selbstkritik, den Ansatz des »black nationalism« in Frage.
Sein Ruf, ein Revolutionär gewesen zu sein, resultiert aus der Tatsache, daß Malcolm X im Unterschied zu den Bürgerrechtlern und ihren »weißen« Sympathisanten häufig derart unpatriotisch, antiwestlich und konstruktiv argumentierte, daß sich wohl auch heute noch viele deutsche Linke dreimal bekreuzigen, wenn sie seine Texte lesen. Nicht zuletzt der Hohn und Spott, den er kübelweise über die »we shall overcome«-singenden »Bündnispartner« ausgoß, macht ihn bis heute für alle, die um die reformistischen Konsequenzen einer »konstruktiven Kritik« wissen, zum Gesinnungsgenossen auf den ersten Blick.
Doch schon der zweite Blick fällt meistens ernüchternd aus. Abgesehen von seiner durchgehenden Reduktion aller Widersprüche dieser Welt auf den »Rassenkampf«, die seine kritischen Einsichten immer wieder relativierte, fielen seine »positiven« politischen Forderungen, die er nach der Trennung von den Muslims erstmals offen formulieren konnte, erstaunlich reformistisch aus: Er wollte die Wahllokale zum Kampfplatz machen, er forderte eine afroamerikanische »Lobby« im Parlament – vergleichbar den Interessengruppen der Farmer und Konzerne – und dachte schließlich auch an ein »Ministerium für Schwarze«, das deren »Sonderinteressen« mit dem Allgemeininteresse der Nation abgleichen sollte. Als Malcolm X die Forderung nach vollständiger Separation aufgab, wurde deutlicher als zuvor, daß seine Stärke in der rücksichtlosen Beschreibung des rassistischen Ist-Zustandes gelegen hatte und in seiner unduldsamen, von anderen als »militant« empfundenen Forderung nach sofortigen Konsequenzen.
Malcolm X war, das sagte er selbst, kein Theoretiker. Er beschrieb den alltäglichen Rassismus in einer bis dahin kaum bekannten plastischen, exakten und gegenüber allen diplomati-

schen und taktischen Überlegungen rücksichtlosen Sprache. Während jedoch seine diesbezüglichen Beobachtungen genauer wurden und er den Rassismus der weißen Mehrheitsgesellschaft immer pointierter und offensiver in die Zange nahm, entgingen ihm viele aus dieser Sicht vermeintlich nebensächlichen sozialen Tatsachen. Die sich ausbreitende Differenzierung der »schwarzen« Lebens- und Berufswelten nahm er nicht wirklich ernst, er bekämpfte lediglich den daraus folgenden »Opportunismus« und »Verrat« der aufstrebenden Afroamerikaner. Auf der anderen Seite blieb ihm als ehemaligem Hustler die Situation »schwarzer« Lohnarbeiter, denen in der amerikanischen Kriegswirtschaft und auch danach eine wachsende strategische Bedeutung zukam und die

Farrakhan und der Mord an Malcolm X

Vor einigen Wochen, kurz nachdem sich einer seiner neun Söhne öffentlich von der NOI distanzierte und deren repressive Methoden für seine Rauschgiftabhängigkeit verantwortlich machte, wurde Louis Farrakhan in der Presse der amerikanischen und britischen Black Community wieder einmal nach seinem Anteil am Tod von Malcolm X gefragt. Die Mordaufrufe, die er in den Monaten vor dem Attentat (am 21.2.1965) auf Malcolm X in der NOI-Zeitungen »Muhammad Speaks« schrieb, wurden erneut faksimiliert. In einem der Artikel (vom 4.12.1964) heißt es: »Nur diejenigen, die zur Hölle geleitet werden wollen oder zu ihrer Verdammnis, werden Malcolm folgen. Der Tod ist beschlossen und Malcolm soll nicht entkommen ... Ein solcher Mann wie Malcolm ist des Todes wert, und wäre dem Tod begegnet, gäbe es nicht Muhammads Vertrauen in Allah, über die Feinde zu siegen.« Als Farrakhan kürzlich im Omni International Centre von Atlanta vor tausenden Anhängern zu den Vorwürfen Stellung nahm, vergoß er viele Tränen über seinen »Freund und Lehrer« Malcolm und entschuldigte die Morddrohungen frech mit dem Schock, den Malcolms Austritt damals ausgelöst habe. Da Farrakhans junge Gefolgsleute über die Positionen des späten Malcolm X nicht viel wissen und ihren Chef ohnehin für unfehlbar halten, konnte der gleich wieder in die Offensive gehen: »Der verrückte weiße Teufel versucht, Malcolms Popularität gegen uns auszuspielen. Doch Malcolm wurde durch Muhammad groß und Muhammad ist seine und unsere gemeinsame Quelle.« (Februar 1991) von den »weißen« Gewerkschaften ignoriert wurden, fremd. Der Rolle der kapitalistischen Konkurrenz bei der Reproduktion rassistisch begründeter Ausschlußmechanismen schenkte er keine besondere Aufmerksamkeit. Erst 1965 kam er zu Schlußfolgerungen, die mit dieser Frage zusammenhängen und die auch, gemessen am heutigen Stand der Rassismusdiskussion, bemerkenswert sind: Er sprach von einem »politischen, wirtschaftlichen und sozialen Klima in den USA, was geradezu automatisch die rassistische Psyche der Weißen *erzeugt* und am Leben erhält.«

Eine andere Tatsache, die Malcolm X wenig beachtete, war die der patriarchalischen Dominanz. Gemeint ist hier nicht sein oftmals derber und vordergründiger Sexismus. Daß etwas im Verhältnis zwischen Männern und Frauen nicht stimmt, ist ihm keineswegs entgangen. Was er in dieser Hinsicht als ehemaliger Hustler mitbekam, ließ ihn später in den höchsten Tönen von der Würde der Black Muslim-Frauen schwärmen, ohne allerdings deren prinzipielle Diskriminierung im reaktionären Frauenbild der NOI in Frage zu stellen, das weit über die in den 60er Jahren gängigen patriarchal values hinausging. (Malcolm X bezeichnete Frauen in mehreren Predigten als »The greatest tool of the white devil«. In dem von Malcolm X initiierten »Muslim Girls' Training/MGT« lernten die jungen Frauen Hausputz, Kochen, Babypflege und Unterwürfigkeit gegenüber dem Ehemann.)

Wenn Malcolm X auf den Straßen von Harlem von afroamerikanischen Machos mehr Respekt für Frauen forderte, dann kritisierte er sie als Saboteure der Einheit der Community. Wenn er ihnen die Faszination ausreden wollte, die von »der«, durch rassistische Tabus unerreichbar gemachten, »weißen« Frau ausging, dann ging es ihm letztlich darum, dem »ethnisch« reglementierten Heiratsverhalten des weißen Amerikas ein ebensolches gegenüberzustellen, um darüber das homogenisierte »Volk« der Afroamerikaner zu schaffen. Sein Ziel war die einschließende Unterordnung schwarzer Frauen in eine – in diesem Fall selbst unterdrückte – »rassische« Gemeinschaft von Männern.

Der tatsächliche politische Einfluß von Malcolm X blieb zu seinen Lebzeiten im Vergleich zu dem der Bürgerrechtsbewegung gering. Die Black Muslims nahmen an den damaligen politischen Auseinandersetzungen und praktischen Kämpfen der Afroamerikaner nicht teil. Man hörte ihnen – vor allem dem brillianten Redner Malcolm X – interessiert zu, aber dann folgte man doch den Aufrufen der Aktivisten um Martin Luther King, die zwar »Gewaltlosigkeit« predigten, in ihrer Praxis aber die Konfrontation suchten.

Gemessen an seinen eigenen Erwartungen und gemessen daran, was andere führende Afroamerikaner erreicht hatten, war Malcolm X also nicht sonderlich erfolgreich. Vier Wochen vor seiner Ermorderung (am 21.2.1965) gestand er öffentlich ein, mit seinem »race first«-Ansatz die komplexe Wirklichkeit des modernen Rassismus' nicht mehr erfassen zu können: »Ich tue mich schwer, wenn ich eine spezifische Definition der allgemeinen Weltanschauung, die meines Erachtens notwendig ist für die Befreiung der Schwarzen in diesem Lande, geben müßte.«

Doch dieses Resümee wird heute selten als Defizit empfunden. Nicht wenige haben einen ganz anderen Blick auf Malcolm X: Wo andere ein Programm hatten, hatte er eine *Haltung*. Damit war er prinzipiell anschlußfähig für den Popdiskurs, in den er ab 1987 durch die HipHop-Platten »By All Means Necessary« von Boogie Down Productions und »Bring The Noise« von Public Enemy eingebracht wurde.

Black cultural nationalism – an excuse for doing nothing

Zur amerikanischen Pop-Ikone und zentralen Integrationsfigur wurde Malcolm X erst mit der Ende der 80er Jahre einsetzenden Welle eines neuen, nicht unmittelbar politischen, spirituellen »black cultural nationalism«. Einen großen Anteil an diesem Trend hatte ab 1976 Alex Haley's Werk »Roots« (»The Epic Drama Of One Man's Search For His Roots«). Sowohl das Buch als auch die später ausgestrahlte »International TV Sensation« mystifizierten die afrikanische Geschichte ganz im Stil eines amerikanischen Schulbuchnationalismus.

Die »African identity«, wie sie vor allem der Film in Umlauf brachte, kultivierte das Bild eines paradiesischen Erdteils voller mannesstolzer und edler kriegerischer Helden. In den Kommentaren zu diesem Film offerierten »weiße« und »schwarze« Liberale nicht zuletzt den in den Ghettos Mar-

ginalisierten eine geschönte und vor allem den akuellen westlichen Wertmaßstäben entsprechende »African heritage«.[4]
Der kulturelle Bezug auf die afrikanischen »Roots« (»Afrocentric«) und das gewollte Anders-Sein in den USA ist meist schon der ganze Inhalt dieses Nationalismus'. Was gemeint ist, läßt sich alljährlich bei der Afroamerikanischen Parade in Harlem beobachten. Dort marschieren prunkvoll kostümierte Herrscher aus dem vorkolonialen Afrika – mit halbnackten »Wilden« als Fußvolk – neben der »National Black Police Association« und der »369. Schwarzen Veteranen-Vereinigung«, die stolz auf ihre Beiträge zu den letzten Kriegen der USA verweist.
Die Kritik an dem selbstgenügsamen und letzlich im Status quo verharrenden »Black Pride«-Gestus kommt seit dem Untergang der Black Panther Party vor allem aus der konservativen Ecke: Aufstiegsorientierte Afroamerikaner beklagen eine verbreitete »victimhood«-Passivität: »Black Pride becomes a catch-all-excuse for doing nothing.« Sie selbst tun allerdings nichts anderes als sich in den Verhältnissen einzurichten, nur erfolgreicher als die marginalisierten Afroamerikaner, an die sich ihre Kritik richtet.
Daß sich »rassifizierte« Menschen in einem norminativ festgelegten rassistischen Ordnungsrahmen immer schon Nischen schufen, ohne die gesellschaftliche Ordnung in Frage zu stellen, konnte auch Malcolm X beobachten. Ausgegrenzte streben nicht jederzeit nach »Revolution«, sondern auch nach Bewahrung von Verhältnissen, die ihnen zwar eine untergeordnete Rolle zuweisen, in denen sie sich aber entweder bescheidene reale Handlungsmöglichkeiten verschaffen oder aber durch Verschiebung der Problemebene ihre Unterwerfung dadurch leugnen, daß sie Handlungsfähigkeit simulieren – etwa dadurch, daß sie sich gegen andere Minderheiten wenden. Malcolm X, der solchen Stimmungen gelegentlich das Wort redete, war doch in erster Linie bestrebt, den Afroamerikanern Perspektive politischer Handlungsfähigkeit zu eröffnen. Er sprach sich sowohl gegen eine passive »victimhood«-Mentalität als auch gegen individuelle Aufstiegsideologien aus. Deswegen war auch der Kampf um die Rückeroberung des Selbstbewußtseins der »Negroes« für ihn kein letztes Ziel, sondern nur notwendiges Durchgangsstadium. Weil

sich Afroamerikaner über Jahrhunderte schuldig fühlten, schien es Malcolm X unumgänglich, daß sie zunächst alle Schuld an den »kollektiven Weißen« zurückgeben, sich also selbst erst einmal als Opfer begreifen müssen, bevor sie die Kraft zur der Erkenntnis aufbringen können, daß auch der »Weiße« in ein »System« verstrickt ist. Diesen Zeitpunkt hielt Malcolm X 1964 für gekommen, und es spielte bei seinem Bruch mit den Black Muslims eine wichtige Rolle, daß seinem Eindruck nach die NOI die »Black Pride-Phase« auf ewig konservieren wollte, während er bereits über die nächsten Schritte nachdachte.

Die tatsächliche Entwicklung nahm dann aber einen anderen Verlauf. Der große Aufschwung der Black Pride-Bewegung stand noch bevor. Er mündete zunächst in einen verhärteten Nationalismus, dem sich alle anschlossen, die an die Reformierbarkeit der rassistischen Gesellschaft nicht mehr glauben konnten, dessen kontraproduktive und konservative Dimensionen dann aber ausgerechnet vom militantesten Flügel der Bewegung thematisiert wurde – der Black Panther Party. Der neue Slogan »Black Power!« wirkte wie ein Trompetensignal, das die Toten erwachen ließ, aber ungeachtet ihres militanten Tonfalls war die Forderung inhaltlich völlig unbestimmt. Darüber, wie die »schwarze Macht« aussehen und worauf sie sich erstrecken sollte, hatten alle ihre eigenen Vorstellungen. Nach dem ersten Schock hatte sich das »weiße« Establishment dann auch an die Salven von »Honky«, »Cracker« und »Whitey« von Seiten der »Soul Brothers« gewöhnt (»weiße« Rassisten haben ja keine Probleme damit, diese Sprache zu verstehen und sie sogar als Anerkennung ihrer Kategorien zu interpretieren). Jetzt ging man daran, systematisch nach den Schwächen der Black Power-Bewegung zu suchen. Dabei fand das Establishment bald heraus, daß der verbreitete Stolz auf die afrikanischen Kultur der »White Power« nicht wirklich schadet und zudem kostengünstig bedient werden kann. Hauptnutznießer der auf die Black Power reagierenden staatlichen Programme wurde die Black Middle Class. Afroamerikaner mit Universitätsausbildung haben damals Zugang zu Jobs gefunden, die ihnen zuvor verweigert wurden. Die Yale University bot als erste ein Diplom in »afro-amerikanischen Studien« an. Später wurden solche Themen auch in den

Schulen obligatorisch. Davon hatten die armen Afroamerikaner am wenigstens. Ihnen begegnete Black Power plötzlich in Gestalt »schwarzer Kontrolle und Selbstverwaltung«, denn das Establisment hatte sich entschlossen, wissend, daß der stumme Zwang der Verhältnisse seine Wirkung nicht verfehlen würde, die Verwaltung der Black Communties sukzessive an diese zu delegieren – in Gestalt »schwarzer« Polizisten, Sozialarbeiter, Bürgermeister etc.

The Rebirth Of Cool

Daß ausgerechnet Malcolm X zum neuen Idol wurde und daß sich um dieses, entsprechend den Gesetzen der Pop-Welt, bald ein ausgewachsener Kult entwickelte, ist wenig verwunderlich: Malcolm X' Lebenslauf bietet bereits den Stoff, aus dem Hollywood Filme macht und der auch im HipHop eine Rolle spielt: Er war Hustler, Pimp und Prophet, verfügte über »street knowledge«, Witz und verbale Power. Wie die ganz Großen unter den amerikanischen Popstars lebte er schnell und starb früh und unter mysteriösen Umständen. Eine große Rolle bei seiner Ikonisierung spielten, abgesehen von der von ihm und Haley bewußt agitatorisch gefaßten Dramaturgie der »Autobiographie«, auch die bekannten Fotos und Dokumentarfilme, deren Ästhetik der auf dem Gebiet der Selbststilisierung sehr bewußte Ex-Hipster selten dem Zufall überlies.
Wenn Malcolm X von seiner Karriere als Lindy-Hop-Tänzer berichtet, dann stellt sich die Frage, wie ein solcher Hedonismus mit den brutalsten Formen des Rassismus dieser Zeit koexistieren konnte? Deshalb kommen auch Antirassisten nicht umhin, sich mit dem Sozialcharakter des *Hipster* vertraut zu machen, dessen Auftauchen den Beginn einer neuen Zeit ankündigte, die es immer noch zu begreifen gilt. Es ist die Zeit einer kapitalistisch strukturierten Individualisierung, in der der spezifische Habitus des Einzelnen weniger als bisher von tradierten Sozialstrukturen geprägt wird. Sie geht einher mit einer Pluralität der Lebensstile und (politischen, religiösen, sexuellen etc.) Orientierungen, mit neuen Gefühlslagen sowie materiellen und symbolischen Aneignungsweisen. Im hedonistischen Kapitalismus gehen auch die Individuen der unteren Klassen und selbst die Marginalisierten auf die Suche nach sich selbst. Aus Geschmack, Bildung, Gefühlen, Gesten,

Manieren, Akzent, Mode, Tanz sowie aus Konsumartikeln, die auf spezifische Weise symbolisch codiert/umcodiert werden, entwickeln sie einen ganz persönlichen expressiven Stil, mit dem sie ihren tatsächlichen oder erträumten sozialkulturellen Standort umschreiben.
Malcolm X war als Hipster *cool*, und er war es im Grunde bis an sein Ende. Seine Vorbilder waren damals, in den 40er Jahren, die Hipster von Harlem, die Bebop-Musiker und ihre Fans. Deren Hipness und Posing bezog sich nicht nur auf Musik und Tanz, sondern galt vor allem dem Spaß am coolen Ritual. Bei ihnen entschied der *Winkel*, in dem die Mütze auf dem Kopf sitzt ebenso über die »credibility« wie die Geste, mit der der Drink bezahlt wird. Die Hipster machten Jagd auf »weiße« Statussymbole, borgten sich Identität durch den Kauf von »Reichtum« symbolisierenden Waren und codierten sie zu einem eigenen Kodex um (»meine orangefarbenen Schuhe mit den Knopfspitzen waren das genaue Gegenstück zu den Cadillacs ...«). Sie grenzten sich damit nicht nur von anderen »Schwarzen«, vor allem von den unmöglich angezogenen Country Boys ab, sondern waren auch – Malcolm X schildert das im Detail – bemüht, den Rassismus zu ignorieren. Diese Abwendung von der Realität mündete in eine Hinwendung zu einer regressiven Ersatzhandlung, wo an die Stelle einer Veränderung der Außenwelt die Stilisierung der Körper trat.

Die Subkultur der schwarzen Hipster steht gewissermaßen am Anfang der modernen westlichen Jugend- und Popkultur,

Malcolm X und Karl M über Hustler

»Vor allem die Ghettojugendlichen sehen, wie sich ihre Eltern abstrampeln, ohne etwas zu erreichen, und nehmen sich deshalb lieber die Hustler zum Vorbild, die scharf angezogen herumlaufen und mit Geld nur um sich werfen und die vor nichts und niemandem Respekt haben.« (Autobiograhie)
»Der Hustler unterbricht die Monotonie und Alltagssicherheit des bürgerlichen Lebens. Er bewahrt es damit vor Stagnation und ruft jene unruhige Spannung und Beweglichkeit hervor, ohne die selbst der Stachel der Konkurrenz abstumpfen würde. Er gibt so den produktiven Kräften einen Sporn.« (Theorien über den Mehrwert)

und schon zu der Zeit, als Malcolm X zu dieser Szene gehörte, wollten viele »weiße« Kids so sein wie diese »Schwarzen«. Ihnen wurde vielleicht der erste halbwegs ernstgemeinte Respekt entgegengebracht, weil sie Grenzen überschritten, die Spießer niemals überschreiten, weil sie den skandalösen und erotischen Lindy-Hop tanzten, scharfe Klamotten trugen und freizügig mit Sexualität umgingen. Zugleich aber bewegten sie sich, und mit ihnen auch der Hipster Malcolm X, in einer Welt, in der schwarzer Konsumismus und Lynchmorde *nebeneinander* existierten. Auch »Schwarze« konnten damals einen, verglichen mit dem Europa der 40er Jahre, relativ hohen Lebensstandard erreichen, besaßen Auto und Telefon, und gleichzeitig war es ihnen verboten, sich nach Einbruch der Dunkelheit in »weißen« Vierteln aufzuhalten.

Als Jugendidol taugt auch der Hustler Detroit Red. Der Hustler, der im Gegensatz zum Lohnabhängigen oder Sozialhilfeempfänger nicht an der Kette der »Weißen« hängt, wird für seine Autonomie bewundert. Doch das Produkt, das er sich aneignet, entspringt meistens einer trickreichen Umverteilung innerhalb der Black Community, womit deren »normale« Ausbeutung um eine weitere Variante ergänzt wird. Zugleich brachte das illegale und autonome Leben als Hustler Malcolm X erstmals in offenen Gegensatz zu den Autoritäten des »Systems«.

Ein Held aus einer vergangenen Epoche

Doch der X-Kult, der sich mittlerweile vollständig von dem tatsächlichen Lebenswerk des El Hajj Omowale Malik El Shabazz (nach seinen »Images« als Malcolm Little, Detroit Red, Satan – so wurde er im Gefängnis genannt – und Malcolm X der Muslim-Name, den er ab 1964 bevorzugte) emanzipiert hat, ist nicht auf schwarze Jugendliche beschränkt.
Ironischerweise ist es gerade die soziale Polarisierung der Black Community, die, zusammen mit dem neuen »Cultural nationalism«, das Idol Malcolm X wiederauferstehen ließ und mit ihm zugleich die Erinnerung an eine früher einmal funktionierende Solidargemeinschaft. Gerade weil er eine so schillernde Figur war und weil sein Lebensweg so viele krasse Wendepunkte aufweist, konnte er zu einer Projektionsfläche

für verschiedene Generationen und für ganz gegensätzliche Postitionen werden. Es scheint, als wolle sich eine sozial auseinanderdriftende Community, deren untere Schichten ihren Alltag mehr mit nachrückenden »Latinos« als mit schwarzen Mittelständlern teilen, ein letztes mal im Mythos einer übergreifenden Integrationsfigur ihrer selbst vergewissern.
Malcolm X ist eindeutig ein Held aus einer vergangenen Epoche, die sich mit Sicherheit nicht wiederholen wird. In den USA ist an die Stelle des dominierenden bipolaren »schwarz/weiß«-Gegensatzes (die Bewegung der Indianer war in diesen Jahren noch nicht sichtbar) eine Praxis der »Rassifizierung« getreten, die zwar nach wie vor vom »weißen« Amerika ausgeht, deren Adressaten heute jedoch auch zahlenmäßig bedeutende neue Minoritäten sind: Puertoricaner, Mexikaner, arabische und asiatische Einwanderer. Diese veränderte Konstellation schlägt sich nicht zuletzt in antisemitischen (Crown Heights, 1991), antikoreanischen (South Central, 1992) oder antimexikanischen (im Februar 1993 stoppte eine kleine »schwarze« Bauarbeitergewerkschaft in L.A. Planierraupen, auf denen »arbeitsplatzstehlende« mexikanische Fahrer saßen) Manifestationen afroamerikanischer Nationalisten nieder. Die nationalistische Doktrin offenbart unter den neuen Vorrausetzungen endgültig die ihr immanenten reaktionären Konsequenzen, nicht zuletzt auch dann, wenn ihre Träger auf Hierarchien bestehen und jede andere Unterdrückung als die der Afroamerikaner als »zweitrangig« einstufen, statt die Gemeinsamkeiten mit den (häufig wirklich noch schlechter gestellten) Neueinwanderern zu betonen (wie es antinationalistische Gruppen längst tun). Das Ideal der liberalen Variante dieser Ethno-Militanz läßt sich heute in einigen amerikanischen Universitätsmensen beobachten, wo alle »Minderheiten« voller Stolz auf ihre jeweilige »identity« an getrennten Tischen essen und dabei betonen, daß ihre Beziehungen zu den anderen Tischen ausgesprochen gut seien. Der weniger liberale Flügel denkt derweil wehmütig an die Zeit von Malcolm X zurück, als die Fronten und Rollen noch »überschaubar« waren.

Malcolm X fungiert heute als ein zersplitterter Spiegel, in dem alle sehen können, was sie sehen wollen. Der Rapper

KAM bevorzugt den Muslim Malcolm X, die HipHop-Gruppe The Goats den späten Malcolm X, der Rap-Star Big Daddy Kane sieht in ihm die gelungene Kombination von Muslim-Militanz und Zuhältercharme, die Rapper von Full Force fühlen sich beim Geldverdienen durch seine Propagierung eines »schwarzen Kapitalismus« (er setzte politische Hoffnungen in die Gründung »schwarzer Firmen«) bestätigt, und die konservative Kolumnistin Barbara Reynolds empfiehlt ihn der Jugend als Vorbild, weil er im Gefängnis etwas tat, was viele Ghettokids heute als »to act white« abtun – er studierte fleißig. Einst als Mainstream Americas schlimmster Albtraum gehandelt, verklären ihn »schwarze« und »weiße« Liberale mittlerweile zum unbeugsamen Anwalt der Menschenrechte und machen aus ihm den »guten Malcolm«. Konservativen, bis hin zum New Yorker Bürgermeister David Dinkins, gilt er vor allem als ein Mann mit Prinzipien. Sein muslimischer Moralismus und seine Selbstdisziplin werden von ihnen als die Tugenden reklamiert, für die sie schon immer eintraten. Tatsächlich hatte Malcolm X ja vor allem in den frühen 60er Jahren Positionen vertreten, die heute zu den Grundsätzen der Republikanischen Partei zählen. Er hielt nicht viel von staatlichen Wohlfahrtsgeldern, weil sie angeblich die Eigeninitiative verhindern. Er setzte auf gute Schulnoten und Geschäftstüchtigkeit und sah in einer Rekonstruktion der Familie den entscheidenden Damm gegen Alkohol und Drogen. Selbst sein »street life background« und sein damit verwobenes Image als Rebell lassen sich in eine gegenüber den gesellschaftlichen Verhältnissen affirmative Richtung drehen, indem man seinen radikalen Durchsetzungswillen seines sozialen Inhalts entleert und in den Dienst kapitalistischer Allltagskonkurrenz stellt. Diese Variante des »radical chic« unterschiebt seinem berühmten Satz »by any means necessary« plötzlich einen ganz neuen Sinn: die Bereitschaft zum Erstschlag im sozialen Überlebenskampf. Auch dort, wo die Realität noch nicht so dramatisch ist, wird dieses Signal verstanden und so eine für möglich gehaltene soziale Zukunft ästhetisch antizipiert.

Der wiederauferstandene Malcolm X ist längst für alle da. Doch mit dieser Allzweckhaftigkeit wird auch schon seine zweite Himmelfahrt vorbereitet – und zugleich sein Einzug in

die Hall Of Fame der amerikanischen Nation. War er bisher noch im kollektiven Gedächtnis als militanter und niemals mit der Gegenseite fraternisierender afroamerikanischer Leader verankert, so wird er jetzt auf den Titelseiten etablierter bis elitärer Blätter, vom »New York Times Journal« über die Kulturzeitschrift »New Yorker« und das Herrenmagazin »Esquire« bis hin zum schwarzen Mittelklasse-Journal »Ebony«, als symphatische und respektable Autorität gewürdigt – neben Bill Clinton, der gelegentlich eine X-Cap beim Jogging trägt und mit dem er nun gemeinsam für eine neue Aufbruchstimmung steht.
Bei Spike Lee wird das X dann auch gleich zu Beginn seines Filmes zur Metapaher für die Kombination von »black cultural nationalism« und »american dream«: Von einem brennenden Sternenbanner bleibt am Ende nur ein X übrig – ein X in den Farben Amerikas.

Black Radical Tradition

Die »Black Radical Tradition« in Amerika und in der Karibik geht auf die ersten Widerstandshandlungen gegen die Sklaverei zurück. Dieser Widerstand ist zum Beispiel in den seit 1540 existierenden Archiven von Puebla de los Angelos dokumentiert. Seine Formen reichten von massenhaften »runaways« zu den Siedlungen der Indianer, bis zur Gründung befestigter Dörfer in den Blue Mountains von Jamaika. Einen vorläufigen Höhepunkt erreichte der Kampf gegen die Sklaverei mit der Errichtung der ersten »schwarzen Republik« auf Haiti (1791-1804) unter den Losungen der Französischen Revolution.
Die Aufnahme theoretischer Entwürfe war seitens der verschleppten Afrikaner an bestimmte Voraussetzungen gebunden. Bereits unter den Bedingungen der Sklaverei waren die »weißen Herren« häufig gezwungen, einigen Sklaven eine Ausbildung zu geben, damit sie Aufsichts- und Leitungsarbeiten in der Produktion übernehmen konnten. Auch wurden Sklaven als Ausbilder anderer Sklaven eingesetzt. Bereits drei Jahre bevor in den USA (1863) die Sklaverei offiziell abgeschafft wurde, gab es laut Volkszählung 488.000 »free persons of colour« – etwa 10% der Sklavenbevölkerung. Dabei handelte es sich um Menschen, die sich selbst freigekauft hatten, um von »liberalen« Sklavenhaltern wegen besonderer Leistungen freigelassene Sklaven und um entlaufene und in den Norden geflüchtete Sklaven. Viele dieser »Freien« waren relativ »hellhäutig«, entweder weil sie Nachkommen von Sklavinnen waren, die von ihren Besitzern vergewaltigt worden waren (die dann ihre Söhne und Töchter gelegentlich »frei« ließen), oder sie waren die Nachkommen von »gemischten« Paaren, wie sie vor allem im 17. Jahrhundert nicht selten waren, bevor die Sklaverei voll institutionalisiert war.
Aus dieser ersten und sehr schmalen »schwarzen Mittelschicht« kamen dann auch die ersten Intellektuellen, die sich mit den aus Europa kommenden theoretischen Entwürfen auseinandersetzten. Der 1868 geborene W.E.B. Du Bois, we-

gen seiner z.T. holländischen Abstammung sehr »hellhäutig«, stammt aus dieser Schicht. (In Louisiana galt bis 1983, daß 1/32 »schwarzen Blutes« einen Menschen zum »Schwarzen« macht.)
Du Bois ging 1885 auf die Fisk-Universität »für Neger und Negermischlinge«. Zehn Jahre später veröffentlichte er das Buch »Die Unterdrückung des Handels mit afrikanischen Sklaven nach den USA 1638-1870«. 1897 wurde er Professor an der »Negeruniversität« in Atlanta. Als er dann 1910 die bis heute existierende National Association for the Advancement of Colored People (NAACP) und die Zeitschrift »The Crisis« gründete, hatte er bereits einige Werke von Marx gelesen. Zum Ärger des bürgerlichen Flügels dieser »Nationalen Organisation zur Wahrung der Interessen der farbigen Bevölkerung« begrüßte er 1917 in einem Artikel die russische Oktoberrevoltion. Obwohl als »Bolschewist« verschrien und bald aus der Position des Chefredakteurs verdrängt, war Du Bois kein Marxist, sondern ein im Marxismus bewanderter Panafrikanist. Mitglied der KP der USA wurde er erst 1961. Seine Frau Shirley Graham Du Bois starb 1977 in Peking. Die »Peking Rundschau« 15/77 widmete ihr, wie schon 1963 ihrem Mann, einen ausführlichen Nachruf.
Bis 1922 gab es für radikale »schwarze« Intellektuelle wenig Gründe, vom Marxismus mehr als einen allgemeinen theoretischen Bezugsrahmen für ihre Studien zu erwarten. Die linken Parteien waren nicht in der Lage gewesen, das Phänomen eigenständiger »schwarzer«, nicht klassengebundener Organisationsformen mit ihrem Verständnis vom Klassenkampf zu vereinbaren. Als »rassifizierte« Fraktion der Arbeiterklasse oder des unteren Mittelstandes waren die Afroamerikaner von der weißen Arbeiter- und Gewerkschaftsbewegung zudem weitgehend ausgeschlossen.
Erst der Vierte Kongreß der Kommunistischen Internationalen setzte 1922 eine Diskussion über die »Negerfrage in den USA« an. Erstmals nahmen zwei Afroamerikaner als Beobachter teil und am Ende wurde eine »Neger-Kommission« eingesetzt. Die Konfrontation mit der rapide wachsenden Bewegung des »schwarzen Nationalismus« warf dabei theoretische und praktische Probleme auf, die letztlich nie zufriedenstellend beantwortet wurden. Die KP der USA warb ab 1925

nachdrücklich um die Afroamerikaner und gründete mit dem American Negro Labor Congress eine von ihr geführte Massenorganisation, die u.a. verfolgten »Schwarzen« Rechtshilfe gewährte. Viele »weiße« Kommunisten wurden durch ihr persönliches Engagement sogar zu begeisterten Fans der »Race Music«, wie der Rhythm & Blues damals noch genannt wurde. Eine große Anzahl afroamerikanischer Genossen wurde in die höchsten Leitungsgremien der Partei gewählt. Trotzdem wurden bis 1928 nur 500 »Schwarze« Mitglieder der KP. Im selben Jahr schwenkte die KP um und setzte sich plötzlich für einen seperaten schwarzen Bundesstaat ein, also für die Forderung, die heute vor allem von den Black Muslims und dem Ku Klux Klan vertreten wird und die vor wenigen Jahren auch Gorbatschow noch erhob.

Die Socialist Party, die nie eine nennenwerte afroamerikanische Mitgliedschaft hatte, ignorierte den Rassimus im Unterschied zur KP weitgehend und spielte ihn herunter. Die Mehrheit der afroamerikanischen Bevölkerung unterstützte damals bereits die Demokratische Partei, die der »schwarzen« Mittelklasse Positionen in Gemeinderäten und staatlichen Einrichtungen anbieten konnte.

In der Karibik entwickelt sich in dieser Zeit eine »schwarze« (afrokaribische und asienkaribische) Arbeiter- und Gewerkschaftsbewegung mit Bezügen auf den Marxismus. Der 1901 als Sohn eines Lehrers auf Trinidad geborene C.L.R. James (1989 in London gestorben) wurde zu einem der bedeutendsten »schwarzen Marxisten«, dessen Einfluß bis in die USA reichte.

Marxistische Ansätze oder Ideen existierten im Grunde durchgehend als Minderheitspostionen in den afroamerikanischen Massenorganisationen, zum Beispiel im Student Non-Violent Coordinating Commitee (SNCC). Selbst der Muslim Malcolm X sah sich in den 60er Jahren mit sozialistischen Gedanken (nicht zuletzt bei seinen Afrika-Reisen) konfrontiert und erkannte immerhin die soziale Spaltung der bürgerlichen Gesellschaft als spezifische Grundlage des aktuellen Rassismus' an. Robert Williams, der vom FBI u.a. wegen seines Aufrufes zur Bildung von »Schützenvereinen« gejagte NAACP-Militante, ersuchte Mao-Tse Tung mehrfach um offizielle Unterstützung, was dann auch in den beiden Er-

klärungen Maos zum Kampf der Afroamerikaner ausdrücklich erwähnt wurde. Die im Oktober 1966 in Oakland/Kalifornien von Huey P. Newton und Bobby Seale gegründete Black Panther Party for Self Defense wandelte sich, nicht zuletzt unter dem Einfluß von Eldridge Cleaver, von einer nationalistischen zu einer mit der chinesischen Kulturrevolution sympathisierenden, teil- und zeitweise »marxistisch-leninistisch« orientierten Organisation, die das Bündnis mit »weißen« Radikalen wie z.B. der Peace and Freedom Now Party suchte (Cleaver und Bobby Seal waren auch von den Beatniks und Bob Dylan begeistert. Cleaver arbeitete eng mit Jerry Rubins zusammen, dem Sprecher der Yippies, die sich zeitweise als bewaffnete Fraktion der Hippies verstanden.), die Befreiungsbewegungen in der »Dritten Welt« unterstützte und Kontakte zu Kuba, Vietnam, China und zu linken Gruppen in Japan und in der BRD (SDS, Black Panther Solidaritätskomitee, Rote Panther) unterhielt. Da sie davon ausgingen, daß sie nicht irgendeinen überhistorischen Rassismus zu bekämpfen hatten, sondern den Rassismus einer kapitalistischen Gesellschaft, gelang es ihnen erstmals in der Geschichte der Black Power-Bewegung, über deren beschränkte Perspektiven hinauszugehen und sowohl den zum Selbstzweck gewordenen kulturellen Nationalismus als auch die Positionen des Separatismus zu überwinden. Angesichts der Militanz der BPP waren die nationalistischen Gruppen auch nicht in der Lage, ihr wegen der Zusammenarbeit mit »weißen« Radikalen »Verrat« vorzuwerfen.
Inzwischen organisierten sich auch wieder radikale Afroamerikaner, darunter Angela Davis, in der KP der USA, die ihre Linie erneut geändert hatte. Mitte der siebziger Jahre spaltete sich der marxistische Flügel des panafrikanischen African Liberation Support Commitees ab, seine Mitglieder gingen zur KP oder gründeten marxistisch-leninistische Gruppen.

Von der Zerschlagung der Black Panther Party durch das FBI hat sich die »schwarze Linke« bis heute nicht mehr erholt. Das Thema Black Panther ist immer noch weitgehend tabu, selbst als Forschungsthema. Erst in den letzten beiden Jahren wird es wieder vorsichtig diskutiert. Auch in der HipHop-Szene tauchen inzwischen mehrere Rapper auf, die sich als

Söhne von Black Panther-Eltern zu erkennen geben, etwa Ali von A Tribe Called Quest und Tupac Amaru Skakur. Letzterer widmete auf seinem Album »2Pac« einen Song George und Jonathan Jackson: beim Versuch, seinen Bruder George aus dem Gerichtssaal zu befreien, wurde Jonathan erschossen. Angela Davis wurde angeklagt, die Tatwaffe besorgt zu haben. George wurde 1971 im Knast von San Quentin (Kalifornien) von beamteten Killern ermordet.

Der Rapper Paris bezeichnet sich als »Black Panther Of Rap«, die Beatnigs zitieren sie, Public Enemy und X-Clan erwähnen die Panthers gelegentlich in Interviews, aber insgesamt hat die brutale Verfolgung dieser militanten Gruppierung eher bewirkt, daß Sozialkritik in religiöse und kulturell-nationalistische Bahnen gelenkt wurde. Auf der Public Enemy-Maxi »Welcolm To The Terrordome« wird immerhin die Ermordung des Black Panther-Gründers Huey Percy Newton erwähnt (»Every brother ain't a brother / 'cause a black hand / squeezed on Malcolm X the man / the shootin' of Huey Newton / from a hand of a Nig who pulled the trig«). Newton, der im August 1989 im Alter von 47 Jahren in West Oakland erschossen wurde, floh 1974 nach Kuba und schrieb dort das Buch »Revolutionary Suicide«. 1976 wurde er Mitglied der Bürgerrechtsorganisation NAACP und äußerte sich zustimmend zum Einfluß »schwarzer« Kirchen und Unternehmer. 1980 promovierte er an der Universität von Santa Cruz/Kalifornien mit dem Buch »Der Krieg gegen die Panthers. Eine Studie über die Unterdrückung in Amerika.« Bobby Seal ist heute Assistent an einer Universität in Philadelphia und unterrichtet dort African America Studies. 1973 kandidierte er für die Demokraten zum Amt des Bürgermeisters von Philadelphia. Vollkommen von seiner Vergangenheit hat sich Eldridge Cleaver distanziert, der heute ein Loblied auf Demokratie und Marktwirtschaft singt.

Der Einfluß der »schwarzen Linken« ist heute in den Wohnvierteln, Betrieben und Universitäten minimal. Auch jene afroamerikanischen Intellektuellen, die Marx oder konstruktivistische Theoretiker kennen, vertreten mehrheitlich einen liberalen »black cultural nationalism«. Viele passen sich diesem Trend bereitwillig an, andere geben zögernd dem massiven

Druck von nationalistischer Seite nach, die ihre Kritiker schnell als »konservativ« abstempelt. Als Konservativer gilt heute zum Beispiel der Sozialist Julius Lester, der Ende der 60er Jahre in der amerikanischen Zeitschrift »The Guardian« hervorragende linksradikale Kritiken an der Black Power-Bewegung schrieb und auch heute als Professor an der Universität von Cambridge/Massachusett gegen »schwarzen Rassismus, Antisemitismus und die Überzeugung von der Minderwertigkeit der Frau« anschreibt. Bei anderen, etwa dem Kritiker Stanley Crouch, der in seiner Essay-Sammlung »Notes Of A Hanging Judge« seine Black Power-Jahre als eine Zeit der »xenophobic darkness« bewertet, ist eine trotzige konservative Wende tatsächlich nicht zu übersehen. Auf Druck des Public Enemy-Ghostwriters Harry Allen (für PE verbreitete er die »Melanin«-Theorie, wonach »Weiße« wegen eines Mangels an Melanin von Natur aus Rassisten sind) wurde Crouch vorübergehend als Autor der New Yorker Zeitschrift »Village Voice« suspendiert.

Viele kritische bis linke Statements kommen von »schwarzen« Feministinnen wie Alice Walker, Paula Giddings oder Michele Wallace.

Vor allem in Kalifornien sind einige »schwarze« stalinistisch-maoistische Gruppen aktiv, die sich z.B. »African People's Socialist Party« nennen, für einen sozialistischen Separatstaat eintreten und von den USA Reparationen für die Sklaverei fordern. Mit einer in Oakland seit 1991 erscheinenden neuen »Black Panther«-Zeitung versucht eine Initiative um den 38jährigen Victor Huston, alte und neue Kräfte zu sammeln. Die Zeitung schwankt bisher zwischen rassistischen Artikeln gegen asiatische Einwanderer und klassenkämpferischen Phrasen. Verschiedene trotzkistische Gruppen schreiben den Afroamerikanern eine Avantgarde-Rolle im Klassenkampf zu und bemühen sich nachdrücklich um afroamerikanische Mitglieder und Funktionäre. Ähnliche Positionen vertrat auch die Zeitung »Race Today«, die bis 1989 in London erschien.[5]

Assata Shakur

Die Black Panthers besaßen ein ausgeprägtes Gefühl für Style & Fashion. Mit ihren Lederjacken, Barrets und den lässig über die Schultern gehängten Mänteln schufen sie sich selbst ein umwerfendes Image und der Militanz ein neues Design, das bei den Jugendlichen mindestens so viel Eindruck machte wie ihre praktischen Aktionen. Die Panthers waren cool genug, um sich, trotz des Ernstes ihrer Lage, auch der Popregeln zu bedienen. So wie der Habitus realsozialistischer Bürokraten immer schon mehr über ihr Programm sagte als ihre Worte, so wollten umgekehrt die Panthers zeigen, daß die Gesellschaft, die sie sich vorstellten, auch mit Erotik und Ästhetik zu tun haben wird.
Allerdings verfing sich ihre Medienfixiertheit nicht nur im Glanz ihres eigenen Images, sondern ihr Design zeugte zugleich von einer Gleichsetzung von Befreiungskampf und Männerkampf und somit von einer guten Portion Machismo. Den bekamen dann auch schwule Männer (Eldridge Clever glaubte zum Beispiel den damaligen kalifornischen Gouverneur Ronald Reagan treffen zu können, indem er ihn als »schwul« bezeichnete) und die weiblichen Panthers reichlich zu spüren. Letztere wurden vorzugsweise zu Büroarbeiten eingeteilt und waren einer massiven Anmache ausgesetzt. Trotzdem trat eine große Zahl von Frauen der BPP (zeitweise 10.000 Mitglieder) bei, und es gelang ihnen mit der Zeit auch, den male chauvinism zurückzudrängen. Eine dieser Frauen heißt Assata Shakur, die ihren bürgerlichen Namen, Jo Anne Chesimard, als »Sklavennamen« abgelegt hat. 1947 in New York geboren, verbrachte sie ihre Kindheit im »rassen«getrennten North Carolina. In den 60er Jahren wurde sie aktiv im Widerstand gegen die Politik rassistischer Ausgrenzung und ihre sozialen Folgen. Auch durch ihre Teilnahme an der Bewegung gegen den Vietnamkrieg erschloß sich ihr eine völlig neue Welt. Derart politisiert, war es für Assata geradzu selbstverständlich, einer Partei beizutreten, die kompromißlos gegen Rassismus und Imperialismus angetreten war und

dabei auch die Auffassung vertrat, daß der »schwarze« Kapitalist letztlich nicht besser ist als der »weiße«.
1967 entwickelte das FBI unter Edgar Hoover ein gegen die Black Panther Party (BPP) gerichtetes Aufstandsbekämpfungsprogramm (CoIntelPro). Die US-Regierung ging damals davon aus, daß eine politische Radikalisierung der 30 Millionen Afroamerikaner die größte Bedrohung der Inneren Sicherheit der USA bedeuten würde. Das Cointelpro-Programm hatte daher das erklärte Ziel, die BPP vollständig zu vernichten, u.a. durch die physische Liquidierung ihrer Führung. Der Inhalt dieses Programmes wurde 1976 bekannt, als eine Gruppe von Pazifisten die Dokumente aus einem Gebäude der Bundesregierung entwenden konnte. Insgesamt 36 Aktivisten wurden erschossen – im Bett, im Gefängnis und »auf der Flucht«. Außerdem wurde die Partei unterwandert und sogar gefälschte Ausgaben der Black Panther-Zeitung in Umlauf gebracht, um die Mitglieder gegeneinander aufzubringen.
Nachdem sich die Partei in einen reformistischen und revolutionären Flügel gespalten hatte, gründete Assata mit anderen Militanten die bewaffnete Untergrundorganisation Black Liberation Army (BLA). Ausgehend von der These, daß die USA einen Krieg gegen die Black Community führt, beantwortete die BLA Polizeiübergriffe mit unerwarteten Gegenschlägen.
1973 wurde Assata zusammen mit zwei Begleitern auf einer Autobahn bei New Jersey gestellt. Schwer verletzt überlebte sie als einzige die Verhaftung. Sechs Jahre später wurde sie von der BLA aus dem Clinton Staatsgefängnis befreit. Nachdem die Fahnder ihre Spur verloren hatten, erschien 1989 in der linken Wochenzeitung »The Guardian« überraschend ein Interview mit ihr, aus dem hervorging, daß sie seit 1984 mit ihrer Tochter im kubanischen Exil lebt.
In ihrer (bei Agipa-Press, Bremen erschienenen) Autobiographie zeichnet Assata ihren ungewöhnlichen Lebensweg nach: Ein Mädchen vom Lande, das sich zum aufmüpfigen Twen entwickelt, Elvis Presley-Sticker trägt, vor der häuslichen Angepaßtheit nach Harlem ausreißt, dort das brodelnde Leben faszinierend findet, dann jedoch unter dem Eindruck einer bedrückenden rassistischen Wirklichkeit (mit der sie als Frau

in spezifischer Weise konfrontiert ist) politisch aktiv wird. Assata, die in diesem Buch ihre persönliche Geschichte wie auch die Geschichte des militanten afroamerikanischen Widerstandes erzählt, benennt auch die Fehleinschätzungen von damals und äußerst sich zur veränderten Situation von heute.

Broadwater Farm

Ein Wohnviertel wird zum Gefängnis

Die im nördlichen Londoner Stadteil Tottenham gelegene Broadwater Farm ist die bekannteste Großsiedlung Englands. Gegen dieses Wohnviertel, dessen Jugend es gewagt hatte, sich den alltäglichen Demütigungen zu widersetzen, richtete sich Mitte der 80er Jahre ein wohl beispielloser Rachefeldzug von britischer Polizei und Justiz, dessen Folgen bis heute die Öffentlichkeit beschäftigen.
Das erste Mal geriet die Farm im Oktober 1985 in die Schlagzeilen, als kurz nach dem von der Polizei verschuldeten Tod einer Westinderin ein nächtlicher Riot ausbrach, in dessen Verlauf – erstmals außerhalb Nordirlands – ein Polizist getötet wurde. Etwa ein Jahr später beginnt die stark rassistisch eingefärbte Berichterstattung über die gerichtliche Aburteilung der damals beteiligten Jugendlichen.

Die Broadwater Farm besteht aus 12 um drei Hochhäuser gruppierten sechsstöckigen Wohnblöcken, die untereinander mittels eines Gewirrs von Betonfertigteil-Übergängen und Treppenbauten verbunden sind. Der ganze Komplex steht wegen des sumpfigen Untergrunds auf Betonpfählen. Die untere, als Parkebene geplante Ebene bildet mangels Autobesitz der Mieter nur ein dunkles Labyrinth, das man auf der Suche nach einem Treppenaufstieg zu durchqueren hat. Innerhalb der Wohnblöcke liegen die Wohnungseingänge an endlos langen, fensterlosen und daher neonbeleuchteten Gängen, deren aufgerissene Betonböden seit Jahren nicht repariert wurden. Die Farm ist nur auf zwei Seiten über insgesamt vier Zufahrten zu erreichen.

Am 5. Oktober 1985 fährt der 24jährige Floyd Jarrett, in England als Sohn westindischer Einwanderer aufgewachsen und, wie die meisten »Neu-Briten« aus dem Commonwealth-Bereich, britischer Staatsbürger, mit seinem Auto durch die Rosseberry Avenue von Tottenham. Er wird von einer Polizeistreife gestoppt; an seinem Auto – nicht das neueste Modell – finden sich einige kleinere Mängel. Man verdächtigt ihn des

Diebstahls, und das reicht nach englischem Gesetz für eine vorläufige Inhaftierung in der Polizeiwache. Der fassungslose Floyd wehrt sich, versucht zu fliehen, wird eingefangen, zusammengeschlagen und eingesperrt.

Bis hierhin ist die Geschichte sozusagen vollkommen alltäglich, denn solche Schikane gehört zur dauerhaften Erfahrung von Jugendlichen in den ärmeren Wohngebieten. Wer etwa ein Moped oder ein Kofferradio oder gar ein Auto besitzt, der ist schnell des Diebstahls verdächtig. Besonders gerne verdächtigt die rassistische britische Polizei aber »schwarze« Jugendliche. Auch Menschen irischer Abstammung werden oft willkürlich verhaftet und, furchtbar zugerichtet, der Presse als mutmaßliche IRA-Unterstützer vorgestellt. Wird jemand mit etwas Ganja erwischt, dann geht es auf der Wache selten ohne körperliche Schäden ab. Zwischen 1970 und 1985 starben über 30 »Blacks« unter »ungeklärten Umständen« im staatlichen Gewahrsam. Bei der Londoner Metropolitan Police (»Met«) gelten die Working Class-Stadtteile Tottenham, Hackney, Notting Hill Gate und Brixton als besonders problematisch, weil hier verarmte »Weiße« aus England und anderen Ländern mit einer großen westindischen Minderheit zusammenleben. Die statistische Begründung schafft sich die Polizei selbst: »Suspect« wirkende Personen können nach einem Spezialgesetz – SUS genannt – jederzeit kontrolliert und festgenommen werden. Entsprechend vorsichtig ist die Bevölkerung dann auch im Umgang mit der Polizei. Obwohl bestimmt nicht staatsfeindlich eingestellt, und obwohl dort häufig genug Arme andere Arme bestehlen, kommt es selten vor, daß jemand »999« wählt, um die Polizei anzufordern.

Was Floyd Jarrett bisher zugestoßen war, bewegte sich also durchaus im »normalen Rahmen«. Doch dabei blieb es nicht: In der Zelle entwendet ihm die Polizei den Hausschlüssel und dringt damit in die elterliche Wohnung ein, um diese zu durchsuchen. Dabei wird die völlig schockierte und aufgeregte Mutter nach Aussage einer der Töchter zu Boden gestoßen. Sie erleidet einen Herzanfall und stirbt noch am gleichen Abend. Floyd sitzt derweil in der Zelle der Polizeistation von Tottenham, unweit von der Broadwater Farm.

Nicht einmal zwei Wochen vorher wurde in Brixton Mrs. Cherry Groce, die Mutter eines angeblich wegen Straßen-

raubs gesuchten jungen Westinders bei einer Hausdurchsuchung angeschossen und ist seither querschnittsgelähmt. In Brixton kam es nach dem Schuß auf Mrs. Groce zu den seit 1981 schwersten Straßenkämpfen gegen die Polizei, in deren Verlauf die Polizeistation angegriffen wurde und etliche Häuser entlang der Brixton Road abbrannten. Der Polizeischütze wurde im Januar 1987 – wie üblich – freigesprochen.
Die Nachricht vom Tode Cynthia Jarretts verbreitet sich am Morgen des 6. Oktober 1985 in Windeseile in Tottenham. Zunächst versucht eine Delegation der Black Community beim Polizeichef der Tottenhamer Polizeistation eine Suspendierung des für die Hausdurchsuchung verantwortlichen Polizisten zu erreichen. Ohne Erfolg. Wenig später versammeln sich vor der Polizeistation die ersten Demonstranten. Sprechchöre werden gerufen »Polizei-Mörder!«, »Rassisten-Polizei«. Es fliegen ein paar Steine, aber die Polizei zieht es noch vor, stillzuhalten. Anschließend findet ein Meeting im West Indian Centre in der Clarendon Road statt. Es sprechen Prominente der Black Community, darunter Bernie Grant, der erste »schwarze« Gemeinderatsvorsitzende Englands (später für Labour ins Unterhaus gewählt) und Martha Osomar, Vorsitzende des örtlichen »Unabhängigen Polizeikomitees«, eine der umstrittenen Initiativen für ein vertrauensvolleres Verhältnis zur Polizei. Die anwesenden Jugendlichen fühlen sich von den Leaders beschwichtigt. Man einigt sich auf ein weiteres Meeting am gleichen Abend in den Räumen der Broadwater Farm-Jugendorganisation. Die Wut über die Polizeiprovokation ist mit dem Verlangen nach einer öffentlichen Untersuchung nicht abgetan. Die Jugend fordert »aktiven Protest«. Kurz vor 19 Uhr wollen sie wieder in Richtung Polizeistation ziehen. Aber zu diesem Zeitpunkt bewegt sich schon die Polizei in Richtung Farm.

Bei der Broadwater Farm handelt es sich um ein Anfang der 70er Jahre mitten in Tottenham hochgezogenes Wohnviertel für etwa 3.500 Menschen. Diese wahrlich nicht sehr einladende Wohnanlage wurde in den vergangenen zwei Jahrzehnten zur letzten Station eines Bruchteils jener 11 Millionen offiziell bilanzierten Armen, die das britische Programm des »Zurück zur führenden industriellen und kommerziellen Rolle in der Welt« bisher hervorbrachte. Dieses Programm wird von den Konservativen mit besonderer Rücksichtslosigkeit durchgesetzt, aber das Ideal einer Rückkehr zur alten Weltmachtposition teilen die Konservativen mit Labour und weiten Bevölkerungsteilen.

Von den 1.800 im Viertel lebenden Erwachsenen haben gerade 550 einen Vollzeitjob. Ein solches »Privileg« bringt 35 % von ihnen weniger als 3.000 englische Pfund ein – im Jahr! Nur 11 % der Bewohner verdienen über 8.000 Pfund. Jeweils die Hälfte der Bewohner sind »Weiße« (Zyprioten, Griechen, Iren, »weiße« Briten) und »Farbige« (Westinder, Afrikaner, Inder).

Solche Angaben würden zur Erklärung der nachfolgenden Vorgänge allerdings nichts hergeben, wenn den Opfern der kapitalistischen Restrukturierung nicht hinreichend klar wäre, wer und was sie in diese Lage gebracht hat. Doch in England existiert häufig noch ein solches Bewußtsein, das auch in »Haltungen« und praktische Handlungen umgesetzt wird.

Die Londoner Polizei weiß das auch und beobachtet argwöhnisch jede Bewegung. So auch nach dem Tod von Mrs. Jarrett. Vorsorglich werden schon am Abend des 5. Oktober kampfmäßig ausgerüstete Einsatzkräfte zusammengezogen. Tags darauf werden sie für jeden sichtbar positioniert. Nach dem Meeting im Jugendzentrum zieht es die aufgebrachten Versammlungsteilnehmer also nochmal zur Polizeistation. Doch gleich am Ausgang der Broadwater Farm treffen sie auf Polizei in voller »riot gear« (Helme, Knüppel etc.). Der erste Zusammenstoß. Auf keinen Fall will man die Polizei in die Farm eindringen lassen. Aus Polizei- und anderen Autos entstehen sehr rasch brennende Barrikaden, die alle vier Zugänge zum Wohngebiet versperren. Immer mehr Leute beteiligen sich. »Weiße« Jugendliche schließen sich den Westindern an. Draußen stehen mittlerweile 1.500 Mann der Riot Police. Sie versuchen mit allen Mitteln, in das Viertel einzudringen. Aber ihre Stoßtrupps geraten immer wieder in geschickte Hinterhalte der ortskundigen Verteidiger. Die verhaßte Architektur der Broadwater Farm zeigt erstmalig eine vorteilhafte Seite. Ratlos stehen die polizeilichen Einsatzführer vor den mehrfarbigen Orientierungsplänen mit der Auf-

London im August: Mehrere hunderttausend Menschen bewegen sich durch die Straßen von Notting Hill, wo seit rund 30 Jahren der westindische Karneval stattfindet. Der Stadtteil hat sich in diesen Jahren vom ärmlichen Einwandererviertel zusehends zu einem Wohngebiet entwickelt, das teuer ist und als »trendy« gilt. Damit wurde auch der Karneval, der noch Mitte der 70er Jahre nur wenige tausend Menschen anzog, immer kommerzieller. Westindische Geschäftsleute haben in guter Zusammenarbeit mit der Metropolitan Police die Überwachung und profitable Nutzung dieses mittlerweile größten europäischen Straßenfestes übernommen. Vor dem Hintergrund vielfältiger Polizeischikanen kam es 1976, 1977, 1987 und 1989 zu größeren Straßenschlachten gegen die Polizei und seither ziemlich regelmäßig zu kleineren Zusammenstößen.

Beim Londoner Karneval sind verschiedene westindische Kulturkreise gemeinsam vertreten. Aus Trinidad und von den kleinen Antilleninseln kommen Calypso, Stealbands und die kunstvollen, teilweise meterhohen Kostüme. Aus Jamaika stammt die Tradition der Sound Systems. Neben Reggae, Raggamuffin und Soca hat die in England aufgewachsene Generation der Westinder den Karneval um HipHop, House, Funk, Club Soul und Dancefloor Jazz bereichert.

Zu einem Riot mit über 200 verhafteten Rap- und Reggae-Fans und vielen Verletzten kam es auch im August 1989. Ausgelöst wurde die zweistündige Straßenschlacht von einer martialisch und provokativ auftretenden Ordnungsmacht. Wie jedes Jahr spitzte sich die Lage dann zu, als die in voller Riot-Ausrüstung auftretenden Spezialeinheiten gegen die zu dieser Uhrzeit (20.00 Uhr) angeblich zu laute Musik der Sound Systems einschritten. Da ergibt ein Wort das andere, die Leute sind genervt und dann ist die erste in Richtung Polizei fliegende Bierdose dem leitenden Offizier Anlaß genug, 1.000 Mann aus der Reserve herbeizuführen. Im Parlament wird nach solchen Ereignissen regelmäßig ein Verbot des Straßenfestes erwogen. Die britische Polizei, die die jungen, selbstbewußt auftretenden Westinder schon im Alltag nicht ausstehen kann, sieht in einer solchen Ansammlung von B-Boys und Raggamuffins eine gute Gelegenheit, ein paar offene Rechnungen zu begleichen.

Musikalisch verarbeitet wurden die Carnival Riots bis etwa 1985 ausschließlich von Reggaekünstlern. 1976 griffen Aswad (die auch heute noch in Notting Hill leben) mit ihrem Titel »Three Babylon« unmittelbar von der Live-Bühne aus ins Geschehen ein. Dieser legendäre Song gilt bis heute als die Carnival-Streetfighter-Hymne schlechthin. Aswad Reggae war damals Rebel Reggae. Aswads zweiter großer Resistance-Song hieß »Warrior

Charge« und er wurde 1988 von den Rappern M.C. Smart und Overlord X unter dem Titel »Chargin' Warrior« gecovert. Damit ging die Stafette an die jüngere Generation der B-Boys über, deren Musik neben Ragga Reggae seit Mitte der 80er Jahre auf dem Karneval eine immer größere Rolle spielte.
Zu der jüngeren, in England geborenen Generation gehört auch der 18jährige Richard Brown a.k.a. Silver Bullet. Er war im August dabei, als die Polizei zuschlug: »Ich kam gerade mit einer Gruppe von Freunden, einer 70 Mann starken Posse, von der Talbot Road her, wo wir den Sounds zuhörten, da war plötzlich die Straße von Coppers (in feinem Deutsch: Polizisten) abgesperrt. Als wir in die entgegengesetzte Richtung umdrehten, fingen die Cops an zu rennen. Wir rannten auch, aber wir wurden eingekreist. Viele meiner Freunde wurden verhaftet und schwer geschlagen. Einer wurde vor Gericht gestellt, aber mangels Beweisen wieder freigelassen. Ich selbst konnte entkommen. Ein Polizist hatte uns zuvor zugerufen: ›Ihr habt genau 20 Sekunden, den Anweisungen zu folgen.‹ Wir wußten gar nicht, welchen. Nach diesem Erlebnis setzte ich mich hin und schrieb den Rap ›20 Seconds To Comply‹.«
»20 Seconds To Comply« ist ein Hardcore Rap geworden, dem man anhört, daß er aus einem Land kommt, in dem auch »schwarze« Kids mit den Sex Pistols aufgewachsen sind. Vor allem diese rausgeschriene Wut kommt im amerikanischen Rap nie vor. Militante US-Rapper schreien nicht. Sie tauchen ihre Drohungen in eine gedämpfte, fast lauernde Grundstimmung. Silver Bullet ist hingegen strictly hardcore, seine Vorbilder sind die Demon Boyz. Mit ihnen teilt er die Liebe zum Raggamuffin Reggae und – etwas unpassend für einen Rapper, aber das liegt im karibischen Elternhaus – zum Calypso.
»Ich rappe seit meinem elften Lebensjahr und habe darüber einen großen Teil meiner Schulzeit versäumt. Zu Hause gab es deshalb Ärger. Mit siebzehn bin ich ausgezogen, um endlich in Ruhe Gedichte schreiben zu können. Ich war immer rebellisch, und wenn du so willst, liegt hier eine Parallele zum Punk. Erst kürzlich wurden ich und mein DJ Mo von der Straße weg verhaftet, weil wir Vierfinger-Ringe trugen. Die Polizei meinte, das wären Offensivwaffen, hielt uns zwei Stunden fest und entließ uns dann ohne Ringe. In Wirklichkeit ist das nur eine Mode. Es hat auch keine größere Bedeutung, daß ich Geräusche von Horrorfilmen sample. Eine Zeitung hat daraus gefolgert, ich sei ein Okkultist und predige Gewalt. Nein, auf den Tonspuren der Horrorfilme sind einfach geniale Geräusche von knarrenden Türen und von Eulen – ideal für Hardcore-Titel. Ich nutze das Material, um zu zeigen: Der reale Horror war die Knüppelei in Notting Hill.«

schrift »Welcome to Broadwater Farm«. Aber 3.500 Menschen sind nun von der Außenwelt absolut abgeriegelt. Sie nutzen das, um sich das Nötige im Supermarkt zu besorgen. Da alle wissen, was ihnen nach einer polizeilichen Okkupation bevorsteht, gibt es auch Versuche, aus dieser Falle auszubrechen, doch das gelingt nicht.
Die Belagerer versteigen sich zu rassistischen Sprechchören: »Ihr Schwarzen gehört in den Zoo!«, »Verschwindet in eure Rattenlöcher!« und ähnliches. Einige Jugendliche belassen es nicht bei »petrol bombs«, sie schießen mit Schrotflinten. Um 22 Uhr wird dann ein Polizeitrupp, der versucht, der Feuerwehr einen Weg zu einem Brandherd innerhalb der Farm freizuschlagen, auf einem der schmalen U-förmigen Betonübergänge abgedrängt. Im Verlauf des Kampfes wird ein Polizist durch Messerstiche schwer verletzt und stirbt bald darauf. Für die Polizeiführung ist das der Anlaß zu noch härterem Vorgehen. Erstmals außerhalb von Nordirland wird der Einsatz von Plastikgeschossen vorbereitet. Deren tödliche und verstümmelnde Wirkung wurde in Nordirland schon genügend unter Beweis gestellt. Sie kommen an diesem Abend nur deshalb nicht zum Einsatz, weil die Kämpfe gegen 2 Uhr nachts ziemlich abrupt aufhören: Die Jugendlichen haben sich weitgehend einheitlich »individualisiert«, d.h. in ihre Wohnungen zurückgezogen oder die Flucht über angrenzende Wiesen geschafft. Sie sind jedenfalls einfach verschwunden. Um 4.30 Uhr stürmt die Polizei die Farm und besetzt sie vollständig. Klar, daß das Jugendzentrum verwüstet wird, daß mit einzelnen angetroffenen Personen »Fußball gespielt« wird.
Genau 271 Wohnungen werden von dieser Nacht an gestürmt, durchsucht und dabei häufig zertrümmert. Das ist mehr als jede vierte Wohnung! Jugendliche ab 11 Jahren aufwärts, sowie ein 7jähriger, werden festgenommen, insgesamt 362 Personen. Ein Viertel der Betroffenen sind »Weiße«.
Die Farm wird nun zu dem Haßobjekt von Polizei, Parteien, Regierung und Presse. Jede Gemeinheit gegen die Farmbewohner findet öffentlichen und regierungsoffiziellen Beifall. Zunächst werden eine Woche lang genau 9.165 Polizisten im Viertel stationiert – bei 3.500 Einwohnern! Ein Wohngebiet wird in ein Gefängnis verwandelt. Wer es verlassen will, muß

sich rechtfertigen, wer zum Einkauf oder zu Freunden geht, riskiert, nicht mehr zurückzukommen. Die Polizei beobachtet jede Bewegung, um Verbindungen und Kontakte festzustellen, um die Beseitigung von Benzin, Wurfgeschossen etc. zu verhindern. Erst nach einem Viertel Jahr sinkt die Polizeipräsenz auf 3.700 Mann, danach auf 1.000 Mann. Über 100 Streifenpolizisten sind noch bis Ende 1987 eingesetzt: Auf jedem Treppenabsatz, jeder Brücke, in jedem Hauseingang und hinter jeder Ecke patrouillieren die Zweierstreifen.
Das Resultat dieser Massenverhaftungen und Massenverhöre war für die Polizei enttäuschend. Vor Gericht beklagte sich später ein Verhörspezialist von Scotland Yard: »Diese Kids wollen nicht gegeneinander aussagen – das scheint ihre Kultur zu sein.« Und ein anderer: »Früher hatten wir es nicht nötig, unsere Zeugen zu beschützen.« Scotland Yard versuchte, dieses Schweigen mit brutalen Methoden zu brechen. Mehrere 12- und 15jährige wurden 72 Stunden lang ununterbrochen »interviewt«, ohne Beistand von Eltern oder Anwälten, teilweise nur mit einer Unterhose bekleidet. Mit dem gleichzeitigen Versprechen geringerer Strafe bei »ehrlicher Aussage« wurden Geständnisse erpreßt, die sich die Polizei dann unterschreiben ließ. Manche gestanden unter diesen Bedingungen Dinge, die gar nicht vorgefallen waren. Ein 15jähriger gab zum Beispiel an, den Tod des Polizisten durch Stiche in den Oberschenkel herbeigeführt zu haben. Später stellte sich heraus, daß es an diesen Stellen keine Einstiche gab. Das Gericht kam nicht darum herum, Verletzungen des »Children and Young Persons Act« durch die Yard-Beamten zu rügen. Trotzdem wurden alle später gefällten Urteile einzig und allein auf der Basis der auf diese Weise zustandegekommenen Geständnisse gefällt.
Weil alle 362 Verhafteten zunächst einmal in den Verhören des Mordes beschuldigt wurden, war es für viele naheliegend, die Beteiligung an der Auseinandersetzung nicht vollkommen abzustreiten, zumal die Polizei über 1.000 Photos vorlegen konnte. So wurden dann auch Steinwürfe oder der Besitz von Stöcken zugegeben, und sei es auch nur, um die Verhöre hinter sich zu kriegen. Niemand ahnte damals, daß die Unterschrift unter ein solches Geständnis bald 4 oder 7 Jahre Gefängnis einbringen würde. Die Prozesse begannen am 15.

September 1986. Von den 362 Verhafteten wurden 75 alleine auf Grundlage ihrer Geständnisse angeklagt. Die Justiz unterteilte die Anklagepunkte in: 1. Anstiftung zum Aufruhr (»Affray«), 2. praktische Teilnahme am Riot (geworfene Benzinbomben, Steine etc.) und 3. den Mordprozeß. Insgesamt wur-

Demon Boyz

»Rassenunruhen!« Von den Straßenschlachten im Notting Hill der 50er über die Carnival Riots der 70er Jahre bis zum 81er Uprising in Brixton fiel es der Presse immer leicht, dem Kampf der Westinder gegen ihre »Rassifizierung« den sozialen Inhalt abzusprechen. Als sich dann 1985 der Brennpunkt der sozialen Konflikte in London von den »Einwandererviertelnv in das ärmliche Tottenham verlagerte, wo es der »weißen« Arbeiterklasse nicht besser geht als den zugezogenen Westindern, verschwand die anfängliche Rede von »neuen Rassenunruhen« schon bald aus den Medien. Unübersehbar hatten sich an dem Broadwater Farm-Riot, wie später auch in Liverpool und Bristol, »schwarze« und »weiße« Jugendliche gleichermaßen beteiligt. Aus den Nachbarstraßen der Broadwater Farm kommen auch die drei Demon Boyz Mike J (Lyrics und Human Beatbox), Demon D (Rapper und Raggamuffin Chatterbox) und DJ Devastate (besitzt den Sampler). Die Unabhängigkeit ihres Stiles von amerikanischen Vorbildern hat mit der Atmosphäre in diesem Viertel zu tun. DJ Devastate, der noch bei seinen aus Montserrat stammenden Eltern wohnt und jeden Vormittag für den lokalen Piratensender WNK tätig ist (das Studio ist in einem Keller in der Nähe der Farm versteckt, von wo aus ein Sender auf einem Farm-Hochhaus aktiviert wird) nimmt bei Interviews mit Musikzeitschriften immer eindeutig Partei: »What we don't like is the way that police act towards people in Tottenham.« Schon als sie noch auf die selbe Schule gingen, haben sie in ihrer Freizeit gemeinsam Musik gemacht und irgendwann haben sie einen Rap-Wettbewerb von Radio London gewonnen, woraufhin sie das Angebot bekamen, ihren Titel »Northside« auf einem Sampler von Music Of Life zu veröffentlichen. In Tottenham war man stolz auf sie und entsprechend den Erwartungen der Tottenham-Possees ist ihr Debutalbum »Recognition« auch tief ins Lokalkolorit getaucht: Bass Culture, lokaler Slang, vermischt mit den Redewendungen der Raggamuffin-Szene. Eine musikalische Barrikade aus HipHop und Reggae.

den dann 60 Personen wegen Anstiftung bzw. Teilnahme an dem Riot, zum Teil wegen beidem, verurteilt – zu Freiheitsstrafen zwischen dreieinhalb und 25 Jahren. Beispiele: Simon MacMinn, 19 Jahre, verurteilt zu 7 Jahren Gefängnis wegen angeblichen Steinewerfens. Paul Parker, 19 Jahre, verurteilt zu 7 Jahren Gefängnis wegen »Anteils an der kollektiven Verantwortung für die Gewalt«.

Als Mörder des Polizisten Keith Blackelock wurden drei Personen verurteilt:
– Engen Raghip, 20 Jahre alt, türkisch-zypriotischer Herkunft, lohnarbeitslos. Lebenslänglich wegen Mord und zusätzlich 8 Jahre wegen Beteiligung an dem Riot.
– Winston Silcott, 27 Jahre alt, westindischer Herkunft, lohnarbeitslos. Lebenslänglich wegen Mord und 8 Jahre wegen Aufruhr.
– Marc Braithwaite, 20 Jahre alt, westindischer Herkunft, lohnarbeitslos. Lebenslänglich wegen Mord und 8 Jahre wegen Aufruhr.
Bei der Verlesung der Urteile kam es zu schweren Auseinandersetzungen zwischen dem fassungslosen Publikum und der Polizei. Mehrere Leute brachen ohnmächtig zusammen. Die Presse jubelte und zitierte zustimmend auf den Titelseiten den Ausspruch des Old Bailey-Richters, der zu Winston Silcott gewendet sagte: »Du bist das Böse.« Lediglich der Guardian schrieb: »Da war kein medizinischer Beweis und keine Identifikation nach den mehr als 1.000 Polizeiphotos. Da gab es auch keine Zeugenaussagen gegen die Angeklagten. Es gab nur ihre Geständnisse, gemacht im Polizeiverhör«. Selbst das ist nicht die ganze Wahrheit. Silcott hat gar nichts und die beiden anderen haben den Besitz von Schlagstöcken, aber nicht einen Mord gestanden.
Die Jugendorganisation (BWFYA) und das Selbstverteidigungskomitee (BWFDC) sowie die Mieterorganisation (BWFRA) organisieren seit 1985 den Widerstand: Zunächst gegen die Pressehetze, die staatliche Prozeßtaktik und die fortdauernde polizeiliche Besetzung ihres Wohnviertels und danach für die Freilassung der Gefangenen. Ohne ihren Widerstand wäre es der Polizei wahrscheinlich gelungen, Angeklagte als Belastungszeugen zu gewinnen und noch mehr

Leute zu verurteilen. Unterstützung findet die Broadwater Farm von westindischen Gruppen, verschiedenen linken Organisationen und der Bergarbeitergewerkschaft. Die drei Organisationen sind in ihren öffentlichen Statements bemüht, die Ereignisse auf der Farm auf die rassistische Atmosphäre in der britische Gesellschaft zu beziehen, insbesondere auf die alltäglichen Polizeischikanen in den Working Class-Vierteln, die Unterdrückung radikalgewerkschaftlicher Aktivitäten und die Kriminalisierung von Iren. Sie erinnern daran, daß andere (Birmingham Six, Guildford Four) nach dem gleichen Muster abgeurteilt wurden. Über die inhaltliche Ausrichtung der Öffentlichkeitsarbeit kam es in der Broadwater Farm Defence Campaign wiederholt zu heftigen Auseinandersetzung. Umstritten war etwa das als Losung benutzte Wortspiel »british justice no justice«, weil damit geleugnet wird, daß die Existenz von Recht und Gesetz die sozial gespaltene Gesellschaft schon voraussetzt und dem bürgerlichen Recht ein fiktives »wirkliches Recht« entgegengesetzt wird, das als Naturrecht oder als »wahrer Volkswille« verstanden wird, den es aber nur als abstrakten geben kann – eben als staatliches Recht.

Nachtrag

Die kontinuierliche Arbeit (Picket Lines, Demonstrationen, Broschüren, Unterschriftensammlungen, Petitionen etc.) der Broadwater Farm Defence Campaign und der 1990 gegründeten Tottenham Three Families Campaign führte zur Wiederaufnahme des Verfahrens und im Dezember 1991 zur Freilassung von Mark Braithwaite und Engin Raghip. Es konnte bewiesen werden, daß die Polizei mehrere Verhörprotokolle nachträglich gefälscht hatte. Der damals leitende Vernehmungsoffizier Graham Melvin mußte zuvor schon wegen des besonders brutalen Verhörs eines 14jährigen Jugendlichen vom Dienst supendiert werden. Seit dem Berufungsverfahren wurde die Polizeipräsenz auf der Farm wieder verstärkt. Unter dem Vorwand, Drogenhändler zu suchen, führten im Oktober 1992 400 Polizisten eine Großfahndung durch, die von der BWFDC als Versuch gewertet wurde, neue Riots zu provozieren.

II. Agit-Pop

»Rasse« und »Klasse«
Ein Gespräch mit Linton Kwesi Johnson

Zwischen der Dub Poetry von Linton Kwesi Johnson und Rap gibt es etliche Gemeinsamkeiten. In ihrem Buch »The Life – The Lore and Folk Poetry of the Black Hustler« beschreiben die amerikanischen Autoren Dennis Wepman und Ronald Newman, wie die Hustler in Harlem und im ländlichen Süden zwei Teenager-Sprechspiele, die »Signifying« und »The Dozens« genannt werden, zu den rhetorischen Irritationstechniken des »Toasting« perfektionierten. Vergleichbare Sprechweisen wurden auf Jamaika bereits während der Ska-Ära von den DJs eingesetzt, die ihre teilweise gereimten Kommentare über die Musik sprachen. Diese Praxis, die später den Rap beeinflussen sollte, wurde mit der Zeit zu einem eigenen Genre, zum »Talk Over« sogenannter Toaster, die im Duett mit Sängern auftraten oder über Dub-Platten »rappten«. Der in London lebende Linton Kwesi Johnson (»LKJ«), zusammen mit Oku Onuora der Begründer der Dub Poetry, knüpfte an diese Tradition an, als er 1978 einen rhythmisch strukturierten, dichterischen Sprechgesang stark in den Vordergrund rückte und zu sparsam instrumentierten Dub Grooves vortrug. Das nachfolgende Gespräch wurde im August 1991 in London geführt.

GJ: Als Du 1978 Deine erste Platte »Dread, Beat An' Blood« veröffentlichtest, hattest Du sofort einen relativ hohen Prozentsatz an »Weißen« in Deinem Publikum. Unter diesen Reggaefans gab es viele, denen zwar die Musik gefiel, die jedoch ihre Schwierigkeiten mit den oft tiefreligiösen und den »Race First«-Texten hatten. Während heute »weiße« Hip Hop Konsumenten wenig Probleme mit den nationalistischen und rassistischen Inhalten vieler Rap Titel haben, waren damals die Kategorien der »Klassenanalyse« noch halbwegs bekannt. Ein Linton Kwesi Johnson kam da wie gerufen, denn er bot die internationalistische Perspektive eines gemeinsamen, weltumspannenden Kampfes gegen die verschiedenen Erscheinungsformen von politischer und sozialer Unterdrückung.

LKJ: Der Reggae dieser Zeit war voller Widersprüche. Er erinnerte die Westinder an die Heimat, die von allen verklärt wurde und in die denoch niemand zurück wollte. Er erinnerte ausgerechnet jene an Afrika, die sich von der Karibik in die britische Metropole geflüchtet hatten. Er brachte eine ganze Generation junger Westinder in Konflikt mit ihren Eltern und polarisierte also, wo er zu vereinigen versprach. Reggae war damals zugleich sozialkritisch, antiautoritär, religiös und nationalistisch. Die Rastabewegung nutzte Reggae zur Propagierung des rückwärtsgewandten Programms von Marcus Garvey. Garvey, der heute auch von den Black Muslims als einer ihrer Wegbereiter reklamiert wird, war ein entschiedener Gegner der schwarzen Linken, und als solcher wurde er auch von dem bedeutenden schwarzen marxistischen Theoretiker DuBois kritisiert. Die »Burn Down Babylon«-Rhetorik dieser Tage wurde jedoch gerade in England gerne in einem antikapitalistischen/antiimperialistischen Sinn interpretiert. »Babylon« war in England natürlich weitaus realer als auf Jamaika. Die jamaikanischen Songtexte waren aus der Dritte Welt Perspektive geschrieben, aber in den Straßen von London dachte man bei dem Wort »Babylon« an die Sozialbehörde oder den rassistischen Chef in der Firma. Die das so verstanden, waren in erster Linie junge Leute. Reggae zu hören und Dreadlocks zu tragen, bedeutete in den 70er Jahren zunächst einmal Protest gegen die Angepaßtheit der eigenen Eltern, gegen die Generation also, die in den 50er Jahren aus der Karibik nach England einwanderte. Zu dieser Zeit war es ganz normal, daß der Sohn, der sich auf der Straße gegen Faschisten und Polizei zur Wehr setzte, zu Hause dafür Prügel vom Vater bekam, der auf dem Standpunkt stand, daß man schließlich keinen Ärger bekomme, wenn man sich nicht zu unpassenden Zeiten draußen herumtreibe. Im Grunde waren diese jungen Rebellen an den religiösen Aussagen der Reggae Lyrics nicht sonderlich interessiert und sie waren auch viel zu

fasziniert von der schillernden Metropole, um seperatistischen Losungen folgen zu können.
Diese Faszination teilten sie durchaus mit der älteren Generation. Die Westinder, die nach England kamen, waren bereits weitaus stärker »amerikanisiert« als der durchschnittliche Engländer es damals war. Bereits in den 20er Jahren strömte eine große Zahl westindischer Arbeitskräfte in die USA und lernte dort ein Konsummodell kennen, von dem das Nachkriegsengland noch weit entfernt war. Die Menschen, die nach dem Weltkrieg aus der Karibik nach England kamen, wollten hier amerikanische Träume verwirklichen, die den Engländern noch gar nicht geläufig waren. Auf den historischen Fotos kann man die viktorianisch-spleenige Eleganz dieser Einwanderer bewundern, die auf den einlaufenden Schiffen mehr wie Touristen denn als Billiglohnarbeiter wirken. Diese Generation war nicht gerade erfreut, als ihre Kinder plötzlich rebellische Töne anschlugen. Reggae war so gesehen für die schwarze Jugend, was Punk für die weiße Jugend war – Provokation und Expression des eigenen Lebensgefühls. Allerdings hatte sich die schwarze Jugend darüber hinaus noch gegen die rassistischen Angriffe zur Wehr zusetzen. Die schwarze Linke, die ihre Wurzeln in der karibischen Arbeiterbewegung und in den Unabhängigkeitskämpfen hat – also auch im traditionellen Marxismus – war natürlich bemüht, in diese Jugendbewegung hineinzuwirken. Das war eine völlig andere Aufgabe als die Organisierung schwarzer Fabrikarbeiter oder schwarzer Krankenschwestern. Es war vor allem eine Aufgabe der Intellektuellen. Ich war gerade 21 Jahre alt, als ich 1973 mein Gedicht »Voices Of The Living And The Dead« veröffentlichte. 1975 hatte ich mein Soziologiestudium beendet und das Buch »Dread Beat And Blood« publiziert. Durch das Studium und durch Kontakte zu karibischen Marxisten wie John LaRose und C.L.R. James war ich zur Überzeugung gekommen, daß der Kampf gegen den Rassismus innerhalb kapitalistischer Strukturen stattfindet. Der Rassismus wird von einer weißen Arbeiterklasse mitgetragen, die selbst Objekt von Ausbeutung ist, und am Kampf dagegen beteiligen sich schwarze soziale Aufsteiger, die mit der schwarzen Arbeiterklasse nur unter dem äußeren Druck kooperieren und ihr dabei ihre Auffassungen aufoktroyieren

wollen. Daß diese Erkenntnisse auch von einem weißen Publikum geteilt werden, ist nicht überraschend. Auch in England kommen manchmal mehr Weiße als Schwarze zu meinen Konzerten, zum einen, weil es mehr davon gibt, zum anderen, weil schwarze Jugendliche gegenüber allem, was sie nur entfernt an traditionelle Politikformen und -muster erinnert – und dazu zählt für sie auch die Betonung der Race & Class-Dialektik – viel skeptischer gegenüberstehen.

GJ: In den ganz frühen marxistischen Ansätzen wird die besondere Unterdrückung der »Schwarzen« noch als »Nebenwiderspruch« im »Klassenkampf«[6] interpretiert, als Versuch der Bourgeoisie, die im Prinzip, d.h. von den »Interessen« her, einheitliche Arbeiterklasse zu »spalten«. Wo die »schwarze« Linke diese Sichtweise akzeptiert, organisiert sie sich als Erinnerungsinstanz, um der Tendenz zur Verdrängung dieses »Nebenwiderspruchs« entgegenzuarbeiten. In diesem Sinn wirkt heute noch die »Black Section« in der Labour Party. Eine radikalere Variante stellt der Aufbau autonomer schwarzer Linksgruppierungen dar, wozu auch die Zeitschrift »Race Today« zählte, an der Du bis zu ihrer Einstellung 1990 mitgearbeitet hast. Dein 1989 in London verstorbener Lehrer und Mitstreiter C.L.R. James trat angesichts des Chauvinismus' der »weißen« Arbeiter seit den 40er Jahren für die Gründung schwarzer Massenorganisationen ein und warnte davor, die »Rassenfrage« (die er ohne Anführungszeichen dachte) als nebensächlich abzutun. Gegenüber den Panafrikanisten hielt er jedoch daran fest, daß die »Klassenfrage« das relevantere Strukturmerkmal ist. Eure neue, über James hinausgehende Definition bestand nun darin, daß ihr der »schwarzen« Arbeiterklasse eine Avantgardefunktion im Klassenkampf zugeschrieben habt. Dieser Avantgarde-Ansatz von »Race Today«, und somit auch der Deine, fand in der britischen Arbeiterklasse wenig Resonanz. Meiner Meinung nach muß er als gescheitert gelten.

LKJ: Ich halte diesen Ansatz nicht für widerlegt. Wir haben 1984/85 während des großen Bergarbeiterstreiks mehrfach Solidaritätsversanstaltungen in Brixton durchgeführt. In Brixton wurde viel Geld für die Streikenden gesammelt. Bei den Streiks im Gesundheitsbereich spielen die westindischen

Frauen eine große Rolle. Inzwischen wurde ein schwarzer Westinder zum Chef der größen britischen Gewerkschaft, der Transportarbeitergewerkschaft, gewählt. Es gibt viele Beispiele für eine praktische Avantgardefunktion der Schwarzen im Klassenkampf, auch wenn dieser Klassenkampf vor dem Hintergrund der weltweiten Veränderungen heute insgesamt nicht sehr heftig ist. Das Scheitern von »Race Today« hat mit dieser Flaute zu tun und mit Problemen bei der Beurteilung neuer Phänomene.

GJ: Geht ihr davon aus, daß es die »schwarze Rasse« wirklich gibt oder seht ihr die Black Community als eine Solidargemeinschaft von »rassistisch« Ausgegrenzten? Sind für Dich die Black Middle Class und die Black Working Class Teile einer in Klassen gespaltenen »Rasse«?

LKJ: Auf Zusammenkünften von Angehörigen der Black Middle Class wird gelegentlich scherzhaft gefragt: »what the hell are we going to do when racism goes away«? Schwarze Anwälte oder Zeitungsleute verstehen die dauerhafte Erhaltung der Black Community als ihre Existenzbedingung. Aus dieser Ecke wird denn auch der »Rassenkampf« mit mehr oder weniger starker separatistischer Perspektive gepredigt. In »Race Today« wurde »Rasse« jedoch nicht im biologistischen Sinn definiert. Wir haben immer die in England lebenden Asiaten als »black« definiert, weil sie nach dem selben Muster behandelt werden wie die Afro Caribbeans. Das hat uns massive Kritik von asiatischer und nationalistischer Seite eingebracht. Ob jemand »black« ist, hängt davon ab, ob er sich so angesprochen fühlt und ob er diese Ansprache akzeptiert. Schwarze Nationalisten diskutieren hingegen ernsthaft, ob sogenannte mixed-race-people zur Community gehören oder nicht. Solange es Rassismus gibt, wird es eigenständige schwarze Organisationen geben. Dabei besteht immer die Gefahr, da besonders auf der »weißen Seite« keine antirassistische Massenbewegung existiert, daß die Führer dieser Organisationen sich selbst zu »Schwarzenführern« zurückentwickeln. Mir wurde zum Beispiel vorgeworfen, auf meinem Album »Tings An' Times« nicht mehr exklusiv für die Schwarzen zu sprechen, nicht mehr der »black poet« von früher zu sein. Davon abgesehen, daß ich immer schon auch von anderen Themen sprach, geht es heute mehr darum, die Weltlage im Auge zu behalten, als in den frühen 70er Jahren, als wir uns zunächst einmal das Recht erkämpfen mußten, ohne Belästigung durch die Polizei in der Railton Road spazieren gehen zu können.

GJ: Brixton hat sich seit dem Riot von 1981 verändert, aber es ist schwer zu sagen, worin diese Veränderung besteht. Wenn man die Treppen der Brixton Tube Station heraufkommt, fallen zuerst die vielen »weißen« Obdachlosen auf, die dort betteln. Oben stehen dann die Black Muslims in ihren weißen Gewändern, umringt von heftig diskutierenden Ex-Rasta-Rebellen, die diesen Fundamentalismus längst hinter sich haben und denen der Rassismus der Muslims eher peinlich ist. Die Häuser an der Frontline sind weitgehend renoviert, es gibt das gut eingerichtete Brixton Recreation Center, das Brixton Enterprise Center, und diverse Ladenketten wie Pizza Hut oder Our Price Records haben Filialen eröffnet. Smarte westindische Sportwagenbesitzer zeigen stolz, was sie sich leisten können. Seit einigen Jahren entdecken »weiße« Alternative das Viertel, während die ärmeren Schwarzen rüber nach Stockwell ziehen.

LKJ: Nimmt man nur die ökonomische Statistik, dann sieht es so aus, als habe sich überhaupt nichts geändert. In zehn der zweiunddreißig Stadtteile von Groß-London liegt die Arbeitslosenquote bei über zehn Prozent. Londons Industrie erlitt bereits in den 60er Jahren einen Zusammenbruch, den der wachsende Dienstleistungssektor nicht ausgleichen konnte. Der soziale Wohnungsbau kam bereits Anfang der 80er Jahre vollständig zum Erliegen. Mit dem Housing Act von 1988 wurde zudem die Mietpreisbindung weitgehend beseitigt. Auf diese Weise ist in London eine großstädtische Unterklasse entstanden, die in mit Küchenschaben verseuchten Wohnungen lebt und häufig nicht ausreichend zu Essen hat. Man sagt, daß 25 % der Londoner Bevölkerung an oder unterhalb der »Armutsgrenze« leben. Da in ganz England nicht mehr als zwei Millionen Einwanderer leben, übersteigt die Zahl der verarmten Weißen die der verarmten Schwarzen erheblich. Der weiße Bettler an der U-Bahn Station bekommt seine Almosen von schwarzen Passanten. Wer U-Bahn fährt, zählt in der Regel nicht zur neuen Unterklasse, denn die kann die öffentlichen Verkehrsmittel nicht bezahlen. Besonders schlimm steht es um das Schulsystem. Seit der Abschaffung der London Education Authority herrscht ein erschreckender Lehrermangel, und die selektive Förderung der besonders benachteiligten Schulen wurde völlig eingestellt. Auf der kulturellen Ebene erhalten nur noch die großen Kulturzentren staatliche Zuschüsse. Jugendzentren werden geschlossen oder müssen einschneidende Kürzungen hinnehmen. Die schwarzen Theatergruppen führen nur noch jamaikanische Mainstream Stücke auf, während man noch in den 80er Jaren von einem black british revival in der Theaterszene sprach. Letzteres hängt allerdings auch damit zusammen, daß die schwarze Mittelklasse die Chant Down Babylon Attitude nicht mehr benötigt. Wer dennoch Lust darauf hat, schaut sich unverbindlich Spike Lee Filme im Kino an. Viele Leute in meinem Alter, auch viele ehemalige Streetfighter haben ihr Auskommen gefunden und sich zurückgezogen.

GJ: Was zeigt die Statistik nicht?

LKJ: In den 70er- und auch noch in den frühen 80er Jahren zählte die Demonstration des Nichtstuns zur Kultur der schwarzen Viertel. Die Leute standen den ganzen Tag an einer Ecke oder vor einem Plattenladen und weigerten sich, sich für fragwürdige Konsumgüter für andere zum Idioten zu machen. Trotz der hohen Arbeitslosigkeit siehst Du heute niemanden mehr an der Ecke stehen. Viele Leute haben einen oder gar zwei Jobs in der Schattenwirtschaft. Alle arbeiten wie verückt, sind mit legalen und/oder illegalen Geschäften beschäftigt. Junge jamaikanische Männer finden nichts mehr dabei, bei McDonalds die Klos zu putzen, wenn sie davon nur den neuen Volvo oder die Klamotten bezahlen könen. In Brixton spielen harte Drogen heute eine Rolle, und es kam wiederholt zu Gang-Rivalitäten mit tödlichem Ausgang. Der Thatcherismus hat seine Spuren hinterlassen. Das amerikanische Reproduktionsmodell – Konsum gegen Wohlverhalten – hat sich durchgesetzt.
Eine andere wichtige Veränderung betrifft die Polizei. Im Prinzip ist sie genauso rassistisch wie zuvor, doch nach dem Riot von 1985 wurden mit den »Police Consultative Commit-

tees« Initiativen geschaffen, die sich regelmäßig mit der lokalen Polizei treffen, um ihre Beschwerden vorzutragen und die Pläne der Polizei zu erfahren. Ihre Beobachter haben das Recht, jederzeit eine Polizeiwache zu betreten, Auskünfte über Verhaftungen zu erhalten und die Namen der Beamten zu erfahren. Seither wird in den Zellen weniger geschlagen. Eine Folge war auch, daß Gerichte erstmals die Polizei zur Zahlung von Entschädigungssummen, bis zu 100.000 Pfund, verurteilten, nachdem mehreren Schwarzen von Polizisten nachweislich Cannabis als »Beweismittel« untergeschoben wurde, um sie willkürlich verhaften zu können.
Was den Rassismus betrifft, so begegnet er den Afro Caribbeans heute seltener in der rohen Form physischer Gewalt. Wir haben uns, nicht zuletzt wegen der Riots zwischen 1975 und 1986, einen gewissen Respekt verschafft. Im asiatischen East End, in der Nähe von Brike Lane, ist das anders. Dort werden – wieder – Bengalen auf offener Straße niedergeschlagen. Die schwarzen Engländer leben heute in größerer Sicherheit vor physischer Gewalt und sie genießen einen weitaus besseren gesetzlichen Schutz als alle anderen Schwarzen in Europa. Wir befürchten jedoch, daß sich das mit der Herstellung des einheitlichen EG-Binnenmarktes ändern könnte, denn in Deutschland, Frankreich, Italien etc. sind die Schwarzen weitgehend rechtlos. Nachdem BBC die von schwarzen Teams gedrehte Serie »Black On Europe«, die mit dem Fallbeispiel Deutschland begann, gezeigt hatte, wurde vielen schwarzen Briten klar, daß unsere Kämpfe hier nicht umsonst waren.*

GJ: »Tings An' Times« ist Dein erstes Studioalbum seit 1983. Damals wolltest Du Dich aus dem Musikgeschäft endgültig zurückziehen, um wieder Zeit für die theoretische und politische Arbeit zu finden. Die zweijährige Pause zwischen den Alben »Bass Culture« (1981) und »Making History« hat-

---

* Zwischen Januar 1992 und Mai 1993 starben in England etwa ein dutzend Personen nach rassistischen Angriffen. Darunter befinden sich auch drei Jugendliche jamaikanischer Herkunft, die alle in den Südlondoner Stadtteilen Woolwich und Eltham überfallen wurden, in denen nur wenige »Schwarze« leben. In Eltham hat die British National Front ihr Hauptquartier.

test Du damals damit begründet, daß man nicht einfach eine neue Platte machen kann, wenn man noch nichts wirklich Neues zu sagen hat. Im vergangenen Jahr bist Du durch die halbe Welt getourt, um »Freiheit für George Lindo« zu fordern. Doch von den Fragen, die wir hier diskutieren, ist auf »Tings An' Times« nichts zu hören. Warum?

LKJ: In dem Text des Stückes »Mi Revolueshanary Fren« sage ich: »Es wird immer schwieriger zu wissen, wo Du stehst. Wenn Du denkst, Du hast festen Boden unter den Füßen, überlegst Du Dir's nochmals und befindest Dich im Treibsand.« Mit anderen Worten – ich nehme nichts zurück, aber die neue Situation nach dem Zusammenbruch des »Realsozialismus« stellt mir viele Fragen, die ich momentan nicht beantworten kann. Daher ist meine Platte etwas poesiehafter und philosophischer ausgefallen.

GJ: Nach meinem Eindruck rettest Du Dich in eine Art historischen Optimismus alter Prägung. Du sagst zum Beispiel »Honecker mußte gehen, Ceauscescu mußte gehen, so wie die Apartheid einst gehen wird.« Das ist das traditionsmarxistische Bild vom unaufhaltsam vorwärtsdrehenden Rad der Geschichte. Die beiden genannten Staatsmänner waren hartnäckige Anhänger dieser Weltanschauung, nur dachten sie, daß dieses Rad »gesetzmäßig« über den Kaptalismus hinwegrollen wird. In dem Poem »Di Good Life« begründest Du auf diese Weise die Überlebenschancen des Sozialismus.

LKJ: Mußte Honecker nicht gehen?

GJ: Nicht weil es im Drehbuch der Geschichte so stand, sondern weil er einem übermächtigen Imperialismus mit einer veralteten Kritik entgegentrat, weil er in den Beschränkungen der alten Arbeiterbewegung befangen blieb, die dem Kapitalismus im Grunde nur das Fehlen eines Sozialstaates vorwarf, den es mittlerweile gab. Weil er nicht gelernt hatte, die Produktions- und Konsumstrukturen zu kritisieren und mit dem Kapitalismus auf dessen Terrain konkurrieren wollte.

LKJ: Honecker ist erst gescheitert, als Gorbatschow mittels Glasnost und Perestroika das bürokratisch verkrustete System aufbrach.

GJ: Als wir uns das letzte Mal unterhielten, kurz nach der Okkupation der DDR durch die BRD, kamst Du gerade aus Polen. Du warst sehr begeistert von Solidarnosc und sehr überrascht, als sich Dein deutsches Publikum auf Deine Nachfrage hin mehrheitlich gegen die »Wiedervereinigung« aussprach. Du meintest damals, auch das deutsche Volk hätte ein Recht auf nationale Einheit, und meine Warnungen vor der Europa dominierenden Großmacht Deutschland hieltest Du für eine typische linke Übertreibung. Damals verteidigtest Du auch die nationalistischen Bestrebungen in der Sowjetunion, selbst dort, wo sie im Gewand von religiösem Eiferertum auftraten. Wie viele andere Reggae Künstler auch, ich denke an »No More Walls« von Dennis Brown, aber auch an all die furchtbaren Glückwünsche zur »Wiedervereinigung« aus meinem westindischen Freundeskreis, dachtest Du, Unabhängigkeitsbewegungungen seien per se etwas »Fortschrittliches«. Siehst Du das jetzt, wo wiedervereinigte Deutsche Afrikaner überfallen, wo serbische Nationalisten Dörfer von kroatischen Nationalisten niederbrennen und sich im Kaukasus georgische Christen und moslemische Osseten gegenseitig abschlachten, etwas anders?

LKJ: Es gab um diese Fragen Auseinandersetzungen bei uns. Wir sind zu dem Ergebnis gekommen, daß es sich bei den Unabhängigkeitsbewegungen in Osteuropa um bourgeoisen Nationalismus mit immanenten faschistischen Tendenzen handelt. Damals habe ich das möglicherweise nicht so klar gesehen wie heute. Ich möchte mich deshalb hier deutlich gegenüber diesem Nationalismus abgrenzen.

GJ: Ich habe diese Glückwünsche erwähnt, weil ich die Erfahrung machen mußte, daß viele politisch aktive Westinder und Afroamerikaner wegen des nationalistischen Ansatzes, der ja der Idee eines »Zusammenschlusses aller Schwarzen« zugrunde liegt, eine spontane und letztlich kurzsichtige Sympathie für alles Nationale haben, sofern sie von diesem Nationalismus nicht direkt, etwa in Gestalt einer National Front, betroffen sind.

LKJ: Das ist sicher wahr.

GJ: Um die »Dub Poetry«-Richtung, vor einigen Jahren noch der große Hoffnungsträger des Reggae, ist es mittlerweile ziemlich still geworden. Viele Themen der Dub-Poeten werden längst von jungen Hip Hoppern besetzt. Silver Bullets »20 Seconds To Comply« verarbeitet den 89er Carnival Riot, Rebel MC zitiert aus dem Reggaefilm »Babylon«, die Rap Gruppe Cash Crew zitiert Dein »Inglan Is A Bitch« und auf einigen House-Platten taucht LKJ bereits als Sample auf. Dein letztes Album hingegen setzt stärker denn je auf folkloristische Stilmittel.

LKJ: Möglicherweise werde ich alt. Ich habe eine Rap-begeisterte 20jährige Tochter und einen Raggamuffin-begeisterten 19jährigen Sohn. Ich mag die neuen Drum Beats, die übrigens immer afrikanischer werden und mehr an den Pocomania-Kult als an den alten One Drop Style erinneren. Aber ich habe inhaltliche Probleme mit Rap und Raggamuffin. Die Hauptursache für die Slackness Texte und die fast ausschließliche Anwendung von Computern im aktuellen Reggae ist die Vorherrschaft der jamaikanischen Drug Barons über das Musikgeschäft. Der jamaikanische Reggae steht weitgehend unter Kontrolle von Kriminellen. Viele Rap-Texte, soweit sie nicht religiös sind, glorifizieren die Ghettogewalt, inklusive der Gewalt gegen Frauen. Wo bitte gibt es das noch, außer in faschistischen Staaten, daß Dutzende von Musikern von Gunmen emordet werden? Der Toaster Supercat hat seinen Londoner Kollegen Nitty Gritty erschossen. Alle diese Leute tragen ständig Waffen mit sich. Ich kann mich dazu nicht amüsieren.

Nachtrag

Mitte April 1993 kam es während eines Raggamuffin-Konzertes mit Tiger und Sanchez in der Großdiscothek »Le Palais« im Londoner Stadteil Hammersmith zu einer Schießerei zwischen Gangs aus der Ragga-Szene. In und außerhalb des Clubs befanden sich zu dieser Zeit 5.000 Menschen, unter denen eine Panik ausbrach. Ein 28jähriger wurde in den Rücken getroffen, Hunderte wurden verletzt.

Afrika den Afrikanern

Interview mit den Jungle Brothers

Die Symbiose aus HipHop und Funk ist ein Erfolgsrezept. Seit Marley Marl James Browns »Funky President« für Eric B. & Rakims »Eric B. For President« samplete, ging es mit HipHop wieder steil bergauf. Clinton, Bootsy, Zapp, Bar-Kays, Isley Brothers ... der Rap machte sich einen bewährten Groove zunutze – zum Vorteil beider Seiten. Der Funk-Einfluß machte HipHop im Durchschnitt hippiehafter, chaplinesker, deftiger und glamouröser. Funk war, vor allem in seiner schrillen P-Funk-Phase, die rauschhafte, größenwahnsinnige Freude über ein scheinbar endgültig zurückgewonnenes Selbstwertgefühl. Mit dem Funk kam auch erstmals die Afrocentricity in Mode. Zum einen in Gestalt der ausladenden Afro-Frisuren, die den ewigen, verzweifelten Kampf gegen das Kraushaar schlagartig beendeten, zum anderen durch die elektrische Simulation afrikanischer Percussion, ekstasischen Voodoo-Spiritualismus und kriegerisch-nackte Männeroberkörper auf den Plattencovern. Doch mit einem romantischen Back-To-Africa hatte diese Form der Afrocentricity wenig gemein. Dieses demonstrative Bekenntnis zu den afrikanischen Roots war vollkommen auf die Anerkennung des Anders-Seins *in* diesem Land berechnet. Besonders deutlich zeigt das der Vergleich mit der zeitgleich aufkommenden Back-To-Africa-Message des Reggae, die offen auf den Bruch mit dem kapitalistischen Babylon zielte. Während die Cover der Funk-Platten Dollarscheine zeigten, waren auf den Reggae-Alben gottesfürchtige Naturdarstellungen abgebildet. Die Jungle Brothers vereinen nun Momente von Funk und Reggae. Sie samplen Sly Stone und Clinton und präsentieren sich gleichzeitig wie eine Rootsband. Das Interview mit Sammy B, Afrika Baby Bambaataa und Mike G (der die meisten Fragen beantwortete) drehte sich um den Zusammenhang von spirituellem Afrozentrismus und »kulturellem« Nationalismus.

Mit der Direktheit der Interviewfragen hatten die drei Conscious Rapper übrigens keine Probleme. Rap ist eben immer noch »Word«, Diskussionskultur, der an Argumenten etwas liegt. Respect for it.

GJ: Ihr habt mit »Done By The Forces Of Nature« eines der besten Funk-orientierten Rap-Alben der letzten Zeit vorgelegt, aber die Texte und das Front Cover dieses Albums erinnern mehr an frühe Reggae-Platten als an ein Funk-Lebensgefühl. Bei euch geht es um Ökologie, Anti-Materialismus, spirituelle Afrocentricity, Naturmetaphysik, Roots-Mentalität etc. Dazwischen findet man dann wieder Versöhnliches: »No matter what size, shape or color / We can jam and enjoy each other ...« Spiritualität und Stolz auf die eigene Geschichte ist ein ziemlich bescheidenes Programm. Die Liberalen können euch verständnisvoll auf die Schulter klopfen, weil ihr gegen Vorurteile kämpft, aber keine konkreten Gegner benennt. Keine Cops, keine Dealer, keine Upper Class, keine Staatsmacht. Dem britischen NME habt ihr die inhaltliche Diskussion verweigert. Afrika meinte: »I don't like to get into that. I like to let things flow.« Wollt ihr eure Texte nicht der Kritik aussetzen?

JB: Die Engländer sind scharf darauf, uns eine Abgrenzung vom Separatismus und von Farrakhan zu entlocken. Das wollten sie schon zu einem Zeitpunkt, als wir davon wenig wußten. Wir setzen uns nicht gerne einem Verhör aus, vor allem nicht über Dinge, die wir selbst gar nicht in Umlauf brachten. Wir stehen zu unserer Lyrik. Daß wir keine Gegner benennen, ist falsch. Wir tun das indirekt. Die schwarzen Aufsteiger mögen es zum Beispiel überhaupt nicht, wenn wir sie an die afrikanische Tradition erinnern. Weil sie dazu entschlossen sind, sich anzupassen, ist ihnen das sehr peinlich. Wir vermasseln ihnen das Geschäft, indem wir ihnen ein Image anhängen, das sie nicht wollen. Außerdem weiß doch jeder, wer gemeint ist, wenn wir die Lügen der Schulbücher aufdecken.

GJ: Die von euch bevorzugte Dschungel-Metapher zielte auf eurem Debut-Album »Straight On The Jungle« noch auf den Zwang zur rücksichtslosen Konkurrenz in den Metropolen. Das Cover zeigt euch in einem verwilderten Gelände am Rande einer Hochhaussiedlung, gerade so als wäret ihr an die Stelle zurückgekehrt, wo ihr als Kinder herumgewildert habt.

Das Sympathische an diesem Album ist das völlige Fehlen von Style & Fashion. Auch musikalisch standet ihr damals – Gil-Scott-Heron-Zitat und Rare Groove – jenseits des Mainstreams und habt sogar gegen die Major Companies polemisiert. War das alles euer Werk, oder wurdet ihr aus heutiger Sicht von eurer Plattenfirma Warlock falsch promotet?

JB: Warlock hatte leider zu wenig für uns getan, weniger als die Labels in den anderen Ländern, aber das Album ist in jeder Hinsicht unser eigenes Werk. Was das Dschungel-Bild betrifft, so sehen wir da einen inneren Zusammenhang zwischen dem concrete jungle und dem afrikanischen Dschungel. Richtig ist, daß sich das Zitat von Grandmaster Flash, »It's like a jungle ...«, auf das großstädtische Leben bezieht. Aber unsere Vorfahren wurden dem richtigen Dschungel, der Wildnis Afrikas entrissen. Dieser Dschungel war auch gefährlich, aber die Afrikaner wußten, wie man sich darin bewegen muß. Bevor die Europäer kamen, hatten die Menschen in Afrika ein bemerkenswertes Verständnis ihrer Umwelt erreicht. In dieser Hinsicht waren sie weiter als die heutige sogenannte Zivilisation. Ihre Ackerbaumethoden waren nicht so einfältig wie die der Kolonisten, die innerhalb von wenigen Jahren die Humusschicht zerstörten. Heute leben wir in einem weitaus gefährlicheren Dschungel. Das ist es, was Grandmaster Flash meinte: »Sometimes I wonder how I keep from going under.« Daß man uns für unseren Wechsel zur Industrie kritisiert, wissen wir, aber es gibt keinen vernünftigen Grund, die dadurch erweiterten Möglichkeiten in den Wind zu schlagen.

GJ: Kritikwürdig ist nicht, daß ihr herausholt, was herauszuholen ist, sondern wenn ihr die Logik dieses Geschäfts beschönigt. Ihr habt hinsichtlich Groove und Design mächtig zugelegt. Selbst die Herkunft eurer Afro-Style-Klamotten ist auf dem Cover ausgewiesen. Euer Produkt hat inzwischen den Charme eines Markenartikels: Hoher Wiedererkennungswert, eindeutiges Profil, stimmiges Konzept mit Blick auf klar umrissene Marktsegmente. In Interviews vertretet ihr die Auffassung, daß sich alle Rap-Gruppen gegenseitig ergänzen. Public Enemy für die Regentage und Jazzy Jeff für die Sonnentage. Und ihr deckt eben die Nachfrage nach Naturursprünglichkeit und kultureller Identität. Ist das Naivität oder die Professionalität von Geschäftsleuten?

JB: Unsere Argumente sind keineswegs beliebig. Du sprichst ja selbst von einem hohen Wiedererkennungswert. Wenn du ein breites Publikum erreichen willst, mußt du dich auf wenige Punkte konzentrieren, und die mußt du immer und immer wiederholen. Auf »Done By The Forces Of Nature« geht es letztlich um zwei zentrale Themen, nämlich um Geschichtsbewußtsein und Naturbewußtsein. In dem Titel »Tribe Vibes« sagen wir über unser Verhältnis zu den anderen Rap-Gruppen: »We all are thinkin' on the same plateau.« Gemeint ist, daß alle, oder wenigstens die meisten Rapper, auf ihre Weise mitwirken bei der Schaffung von Bewußtsein. Public Enemy betonen stärker die Seite der Militanz, KRS-One kämpft hauptsächlich gegen die selbstzerstörerische Gewalt etc. Wir ergänzen uns gegenseitig im Sinne einer Arbeitsteilung, und letztlich laufen alle Aussagen auf dieselbe Konsequenz hinaus.

GJ: Die bleibt dann aber sehr allgemein. Ihr könnt doch nicht im Ernst bestreiten, daß M.L. King den christlichen Weg der Integration in die bestehende Ordnung ging, während etwa Malcolm X ganz andere Ziele verfolgte. In der Black Community existiert seit 200 Jahren eine scharfe Auseinandersetzung über Ziele und Wege. DuBois und Marcus Garvey lieferten sich in ihren Zeitungen die härtesten Gefechte. »Schwarze« Marxisten wollen etwas völlig anderes als »schwarze« Nationalisten. Der Ausgang dieser Auseinandersetzungen entscheidet doch darüber, ob der Kampf gegen die rassistisch begründete Verelendungsstrategie jemals gewonnen werden kann.

JB: Das Bewußtsein jedes Menschen durchläuft verschiedene Entwicklungsstadien. Für uns ist entscheidend, daß jeder auf seine Weise für die Emanzipation der Black Nation kämpft.

GJ: Es gibt keine Black Nation.

JB: Wie bitte?

GJ: Es gibt weder eine »schwarze Rasse« noch sind die Afroamerikaner ein »Volk« oder eine »Nation in der Nation«.

Das sind falsche Selbstzuschreibungen, die dadurch zustande kommen, daß »weiße« Rassisten Menschen aus verschiedenen Gegenden Afrikas wie eine »Rasse« behandeln. Wenn sich die Opfer dieser Unterdrückung zusammenschließen, neigen sie dazu, diese Gemeinschaft zu überhöhen und sie durch eine gemeinsame Ideologie zu festigen. Aber weder in Europa noch in Afrika gibt es »Rassen«. Erst ein Staatsapparat macht aus Menschen verschiedener Herkunft ein »Volk«. Dieses »Volk« wird aus machtpolitischen und ökonomischen Interessen einer Konkurrenz ausgesetzt, die Menschen in Hierarchien sortiert und auch aussortiert. Dabei ist jeder wirkliche oder vermeintliche Unterschied ein willkommener Vorwand. Die Schulen erledigen dieses Geschäft auf ihre Weise. Die Sortierung nach Hautfarbe ist nur eine Variante von vielen.

JB: Alle Schwarzen, die heute in den USA leben, sind doch wohl zweifelsfrei Afrikaner. Ganz egal, aus welcher Gegend sie verschleppt wurden und ganz egal, wie hell oder dunkel sie sind, sie sind Angehörige der schwarzen Rasse. Die Schwarzen wurden versklavt und gezwungen, Amerika aufzubauen, und heute zählt die Mehrheit unseres Volkes immer noch zu dem ärmsten Teil Amerikas. Indem man uns die Ursachen dieser Situation verschweigt, unseren Widerstand verschweigt und auch die großen Leistungen Afrikas vor Ankunft der Europäer verschweigt, versucht man uns auch heute noch jedes Selbstbewußtsein zu nehmen. Jeder weiße Jugendliche hat seine Helden, mit denen er sich identifizieren kann. Die Geschichtsbücher bestehen nur aus einer Aneinanderreihung weißer Heldentaten. Aber diese Geschichte ist gefälscht. Indem wir die wahre Geschichte erzählen, schaffen wir Selbstbewußtsein, und ohne Selbstbewußtsein kannst du alles weitere vergessen.

GJ: Wenn »weiße«, mit Staatsmacht und ökonomischer Macht ausgestattete Rassisten über 300 Jahre lang behaupten, schwarzes Kraushaar sei häßlich und Ausdruck von Minderwertigkeit, dann kommt es tatsächlich darauf an, daß die Beherrschten ihre Unterschiede gegenüber den Herrschenden selbstbewußt geltend machen. Das ist die individuelle und kollektive Rückeroberung des Selbst. Es ist auch verständlich, daß dabei übertriebene Gegenmythen entstehen, wo aus dem unbedeutendsten Vorfahren eine legendärer Held und aus einem mittelmäßigen Volkstanz eine Glanzleistung der Kultur wird. Diese Umkehrung ist aber heute ein Steckenpferd der Black Middle Class. Wo sie professionell betrieben wird, entsteht ein umgekehrter Rassismus, der wiederum zur Quelle reaktionärer Heldenstories wird. Man muß doch nicht gleich die Maßstäbe der Gegenseite übernehmen. Wenn die Wissenschaft zugeben muß, daß Afrika die »Wiege der Zivilisation« war, dann ist das natürlich ein schöner Dämpfer für die herrschende Geschichtsschreibung, die ja alle historischen Verlierer aus der Geschichte tilgt – auch Linke, Frauen etc. Die BRD ist gerade dabei, die Geschichte der DDR auszulöschen. Andererseits gibt es keinen Grund, in deren Geschichte integriert werden zu wollen. Bei Ankunft der Europäer lag das Niveau der afrikanischen Landwirtschaft unter dem Europas. Na und? In großen Teilen Afrikas gab es genügend Land und deshalb keinen sozialen Druck für technische Veränderungen. Was soll daran negativ sein? In anderen Teilen Afrikas gab es entwickelte kriegerische Staaten, die friedliche Ackerbauvölker zum Tribut zwangen. Soll denn nun ein Jugendlicher in Brooklyn stolz auf diese Krieger sein und sich einen African Warrior an Stelle von Rambo übers Bett hängen?

JB: Du kennst nicht die Mentalität und die Probleme von Menschen, denen man den Stolz genommen hat. Wo kein Stolz ist, kommt es zur Selbstzerfleischung. Wir wollen die afrikanische Geschichte darstellen, wie sie ist, und jeder muß sich seine eigenen Gedanken darüber machen. Bisher ist es ja noch so, daß die Erforschung der Geschichte Afrikas eher verhindert als gefördert wird.

GJ: Mit eurem Titel »Black Woman« versucht ihr die Würde der Frauen zu verteidigen, was für eine HipHop-Crew eher ungewöhnlich ist. Allerdings kommt bei euch die Frau nur als Mutter und Naturereignis vor.

JB: Das stimmt nicht, du mußt den Text genau lesen. Wir beschreiben die Frau auch als attraktive Schönheit und als Partnerin des Mannes.

GJ: Der Mann kommt als Beschützer der Frau vor.

JB: Wir sagen auch, daß hinter jedem großen Mann auch das unsichtbare Wirken von Frauen steht. Ohne die Frauen wären diese Männer nichts.

GJ: Natur ist bei euch nur ein anderes Wort für Gott. Ihr sagt: »Nature puts things in the right place.« Meint ihr damit auch die soziale Ordnung? Ist die Situation der »Schwarzen« von Gott gewollt?

JB: Hinter der Kraft der Natur steht die Tat des Schöpfers. Alles, was die Menschen zum Leben benötigen, entnehmen sie der Natur. Die westliche Zivilisation ist aber darauf aus, uns der Natur und dem Schöpfer zu entfremden und uns an die künstlichen Dinge zu gewöhnen. Das Ergebnis ist das Ozonloch und all die anderen Umweltkatastrophen. Die Afrikaner haben viele Jahrhunderte lang im Einklang mit der Natur gelebt, und wir fordern unser Volk dazu auf, sich dessen wieder zu erinnern. In der Naturverbundenheit liegt eine Chance für unsere Nation, denn auf lange Sicht weist die Natur allen Dingen ihren Platz zu.

GJ: Diese Auffassung erinnert sehr an die Message des Roots Reggae. Ihr habt auf »Beeds On A String« die Reggae-Gruppe Monyaka aus Brooklyn gesamplet, zitiert zusammen mit De La Soul auf »Doin' Our Own Dang« Bob Marley, das Front-Cover eurer zweiten LP erinnert an frühe Reggae-Platten und von »Because I Got It Like That« erschien in England ein Reggae-Remix. Während ihr am 70er-Jahre-Reggae anknüpft, haben sich auf der anderen Seite die Raggamuffins von den Botschaften dieser Zeit losgesagt.

JB: Reggae ist in New York momentan sehr groß. Du siehst überall die Farben Rot/Gelb/Grün und auch Garveys Originalfarben Rot/Schwarz/Grün. Leider kann niemand von uns toasten, sonst hätten wir diesen Stil schon benutzt. Wenn die Sound Systems ihre Straßenfeste veranstalten, hörst du Reggae – ob du willst oder nicht. Ich (Mike G) bevorzuge den Reggae mit dem schweren Groove, der mir auch wegen der Texte näher steht. Der Jamaikaner Garvey war der erste, der den schwarzen Amerikanern den Stolz auf Afrika zurückgab. Diese Gemeinsamkeiten werden jetzt deutlicher.

Nachtrag

Das Album »Done By The Forces Of Nature« erschien 1990. Der von den Jungle Brothers und ihrem »Native Tongues«-Freundeskreis begründete und heute von Arrested Development modifiziert fortgeführte Afrozentrik-Ansatz versandete nach seiner Popularisierung und seiner wohlwollenden Aufnahme beim »weißen« Publikum im Status Quo. Nach einer mehrjährigen Denkpause meldeten sich die Jungle Brothers im Juni 1993 mit einem ungewöhnlich komplexen und experimentellen Album zurück, das unüberhörbar zeigt, daß die Jungle Brothers nach neuen Antworten suchen.

Black Is A State Of Mind

X-Clan

X-Clan sind die vierte Dimension der Afrocentricity-Bewegung des HipHop. Irgendwo im Spannungsdreieck von Public Enemy, Jungle Brothers und Brand Nubian angesiedelt, haben sie sich ein phantastisches und unglaublich überladenes Weltbild aus altägyptischen Mythen, radikalem Separatismus sowie einem provokativem Patriarchalismus zurechtgelegt. Der X-Clan bedient sich einer manipulativ-symbolischen Alchemie der Lettern und Symbole mit einer Kontextuierung, die die graphischen Umdeutungstechniken des Dichters Mallarmé (aus TresOR wird MajOR und am hORizont erscheint PolydOR) weit in den Schatten stellt. Auch das Design des X-Clan, eine Mischung aus Afrozentrik und »militant look«, ist grenzenlos überdeterminiert: Fallschirmspringerstiefel (für »Militanz«), NOI-Mützen (»Separatismus«), dunkle Sonnenbrillen (»politische Verschwörung«), Gold und Juwelen sowie teure afrikanische Stoffe (»afrikanische Oberschichtenwürde«), Kreuze mit einem Kreis am oberen Ende (»Glaube und Geschlossenheit«), Wanderpredigerstöcke (»Prophet«). Nicht zu vergessen das bezeichende »X« und der X-Clan-Farbcode, der sich auch als Leitspruch durch alle ihre Raps zieht: »This One Is Protected By The Red, The Black, And The Green.«

X-Clan denunzieren Rapper, die an die separatistische Perspektive nicht richtig glauben können, abschätzig als »Humanisten«. Der Vater ihres Chefideologen Lumumba a.k.a. Professor X ist Sonny Carson, ein ehemaliges Mitglied der Black Panther Party. Heute spielt er eine unrühmliche Rolle als Demagoge, indem er beispielsweise Konflikte zwischen Afroamerikanern und Koreanern anheizt. Carson, den ich, zusammen mit einem linken Ex-Black Panther in seinem »afrikanisch« dekorierten Hauptquartier in Brooklyn besucht habe, gilt in Broklyn als spektakuläre Persönlichkeit, die es versteht, sich Medienpräsenz zu verschaffen. Von seinem Büro aus, wo neben einem riesigen Schreibtisch mit mehreren Telefonen gleich zwei Sekretäre mit Notizblock und gezücktem Stift sitzen, um seine Anweisungen zu protokollieren und wo Frauen in afrozentrischen Phantasiekostümen die Besucher einlassen, organisiert Carson eine Vielzahl von Aktivitäten. Er managt die Rap-Gruppe seines Sohnes Lumumba, kümmert sich um aus dem Gefängnis entlassene Black Panthers, leitet ein Black Heroes Commitee, organisiert gelegentlich einen Boykott gegen asiatische Kaufleute und koordiniert diverse afrozentristische Kleinstgruppen. Das ganze ist eine Mischung aus politischem Sektierertum und Geschäftssinn. Ein von X-Clan ins Leben gerufener Verein zur Förderung des afroamerikanischen Selbtbewußtseins, »The Blackwatch Movement« genannt, ist direkt um die »Band« herum aufgebaut. Dieser Verein stellt eine Mischung aus kommerziellem Merchandising-Apperat und ideologischer Vereinigung dar. Die Mitglieder organisieren Konzerte, verpacken in Carsons Büro die Plattenmuster und verschicken die Statements der Band an die Presse.

Die faßbarste Aussage des X-Clans lautet: »Schwarz sein ist nicht eine Frage der Hautfarbe, sondern eine Frage der Haltung.« Mit dieser Definition bewältigt der Clan die Erfahrung, daß eine radikale Black Awareness-Bewegung angesichts der sozialen Schichtungen unter den Afroamerikanern immer nur Bruchteile der Black Community erreicht. Frühere Propheten wie Marcus Garvey definierten »schwarz« so rigoros nach der Hauttönung, daß sie »Mischlinge« aus der Bewegung ausgrenzten. Garvey verstieg sich gar zu der Behauptung, das Bewußtsein seiner Aktivisten stände um so höher, je dunkler ihre Haut sei.

Heute, wo einigen Millionen Afroamerikanern der soziale Aufstieg gelungen ist und sich mit der Individualisierung sozialer Risiken und der nach wie vor existierenden »Rassifizierung« zwei Strukturprinzipen gegenüberstehen, die sich für den einzelnen als Gleichzeitigkeit des Unvereinbaren darstellen und seine Biographie wenigstens prinzipiell gestaltbar erscheinen lassen, erscheint beim moralischen Solidaritätsappell die Hautfarbe allein selbst den radikalsten Separatisten kein sicherer Ansatzpunkt mehr zu sein. Es ist heute vielen Afroamerikanern freigestellt, ob sie sich positiv auf eine »Black Community« beziehen und auch, ob sie diese als »Selbstverteidigungsgemeinschaft« oder als »Abstammungsgemeinschaft« definieren. Wenn der X-Clan formuliert: »Black is a state of mind«, dann will er auf diese Willensentscheidung propagandistisch einwirken. Im Gegensatz zu den mit religiösen Metaphern argumentierenden Conscious Rapper sieht der Clan jedoch in den Religionen ein Moment der Spaltung der Afroamerikaner und bietet als Ersatz einen geschichtlich fundierten Nationalismus an, bei dem der Stolz auf die Leistungen der altägyptischen Hochkultur – Ägypten war ihrer Meinung nach eine Provinz eines afrikanischen Ethiopian Empire – eine zentrale Rolle spielt. Wer ihnen darin nicht folgen will, wird in ihren Raps als »sissy« bezeichnet, was eine Abwandlung von »cissy« ist und soviel wie »Weichling« bedeutet.

Ein Ort jenseits des Ghettos

Arrested Development

Wie paßt das zusammen? Während sich mit Ice Cube, Da Lench Mob und Brand Nubian drei HipHop-Acts mit extrem rabiaten bis extrem fundamentalistischen Muslim-Parolen an die Spitze des amerikanischen Rap gesetzt haben, erobern Arrested Development mit genau entgegengesetztem Image das Publikum.

Die Gruppe aus Atlanta/Georgia ist täglich auf MTV zu sehen, ihre Platten sind hoch in den Charts plaziert, und Spike Lee verpflichtete sie für den Titel »Revolution« zum Soundtrack von »Malcolm X«.

Noch vor einem Jahr wäre dafür keine andere Gruppe als Public Enemy in Frage gekommen. Public Enemy haben Malcolm X per Sampling als erste im Bewußtsein der Kids verankert. Sie haben den Rap politisiert – mit einer Rhetorik, die der von Malcolm X durchaus vergleichbar ist. Aber Spike Lee entschied sich für diese Gruppe aus Atlanta, deren Hippie-Outfit weder zu Malcolm X zu passen scheint noch zu irgendeiner Vorstellung von (urbaner) »Revolution«.

Spike Lee, der Begründer des Neuen Schwarzen Films, hat damit ein Bündnis gelöst, das für ihn nicht mehr tragfähig war. Der in religiösen Dingen nicht sonderlich engagierte Regisseur muß sich seit langem der Zudringlichkeit der Black Muslims (NOI) erwehren. So wurde er zum Beispiel in einer Ausgabe der NOI-Zeitung »The Final Call« heftig für die Darstellung einer »schwarz/weißen« Liebesaffäre in seinem Film »Jungle Fever« kritisiert. (Bezeichnend ist, daß Ice Cube genau diese Ausgabe auf dem Cover seines Albums »Death Certficate« ins Bild hält.)

Vollständig ins Fahrwasser dieser Sekte sind unterdesssen Public Enemy geraten. Unter dem Einfluß des NOI-Chefs Louis Farrakhan, der inzwischen persönlich an der Planung der Auslandstourneen von Public Enemy beteiligt ist, haben die Schöpfer des Slogans »Don't Believe The Hype« nicht nur die Modefirma »Rapp Style« ins Leben gerufen – sie unterstützen auch die unglaubliche »Free Mike Tyson«-Kam-

pagne der NOI: das Vergewaltigungsopfer Desiree Washington als Verräterin an der schwarzen Sache.
Die NOI-Argumentation in dieser Kampagne beruht auf einer Konspirationsthese. Das »Black role model« Mike Tyson sei stellvertretend für alle potenten (!) »Afro-centric males« inhaftiert worden. Wie Malcolm X und Rodney King sei Tyson ein Opfer einer »White Power«-Verschwörung, in deren Diensten Desiree stehe. Diese Kampagne wird in der Presse der amerikanischen und britischen Black Community mehrheitlich kritisiert: Wenn eine schwarze Frau von einem Weißen vergewaltigt würde, spreche die NOI von rassistischer Gewalt und stelle sich hinter sie. Wird sie von einem schwarzen Mann vergewaltigt, so rate man ihr von einer Anzeige ab. Zeige sie sich unbeeindruckt, so würde sie als »castrating bitch« und »Verbündete des weißen Teufels« diskriminiert.[7]
Spike Lee, der sich gerne mit gelegentlichen rassistisch-sexistischen Äußerungen als kontroverse Person in Erinnerung ruft, der aber zum Beispiel mit seinem Film »She's Gotta Have It« bewies, daß er auch Frauen unkonventionelle Lebensentwürfe zugestehen kann, ist zu sehr an liberale Middle Class-Wertvorstellungen gebunden, als daß er dem extremen Chauvinismus von Public Enemy und NOI folgen könnte.
Spike Lees Entscheidung für Arrested Development könnte einen Paradigmenwechsel einleiten. Bisher waren HipHop und das Black Cinema an die Ghettothematik gebunden. Diese Allianz hat mit Filmen wie »Boyz 'N The Hood« und den Gangsta-Rappern ihren Höhepunkte gefunden. Die South Bronx und später Compton galten als die Heimat des Rap, und das Ghetto war das wichtigste Thema. Dabei ging es in den letzten Jahren kaum noch um politische Alternativen. Vor allem im Gangsta Rap ging es zuletzt nur noch um die Verfügungsgewalt[8] rivalisierender Männchen über das Territorium und über den Schoß der Frauen. Der aktuelle Boom religiöser Rap-Gruppen ist bezeichnend für die inhaltliche Auszehrung. Gott wird zum letzten Argument, weil man nicht mehr weiter weiß.
Unterdessen fragen sich viele Menschen in den Ghettos, was sie dort eigentlich noch hält. Es kommt zu Rückwanderungen in den Süden wie auch in ländlichere Regionen am Rande der

großen Städte. Arrested Development könnten hier zum Katalysator werden, der diesen Trend an schwarze Jugendliche vermittelt. Sie gehen noch einen Schritt weiter als die nur im ästhetischen Sinne »naturorientierten«, oft dreadlockigen HipHop-Gruppen, zum Beispiel Jungle Brothers, A Tribe Called Quest, Black Sheep, Cypress Hill und DAS EFX.

Arrested Development haben mit ihrem spirituell-introvertierten Sound einen neuen HipHop-Stil begründet. Die fünfköpfige Gruppe um den 23jährigen Rapper Todd Thomas alias Speech präsentiert sich wie eine Roots-Reggae-Formation und bevorzugt warm gesungene Soul-Harmonien, pulsierende Heartbeat-Rhythmen und gefühlsbeladenen Südstaaten-Blues mit Harmonika- und Banjo-Samples (auf ihrem Album »Unplugged« kommen hinzu: Akkustik-Baß, Gitarre, Flöte, Handmade Percussion und verschiedene ungewöhnliche afrikanische Instrumente). Daß zum Line-Up von Arrested Development zwei Frauen gehören ist für eine HipHop-Gruppe ebenso ungewöhnlich wie der 60jährige »Introman«, der in einem blumig-pathetischen Pan-Afrikanismus die Live-Konzerte der Gruppe eröffnet. Die ins Alltagsphilosophische gewendete und »positivity« ausstrahlende Sozialkritik ist nicht auf physische Konfrontation angelegt, sondern orientiert an humanistischen Idealen der Bürgerrechtsbewegung, am Avantgarde-Begriff der »Youth International Party« der 60er Jahre und an einer vermittelnden Afrocentricity-Hipness. Diese Variante eines auf neue Bündnisse zielenden kulturellen Nationalismus schließt Danksagungen an die rechte NOI (»For Support«) und die linken Disposable Hereos Of HipHoprisy (»Soul Brothers In Mind«) ein. Arrested Development versuchen Ideen aus dem Nachlaß der Hippiebewegung auf afrozentristischer Grundlage zu rekonstruieren. Statt das Publikum mit Fakten, Zahlen und Theorien zu füttern, wollen sie es eher von einer psychologischen Seite packen. The medium is the message: die afrikanisch tanzenden Frauen, der alte Mann, »natural hair style« etc. In einer Zeit, in der »militante« Statements sich als Ersatz für revolutionäre Substanz erweisen und mainstream-kompatibel geworden sind, besinnen sie sich auf die Taktik der »unbewaffneten Propaganda«. Sie wollen die Leute lieber in bedenkenswerte Erlebnisse verwickeln, als mit ihnen zu diskutieren.

Arrested Development bewirtschaften vor den Toren von Atlanta eine kleine Farm, ohne sich allerdings ganz vom urbanen Leben abzukoppeln. Sie haben den Anspruch, so Speech im Interview, »mit der Natur im Einklang zu leben und so im Lebensstil schon die eigene politische Perspektive sichtbar zu machen.«

Das von Arrested Development zelebrierte Landleben ist allerdings nicht unproblematisch. Die Heimat, die da propagiert wird und in der die neue Identität gefunden werden soll, ist die Provinzstadt oder das Dorf – beides ein Alptraum der besonderen Art. Natur, Arbeit, Architektur und soziales Leben sind heute auch auf dem Land unwiderruflich zerstört. Das Leben wird von Durchgangsstraßen, agrarischen Monokulturen, Kleinindustrien und konservativen Provinzeliten geprägt.

Aber darauf kommt es möglicherweise hier nicht an. Arrested Development – der Name ist als Programm zu verstehen – stehen nicht für die Realität, sondern für die Utopie von einem Ort jenseits des Ghettos, einem Ort friedlicher Koexistenz, wo in Ruhe über neue Strategien philosophiert werden kann. Statt im Himmel suchen sie diesen Ort in der Natur.

Mehrere Jahrzehnte nach der Massenflucht aus dem Süden hat sich damit der musikalische Grenzverlauf geändert: HipHop scheidet nicht mehr rigoros das urbane Ghetto vom ländlichen Süden, nicht mehr den städtischen Hipster vom Country Boy. Damit haben Arrested Development auch ein kleines Stück dazu beigetragen, eine verhärtete Situation aufzulockern, in der sich die explodierenden Widersprüche immer nur destruktiv lösen lassen. Die Zerstörung des Sozialen hat in den USA eine Dimension erreicht, in der jeder einigermaßen interessante Versuch, aus der Vereinzelung heraus Räume für eine *andere* Entwicklung zu schaffen, radikaler ist als die ganze »Militanz« all jener, die nur um sich schlagen. Die Artikulation der Prinzipien einer anderen Lebensweise ist ein notwendiger Schritt für jede angestrebte gesellschaftliche Veränderung. Vielleicht taucht ja nach Arrested Development eine Rap-Gruppe auf, die öffentlich Dollarscheine verbrennt.

New Jack Swing – Abgrenzung vom Image der Armut

Das Prestige im Ghetto hängt von der Fähigkeit ab, Überlegenheit zu demonstrieren. Ein Mittel hierzu ist für viele Outbounds bzw. »Delinquent Boys« (so der Titel einer der frühesten amerikanischen Studien über Ghettobanden) zunächst einmal die physische, wenn nötig, die bewaffnete, Gewalt. Wenn sich der Erfolg einstellt, dann geht es irgendwann darum, den errungenen Respekt in legitime Autorität zu verwandeln. An die Stelle roher Gewalt tritt dann die Anhäufung und Zurschaustellung von Reichtum. Wer das geschafft hat, kann nun zwischen zwei Alternativen wählen: Ein »New Jack« zu werden, also ein Ghettofürst mit Jungmanager-Attitüde oder ein »Lobbyist des Volkes« wie z.B. KRS-One. Der New Jack, der in den Romanen von Donald Goines mal Kenyatta, mal Prince und mal Daddy Cool heißt, lebt vom Elend und der Lähmung anderer. Seine Musik ist New Jack Swing. Wir reden hier von Sterotypen.

Als »Swing« bezeichnet man sowohl den Jazzstil der dreißiger Jahre als auch eine, durch absichtlich eingebaute rhythmische und melodische Ungenauigkeiten erzielte Irritationstechnik. Die seit einigen Jahren populäre Verbindung von HipHop-Beats und Soulgesang bzw. die Kombination von Rap mit dramatisch gospelnden Vocals Groups und komplexen Harmoniestrukturen wird als »New Jack Swing« oder auch »Swingbeat« bezeichnet. Bei einigen liegt der Schwerpunkt eher auf Soul/Funk-Beats und Soulharmonien, etwa bei Basis Black oder den Black Flames. Bei anderen stehen Rap und HipHop-verwandte Drumbeats im Vordergrund. Die Spannbreite umfaßt Guy mit Teddy Riley, Wrecks N Effect, Mary J. Blige, Heavy D, Gerardo (Swingbeat/Latin/Crossover), gelegentlich auch Run DMC (»Faces«), aber auch die HipHop-Ausflüge von Bell Biv Devoe und Cameo.

Uptown Records in New York ist seit 1982 eines der aktivsten New Jack Swing/Swingbeat Labels. Der Label Chef Andre Harrel hat neben der Musik auch gezielt an einem New Jack-Kodex gearbeitet, der außer einer gangstercoolen Sprache und Gestik auch die Mode einschließt: Wildlederjacken, teure Ledermäntel, Nadelstreifenanzüge, Krokodillederhalbschuhe, Seidenhemden, getunte Boom Cars, Goldschmuck, also die typischen Accessoires, die zuerst von etablierten Zuhältertypen und reichen Drug Dealern vorgezeigt wurden. Mit ihnen möchte man sich vom »street image« der B-Boys abgrenzen. Die Musiker von Guy, Whodini, Bell Biv Devoe oder auch Curtis Mantronik sehen sich dabei in der Tradition der Black Dandys, Hipster und Superflys der 30er, 50er und 70er Jahre und demonstrieren den aufstiegsorientierten und vom sozialen Durchsetzungswillen zeugenden »dressed to kill«-Stil auf den Frontcovern ihrer Alben. »Viele von den B-Boys der ersten Stunde«, erklärte mir Curtis Mantronik in einem Interview, »hängen jetzt in Greenwich Village ab und tragen bauschige Jeans und schicke Hemden. Damit hätten sie sich früher unmöglich gemacht.« New Jack Swing ist zunächst einmal ein amerikanisches Phänomen. In England und auch hier stößt dieses Genre auf nachhaltige Ablehnung. Da HipHop hier als Ghettomusik rezipiert wird, würde Swing ein geliebtes Bild in Frage stellen. Doch diese Musik reflektiert einen Aspekt afroamerikanischer Realität: Nicht nur der Ghetto-Fürst mit der goldenen Kreditkarte, sondern der zum Millionär gewordene Rap-Star, der erfolgreiche Sportler etc. gelten sowohl im Ghetto als auch in bescheidenen kleinbürgerlichen Verhältnissen als Vorbilder.

Wir sind eine Band und keine Partei

The Disposable Heroes of Hiphoprisy

Noch eine Stunde bis zum Soundcheck. Zehn Minuten Lesesaal-Stille vor dem großen Industrial-Krach. Michael Franti, Kevin Carnes, André Flores, Henry Flood und Rono Tse sind ins Textstudium vertieft. Auf dem Tisch des engen Backstage-Raumes in der Hamburger ›Großen Freiheit‹ liegen Textauszüge von Huey Newton und Booker T. Washington sowie ein kurzer Fragebogen: »Black Nationalism, Panafricanism, Black Muslims, Black Marxists ... What about black feminism? Black Homosexuals? Where does racism come from? Do you agree that school-marks are used for social-darwinistic verdicts? Are you proud of black Majors? How do you explain civil wars among whites?« Bei diesem Interview sollen Mißverständnisse und voreilige Hoffnungen ausgeschlossen werden. Immerhin sieht es ja so aus, als sei dies eine der wenigen »schwarzen« Bands, die sich den fruchtlosen strategischen Alternativpositionen ›Integrationismus‹ und ›Seperatismus‹ widersetzt. Die es versteht, mit der komplizierten Mehrschichtigkeit des »Race & Class«-Zusammenhangs umzugehen.
Das war Anfang Dezember 1988. Die Fünf, die da am Tisch saßen, nannten sich The Beatnigs und sie hätten die bedeutenste experimentelle Industrial-Punk-Rap Band der Welt werden können. Doch genau das war ihr Problem.

Ihr Debut-Album bekam fast überschwenglich gute Kritiken. Natürlich waren sie von ihrer Musik überzeugt, aber soviel wußten sie bereits vom Musik-Business, um ahnen zu können, daß die Zustimmung, die ihnen entgegen gebracht wurde, nicht nur ihrer Musik und auch nicht nur ihren Texten galt.
Ihr Debut fiel in eine Zeit, als die britische Musikzeitschrift ›NME‹ eine heftige und ungewöhnlich politische Auseinandersetzung mit Public Enemy ausfocht. Nach den Symphatieerklärungen von Chuck D für den Black Muslim-Führer Farrakhan erklärten britische Musikjournalisten, denen das Thema weitaus vertrauter war als westdeutschen Schreibern, daß Public Enemy zweifelsfrei Rassisten seien und sie somit mit dieser Gruppe fertig wären.

Die Reaktion auf den vollkommen anderen Ansatz der Beatnigs hatte viel mit Erleichterung zu tun. Wenn »weiße« Autoren grundsätzliche Argumente gegen eine falsche Strömung in der »schwarzen« Emanzipationsbewegung vorbringen, wird es immer schwer sein, schlüssig nachzuweisen, daß diese Argumente auf einer gemeinsamen Ablehnung durchschaubarer Herrschaftsmechanismen und nicht auf einem »weißen Standpunkt« beruhen.
Die Beatnigs waren damals eine der ganz wenigen Rap-Gruppen, die sich klar gegen nationalistische Positionen abgrenzte. Völlig unerwartet ertönte hier die Stimme der »schwarzen Linken«, die man in Deutschland, soweit es um Musik ging, fast nur von Linton Kwesi Johnson kannte (dem Michael Franti und Rono Tse auf einem Album für seine Inspiration danken und dessen Sprech-Stil Franti auf »Music And Politics« mit dem von Gil Scott Heron vermischt).
»Communism means unamerican ... words are redefined like ›Contra‹ to ›Freedom Fighter‹ ...« Hier bezog sich eine Band auf die Tradition der »schwarzen« Kapitalismus- und Imperialismuskritik. Überhaupt sprachen die Beatnigs nicht nur von Afroamerikanern, sie vergaßen auch nicht zu erwähnen, daß Punks, Hippies, Huren und andere in Amerika auch nicht besonders zuvorkommend behandelt werden.
Ihr Album brachten sie auf Jello Biafras Label »Alternativ Tentacles« heraus – mit einem für das Genre Polit-Punk (vgl. Crass oder Apostels) geradezu typischen, Deklamationen-beladenen Begleitheft, auf das auch im Intro des Albums hingewiesen wird: »Willkommen auf unserer Platte. Um die Information vollkommen zu erfassen, ist es notwendig, den beiliegenden Leitfaden zu lesen. Bitte beginne auf Seite Eins.«
The Beatnigs legten auf die Feststellung wert, daß sie die »Negerfrage« ungern und unfreiwillig thematisieren: »THEY will not let us forget it«. Und an anderer Stelle: »I don't want to sound too critical, BUT this world is hypocritical.« Diesen Gedanken hält Michael Franti für besonders wichtig: »Was ich bei Chuck D vermisse und bei Bob Marley fand, ist die einfache Feststellung, daß man gegen diese Gesellschaft sein muß, weil sie es einem schwer oder unmöglich macht, sich ohne ständige Sorgen irgendwelcher Art seiner Freundin zuzuwenden.«

Solche Inhalte ließen sich nicht in herkömmliche Formen sperren. Die Quellen, aus denen die Beatnigs inhaltlich schöpften, lagen gleichermaßen in Afrika, in der Neuen Welt und in Europa. Die Beatnigs hatten keine ideologischen Vorbehalte, neben dem Rückgriff auf afrikanische Percussion, Psychedelic Funk und HipHop auch musikalische Anleihen beim »weißen« avantgardistischen Industrial Sound (einschließlich Industrial Funk), bei Electro, Trashmetal, Hardcore und Spoken-Word-Punk, beim poppigen Atonal-Stil und sogar bei der Minimal-Musik zu machen. Das wirklich Neue an den Beatnigs war, daß sie dies alles nach den Regeln der vom HipHop entwickelten Produktionsverfahren verwirklichten und auch HipHop-Stilmittel (Sprechgesang, geloopte Geräusche, Breakbeats, Samples, Rewind-Scratching etc.) direkt verwendeten. Die Beatnigs waren die erste Freestyle-Band, die zwischen »Punk-Attitüde« und HipHop eine begehbare Brücke schlug. Doch da war noch ein Problem: Henry Flood, der dreadlockige Conga-Spieler der Beatnigs, stand nicht nur vom Outfit her ein wenig am Rande der Gruppe. Henry neigte zum Vokabular des Black Nationalism, sprach von »mein Volk ...«, während Mastermind Franti bei jeder Gelegenheit betonte: »I believe in black power but I don't believe in black nationalism.« Ausgerechnet dem »NME« gab Henry seine Symphatien für Farrakhan zu Protokoll, der dann – solche Konsequenz gibt es in der deutschen Musikpresse nur selten – ironisch feststellte: »The politics of The Beatnigs are confused and exhilarating.«
Franti und Rono Tse wurde immer klarer, daß sie mit ihrer mehr zufällig entstandenen Band Erwartungen geweckt hatten, denen sie nicht gerecht werden konnten.

Sommer 1990 in Rono's Wohn-Werkstatt in der »schwarzen« Arbeiterstadt Oakland, deren brutale Eintönigkeit so wenig zu dem falschen Bild von der leicht-sinnigen Bay Area paßt und die Franti dazu veranlaßt hat, das Stück »California über alles« zu schreiben. Rono ist Möbeldesigner. Die Flex, mit der er auf der Bühne Autoteile zerlegt – für ihn sind es Sexsymbole einer sich selbst entfremdeten Gesellschaft – ist auch sein berufliches Arbeitsinstrument. Michael wohnt 20 Minuten entfent im beschaulichen Berkeley. In diesem Som-

mer existierten The Beatnigs bereits nicht mehr. Franti hatte ihre Auflösung betrieben: »Rono und ich waren in die Situation von Parteiführern geraten, die sich auf der Grundlage einer unentwickelten Programmatik ständig von den ›Abweichungen‹ einzelner Mitglieder distanzieren mußten. Es bestand die Gefahr, daß wir uns lächerlich machten, daß wir immer die gleichen vereinfachenden Glaubenssätze wiederholten. Ich hatte den Eindruck, daß wir die Kontrolle über die Dinge verlieren.
Du liest heute ein wichtiges Buch und verwirfst deshalb einige Thesen von gestern. Es ist sehr schwerfällig, solche Denkvorgänge zu einem einheitlichen Willen verdichten zu wollen.«
Michael und Rono, die von einer weitgehend ähnlichen Orientierung ausgehen können, hatten zu diesem Zeitpunkt bereits die Konsequenzen gezogen. Obwohl sie mit dem 23jährigen Jazz-Musiker Charlie Hunter, dem Sample-Spezialisten Mark Pistel und dem Drummer Simone White an der EP »Famous & Dandy« zusammenarbeiteten und unter dem neuen Namen The Disposable Heroes Of Hiphoprisy mit dem Island Label Verhandlungen aufgenommen hatten, stand für sie bereits fest, daß die neue Gruppe »offiziell« nur aus ihnen beiden bestehen würde. Als Plädoyer für das Prinzip der Zwei-Mann-Partei wollen sie das nicht verstanden wissen: »Politische Gruppen können diesem Problemen natürlich nicht auf die gleiche Weise ausweichen, aber wir sind eine Band und keine Partei.«
Durch den bewußt zurückgenommenen Anspruch fühlen sich die beiden Ex-Beatnigs erheblich entlastet: »Wir leben beide in Mittelklasse-ähnlichen Verhältnissen. Es gab eine Zeit, als wir eine gewisse revolutionäre »By any means nescessary«-Rhetorik vertraten. Man muß zwischen der Analyse und der Praxis unterscheiden. Wenn man in der Analyse konsequent ist, kommt man zu dem Schluß, daß wir in einer kapitalistischen Gesellschaft leben. Doch dies Wissen schafft eine Art tragisches Bewußtsein, weil man es nicht hier und heute umsetzen kann. Man ist nun gezwungen mit diesem »Überschuß« an Bewußtsein einen banalen Alltag zu bewältigen, der sich um die Analyse vorerst nicht schert, sich als versteinert erweist. An diesem Punkt resignieren einige, während andere sich vollends in eine revolutionäre Scheinwelt oder in Ver-

schwörungstheorien flüchten. Beides ist verständlich, beides ist den verhärteten Verhältnissen anzulasten und nicht deren Kritikern, aber es muß auch nach Wegen gesucht werde, wie das zur momentanen Erfolglosigkeit verurteilte rebellische Individuum bei Erhalt seiner Identität und seiner Wahrnehmungsfähigkeit handlungsfähig bleiben kann. Dazu ist es auch wichtig, sich immer wieder des ganz individuellen Ausgangspunktes seiner Rebellion zu erinnern. Bevor Du gegen die Politik von Bush bist, streitest Du dich mit den Autoritäten in Deinem engeren Lebensumfeld. Einige Leute haben diese Seite völlig aus den Augen verloren, ihre Mission ist weltweit, aber mit ihrer kleinen Welt um sich herum leben sie im unkritischen Frieden. Damit wird ihr Protest immer abstrakter. Wir haben dieses Thema in den Stücken ›Music And Politics‹ und ›Water Pistol Man‹ angesprochen. Manche Freunde meinten, die dort vertretene Sicht sei eine Idealisierung des Privaten, aber die Stücke ›The Winter Of The Long Hot Summer‹, ›Financial Leprosy‹ oder ›Everyday Life Has Become A Health Risk‹ zeigen, daß dem nicht so ist. Wir spielen nicht die persönliche Veränderung gegen die Veränderung der Strukturen aus.«

Mit dem Sprechgesang-Titel »Famous And Dandy Like Amos & Andy« sprechen The Disposable Heroes direkt das Selbstverständnis der HipHop-Szene an. Sie berichten von der Radio- und TV-Show »Amos & Andy«, die in Chicago von 1928 bis in die sechziger Jahre ausgestrahlt wurde und in der zwei »Schwarze«, der leutselig-doofe Amos und der gerissene Andy die typischen »Neger«-Stereotypen darstellten. Erst nach langjährigen Protesten wurde die Sendung abgesetzt. In den Augen von Michael und Rono entsprechen heute einige der im HipHop verbreiteten Charaktere diesen beiden Figuren. Doch im Unterschied zu damals, so Michael Franti, »spielen sie diese Rollen heute freiwilig«. Michael, der sich auch gerne über Plastik-Afro-Sticker lustig macht, geht davon aus, daß solche Prozesse der Selbstdiskriminierung heute von der »unsichtbaren Hand« der Marktnachfrage gesteuert werden: »Die Adressaten der meisten Rap-Gruppen sind längst nicht mehr irgendwelche Ghetto-Kids. Man richtet sein Image an der internationalen Nachfrage nach Stereotypen aus.«

Ein »schwarzer« Held der »Weißen«

Jimi Hendrix

Als 1991 die weiße Stratcoaster-Gitarre in London versteigert wurde, mit der Jimi Hendrix während des Woodstock Festivals 1969 die amerikanische Nationalhymne mit Blick auf den Vietnamkrieg, apokalyptisch verfremdete, wurden dafür fast 200.000 englische Pfund geboten. Von allen Hendrix Platten wurden inzwischen 30 Millionen Stück verkauft. Doch die Erlöse landeten nur selten bei dem Gitarrenvirtuosen. Sein Plattenvertrag sicherte ihm nicht den Einblick in seine Einnahmen. Als Hendrix am 18. September 1970 starb, weil man ihn im Krankenhaus falsch hingelegt hatte – er starb an Erbrochenem – befanden sich auf seinem Konto nur 400.000 Dollar. Mitte der 60er Jahre, als Hendrix vom damaligen Bassisten der Animals in New York »entdeckt« wurde, gehörte es noch zu den Selbstverständlichkeiten des Music Business, afroamerikanische Musiker nach Strich und Faden übers Ohr zu hauen. Im Vergleich dazu hat sich die Situation im Marktsegment Black Music heute entschieden verbessert.

Black Music? Zählt Hendrix denn nicht zum Rock? Und ist Rock denn nicht »weiß«? Im Alltagsbewußtsein und auch in der Mainstream-Musikpresse auf jeden Fall.

Jimi Hendrix wurde, wie zuvor schon Chuck Berry, Little Richard oder Joe Turner, immer schon als Musiker wahrgenommen, der sich in ein »weißes« Genres verirrt hatte und dort überraschende Leistungen zeigte. Daß auch meine Wahrnehmung der Korrektur bedurfte, zeigte sich, als ich mir Anfang der 80er Jahre in Brixton in einem strikt afrozentristischen Plattenladen die Genre-Einteilung genauer anschaute und dann überrascht war, als ich neben Gospel, Blues, Soul, Funk, Rap etc. je ein Fach mit der Aufschrift »Rock N Roll« und »Black Rock« fand. Offensichtlich ist es so, daß auch ein theoretisches Wissen über den Anteil »schwarzer« Musiker an der Herausbildung dieser Genres nicht davor schützt, ihnen diesen Anteil mehr oder weniger unbewußt wieder abzusprechen. Zum Stichwort »Rock N Roll« fällt den meisten doch zunächst Elvis ein und nicht Berry. Ganz ähnlich ist es bei »Rock-Klassikern« wie »Mercy, Mercy«, »Mashed Potatoes« oder »Under The Boardwalk«, deren R&B-Originale kaum bekannt sind. Auch Jimi Hendrix' Spiel mit den Rückkopplungsgeräuschen hat so viele »weiße« Feedback-Stile auf den Plan gerufen – Mahagoni Rush, Procul Harum, Eric Clapton, Stevie Ray Vaughan, Sonic Youth etc. – , daß dadurch Hendrix' Pioniertat schon wieder relativiert wird.

Wenn sich ein junger Afroamerikaner heute für Musik interessiert, dann scheint es fast selbstverständlich zu sein, daß er sich für Soul oder Rap interessiert. »Das ist unsere Musik«, sagen ihm seine Freunde und das bleichere Publikum fügt ein stereotypes Lob hinzu: »Respekt! Diese Schwarzen haben den Groove einfach im Blut.«

So ging es auch dem Afroamerikaner Jimi Hendrix, als er zur Gitarre griff. In der Black Community wurde er nicht akzeptiert, weil er angeblich »weiße Musik« machte, statt Soul und Funk. Die anderen aber, die ihn als besonderes talentierten Rocküberläufer vereinnahmten, ahnten nichts von seiner prekären Situation zwischen allen Stühlen.

Tatsächlich basierte ja die Musik von Hendrix auf Blues und R&B. Nachdem er als junger Mann Seattle verlassen hatte, spielte er lange Zeit in R&B-Bands, unter anderem bei den legendären Isley Brothers. Doch gerade wegen seiner Bluesbezüge wurde er von den Soulkindern abgelehnt, denen Blues als »rückständig« galt, als eine Sache, der sich mittlerweile Musiker wie Eric Clapton angenommen hatten, während damals weder der Groove noch der Vokalstil des Soul von »Weißen« imitiert werden konnte. Es ging um das »eigene Ding«, auf das man uneingeschränkt stolz sein konnte. Auf einen Jimi Hendrix konnte man da gut verzichten.

Die Skepsis gegenüber Hendrix hatte jedoch noch einen anderen, meist nicht offen ausgesprochenen Grund. Hendrix gehörte zu jenen Afroamerikanern, die über den Horizont der Black Community hinausblickten, die nicht vergessen hatten, daß diese Community nur ein Schutzbündnis ist, das keine weitere Existenzberechtigung hätte, wenn der rassistische Außendruck entfallen würde. Hendrix setzte, wie viele »schwarze« Linke auch, große Hoffnungen in die Bewegung der Hippies, die von dem mit Cornflakes gefütterten bürger-

lichen Amerika belächelt und verachtet wurden, weil sie antipatriotisch und antiautoritär waren und die Geschlechterrollen schon mit ihrem Outfit in Frage stellten.
Hendrix wollte außerhalb der Black Community neue Erfahrungen machen. In London tauchte er in den Lebensstil der neuen Jugendbewegung ab und kam daraus mit einem Sound hervor, der zwar eine R&B-Basis hatte, aber von der Flower-Power-Rhetorik durchtränkt war und sich deshalb total vom Habitus des Soul unterschied. Seine extravaganten Eskapaden, die Art, wie er die Leadgitarre in den Vordergrund rückte, entsprach seinem Wunsch nach individueller Autonomie. Zu seiner Musik sollte man kiffen und sich kollektiven Zwängen entziehen, aber nicht unbedingt tanzen.
Anerkennung erhielt Hendrix von den Afroamerikanern erst lange nach seinem Tod. Living Colour haben 1985 die »Black Rock Coalition« gegründet und damit einiges bewirkt. »Schwarze« Rockmusiker sind heute weniger eine Seltenheit als zu Hendrix' Zeiten. Wir kennen die JJ Jumpers, 247 Spyz und afroamerikanische Funk-Metal-Gruppen wie D-Xtreme. Sie alle beziehen sich auf die eine oder andere Weise auf Jimi Hendrix.
Seit sich 1986 Run DMC an einer neuen Rock-Rap-Fusion versuchten, ist Rock auch in HipHop-Kreisen kein Tabuthema mehr. Run DMC koalierten mit Aerosmith (»Walk This Way«), der Rapper Ice-T, der mit Body Count eine eigene Rockband hat, mit Jane's Addiction und Public Enemy, mit Anthrax und Sisters Of Mercy.
Im HipHop wird Jimi Hendrix wegen seiner Vorliebe für ungewöhnliche Geräusche geschätzt und z.B. von Ligthnin' Rod, Digital Underground, Schooly D und Overlord X gesamplet. Hendrix seinerseits konnte mit seiner Gitarre MP-Salven »samplen« oder sie wie ein Synthesizer klingen lassen. Ohne seinen »schmutzigen« Sound wäre das Publikum auf die knarzenden, pfeifenden, schrillen, infernalischen Rückwärts-Sample-Geräusche und das experimentelle Verquirlen von Rhythmus-und Solofiguren von Public Enemy und anderen Rappern nicht vorbereitet gewesen.

A Bitch Is A Bitch
Ice Cube

Ein paar Jahre sind schon vergangen, seitdem das N.W.A. Album »Straight Outta Compton« unter den Punkrock-Veteranen ein hoffnungsfrohes »Fight The Power«-Mißverständnis auslöste. Viele wollten damals glauben, das »Fuck Tha Police« von Ice Cube – seinerzeit noch Cheflyriker bei N.W.A. – verfolge ähnliche Intentionen wie die anarchistische Losung »Macht kaputt, was euch kaputt macht« der Ton Steine Scherben. Ein paar hundert Rap-Platten weiter hat sich herumgesprochen, daß die Dinge so einfach nicht liegen. Wie aber liegen sie? Was bleibt von »AmeriKKKas Most Wanted«, wenn die bedrohlich loopenden Dope-Beats verstummt sind? Etwa dies: »Ein Schritt zum perfekten Amerika wäre es zum Beispiel, wenn ich beim Ausfüllen eines Bewerbungsformulars nicht mehr nach meiner Hautfarbe gefragt würde, sondern man mich einfach danach beurteilen würde, ob ich für den Job geeignet wäre.« Mit anderen Worten: Der »Rebell« Ice Cube geht in den 90er Jahren nicht über Positionen hinaus, die bereits in der Bürgerrechtsbewegung der 60er Jahre kontrovers diskutiert wurden: Kann eine Gesellschaft, deren Dynamik auf Wettbewerb beruht, überhaupt frei von Rassismus sein?
Tatsächlich wurde der Rapper vom Establishment auch kaum wegen seiner politischen Auffassungen kritisiert. Den begehrten Zensur-Sticker auf seinen Platten verdient er sich mit Titeln wie »Get Off My Dick And Tell Yo Bitch To Come Here«. Und selbst den Orden, staatlich anerkannter Sexist, verdankt er nur der institutionalisierten Bigotterie. Objektiv steht er in einer Front mit jenen amerikanischen Sozialkonservativen und Ex-Liberalen, die seit geraumer Zeit massiv gegen die Political Correctness-Bewegung vorgehen (deren oft triviale Logik durchaus auch eine linke Kritik verdient) und dabei für ein Revival von hierarchischer männlicher Autorität eintreten. Die sexistischen Beschwörungsformeln im Heavy Metal und HipHop – es gibt sie auch in Literatur und Film – sind nur Komponenten eines männlichen Revanchis-

mus', der sich von dem sprachlichen Sanktionssystem bedroht fühlt, das vor allem Feminismus und Schwulenbewegung in den vergangenen zwanzig Jahren zu ihrer Selbstverteidigung (was nicht das gleiche ist wie staatliche Zensur) zu etablieren versuchten. Ice Cubes Traum von einem besseren Amerika geht hingegen mit einer Idealisierung des gewaltsamen Überlebenskampfes heterosexueller Männer einher. Die Pflicht zur Selbsterhaltung ist sein erstes Gebot. Genau wie »weiße« Männer, kennt auch Ice Cube die Angst vor sexuellem und »kulturellem« Pluralismus, vor ständig wechselnden Zugehörigkeiten und dem Eindringen von »Andersartigen« in Domänen, die einmal ausschließlich die seinen waren. Er sieht sich von Korean shopowners, African women's groups und dem Simon Wiesenthal Centre aufgefordert, auf eine soziale Konstellation zu verzichten, die ihn als afroamerikanischen Mann zwar auch diskriminiert, die es ihm aber auch erlaubt, sich, innerhalb bestimmter Nischen, Privilegien auf Kosten anderer zu verschaffen. Für ihn stellen antipatriarchalisch eingestellte Frauen, schwule Männer und asiatische Einwanderer einen Angriff auf seine Nische dar, den er nicht dulden möchte.

Genau dieser rigorose Durchsetzungswille ist es, der hauptsächlich seinen »militanten« Tonfall ausmacht. Ein Tonfall, der ihm nicht nur von Seiten einer sich »Men Who Dare« (!) nennenden afroamerikanischen Männergruppe Respekt einbringt, sondern auch von »weißen« Männern (und etlichen Frauen) verstanden wird und deshalb so populär ist. Ice Cube richtet sich *auch* gegen die Hindernisse, die eine rassistische »weiße« Gesellschaft auftürmt, aber er richtet sich genausogut gegen Frauen, Schwule, neue Einwanderergruppen und weniger durchsetzungsfähige Afroamerikaner. (Beispiel: Auf Stücken wie »A Bitch Is A Bitch« oder »Bitch Killa« macht er die Frauen für die Ghettogewalt verantwortlich. Ihre Geldgier zwinge Männer zu kriminellen Handlungen. Die Frauen von heute würden sich nicht mehr mit einem Mann einlassen, der nichts zu bieten habe.)

Seine Unterstützung für die Black Muslims ist dann auch nicht überraschend, denn seine Haltung stimmt mit deren Programm exakt überein. Daß er nicht offizielles NOI-Mitglied ist, begründet er taktisch: »I do more for the Nation outside than in.« Ice Cube, der für die USA die Einführung des islamischen Rechts fordert, sich aber einer Kritik gerne mit dem Hinweis »there's a lot comedy in my records« entzieht, kann anschaulich beschreiben, wie afroamerikanische Männer durch ihr Leben laufen und dabei immer zu spät kommen, und er kann inzwischen auch – etwa mit seinem Rap »It Was A Good Day« – die daraus resultierende tiefe Sehnsucht nach einem ganz gewöhnlichen Leben eingestehen. Doch er ist völlig unfähig, autoritäre Strukturen in Frage zu stellen. Der paramilitärische Groove und die »Härte« seiner Live Shows künden von der Rückkehr jener hierachischen Inszenierungen, die Punk einst am Mainstream-Rock kritisierte. Und das überwiegend männliche deutsche Rap-Publikum ist ganz offensichtlich scharf auf die autoritäre Geste und steht stramm. Gemeinsam tut man kund, daß man dem Ansturm auf die Werte der Männlichkeit niemals nachgeben wird. Und man glaubt sich gut gegen Kritik immunisiert, solange man einem »Schwarzen« zujubelt.

Im Unterschied zu dem Cartoon Gangster Ice-T, der den Bad Boy nur spielt und auch Revolten gegen sein eigenes Image nicht scheut, scheint sich Ice Cube wirklich festgelegt zu haben. Als ihm seinerzeit Chuck D und das Produktionsteam Bomb Squad aus der Sackgasse heraushalfen, indem sie Ice Cubes erstes Solo-Album produzierten, war er noch der Suchende, dem die bornierte Compton-Perspektive von N.W.A. zu blöde war. Als Rap-Superstar mit einem Nr.1 Album in den Charts kann er sich nun aufführen wie ein Politiker, der einerseits plakative Statements abgibt (»der Fall Rodney King hat mir viel Material für mein Album ›The Predator‹ geliefert«), sich andererseits auch mal von der »privaten Seite« zeigt.

Let's Talk About Sex And Violence

»Glauben wir nicht, daß man zur Macht Nein sagt, wenn man zum Sex Ja sagt.« (Michel Foucault »Sexualität und Wahrheit«)

Was die erotische Unterhaltung in der Popmusik betrifft, so reicht die Skala von der einladenden Pose über die naturalistische Schilderung und die Dramatisierung von Emotionen und Begierden bis hin zum mehr oder weniger provokativen Bruch gültiger Normen. Der Gestus der erotischen Rebellion fällt jedoch nach »Mick Jaggers »I Can't Get No Satisfaction« und James Brown »Sex Machine« zunehmend matter aus. Nachdem sich von Jim Morrison bis Madonna alle Künstler von Rang wenigstens einmal öffentlich zwischen die Beine gefaßt hatten, schien es, als seien die Mittel dieser bescheidenen Symbolik erschöpft.

Man hatte nicht mit den Rappern gerechnet. Die derben Reime, die heute zum Markenzeichen vieler HipHop-Gruppen geworden sind, schockieren, weil sie oft an Gemeinheit noch vieles in den Schatten stellen, was Sozialarbeiter in ausgewiesenen Problemvierteln kennenlernen: »Der Unterschied zwischen Ost- und Westküste ist doch, daß sie im Osten sagen, ›Ich habe eine Uzi – aber stop the violence! Follow the leader!‹ – an der Westküste heißt es dagegen, ›Ich habe eine Uzi, und weil das so ist, wird mir die Schlampe mit den großen Titten einen blasen, denn ich bin der Pimp!‹« (Die Rapper von 7 A 3 in einem Interview)

Es kommt selten vor, daß ein deutscher Zuhälter oder Hustler in der Veröffentlichung einer Schallplatte eine realistische Karrierealternative sieht oder gar die künstlerischen Fähigkeiten dazu hätte. Wo jedoch Millionen Menschen »rassifiziert« werden, liegen solche Alternativen oft näher beisammen: Der Zugang zu einem halbwegs hedonistischen Lebensstil war Afroamerikanern lange Zeit nur (und so ist es für viele noch heute) über dunkle Geschäfte im Dunstkreis des Vergnügungs-Milieus möglich. Nah beieinander liegen die Alternativen etwa bei den Geto Boys. Das Cover zu ihrem Album »We Cant't Be Stoped« zeigt, wie das Geto Boys-Mitglied Bushwick von den beiden anderen fürsorglich durch einen Krankenhausflur geschoben wird – ein körperbehinderter, bestenfalls 130 Zentimeter großer Mann mit einem herausquellenden Auge. Es wurde ihm, so heißt es, während eines Drogentrips ausgeschossen – von einer Freundin, die er überreden wollte, ihn zu erschießen. Darüber, was sich die Geto Boys dachten, als sie dieses Foto veröffentlichen, lassen sich nur Vermutungen anstellen. Ich würde es als eine Selbststilisierung im Kontext subproletarischer Hustlerethik interpretieren: »Wir sind so und wir sind stolz darauf.« Andere lesen aus dem Foto jene popkulturelle Provokationstechnik heraus, die sie aus ihren eigenen Kontexten kennen. Doch die These von der provokativen Intention kann das Phänomen Geto Boys nicht restlos erklären. Nur zu gerne beschränkt sich die deutsche HipHop-Rezeption auf eine verständnistriefende Interpretation des Gangsta Raps als eine in aufrüttelnder Absicht abgefaßte »Ghettoliteratur«. Was aber, wenn die Geto Boys nicht simulieren, sondern genauso denken und handeln, wie sie rappen? Wenn sie, mit anderen Worten, eine Vergewaltigung beschreiben, weil sie sexuelle Gewalt für völlig legitim halten? Wenn also der Musikjournalismus ganz umsonst in den rätselhaften Tiefen der afroamerikanischen »oral history« nach Antworten sucht, weil ihm die »naheliegenden« einfach nicht passen? Etwa die, daß dort, wo die Lebensbedingungen hart und die Perspektiven deprimierend sind, Menschen, je nachdem, fromm, links oder kriminell werden.[9] Wenn die Geto Boys in dem Titel »Mind Of A Lunatic« detailliert die einzelnen Phasen einer Vergewaltigung schildern, betreiben sie keine verschlüsselte Gesellschaftkritik und wollen auch keinen Beitrag zu Baudrillards Theorie der »Transparenz des Bösen« leisten, sondern sie idealisieren schlicht sexuelle Gewalt. Die Geto Boys entwickeln das Gemeinschaftsgefühl einer Familie, halten sich gleichzeitig an jenen schadlos, die sie glauben treten zu können, und reproduzieren so die Verhältnisse, die sie nur in Nebensätzen benennen können.

Die Brutalisierung der Sprache im amerikanischen (nicht im britischen) HipHop spiegelt die Brutalisierung des Alltags in den »schwarzen« Vierteln. Die Rapper, die sich da als die letzten chauvinistischen Idole präsentieren und damit so gut

in den weltweiten Trend einer Renaissance »männlicher« Werte passen, sind nicht die Botschafter einer neuen libertären Sexualität, deren priviligierte Zügellosigkeit verbotene kollektive Wünsche auf sich ziehen könnte. Ihre sexistischen Beschwörungsformeln sind vielmehr Teil des neokonservativen Rollbacks gegen den sexuellen Pluralismus.
Im europäischen und amerikanischen Rock existierte als verdünnter und oft dümmlicher Nachklang der Studentenbewegungen noch die Vorstellungen von der aufklärerischen, antitraditionalistischen Provokation. Der rabiate Gestus vieler Rapper, vor allem ihr aufgeblasener Männlichkeitskult, hat auch damit nichts zu tun. Ihnen geht es nicht darum, durch gezielten Tabu-Bruch die Doppelmoral von Spießern bloßzustellen. In den Bekenntnissen vieler HipHopper (und auch in der Dramatik vieler HipHop-Konzerte) schwingt heute ein stilschweigendes Einverständnis mit jenen Hierarchien und autoritären Wertevorstellungen mit, deren Kritik im Grunde der Ausgangspunkt jedweder Rebellion sein müßte. Auch die Kritik am Rassismus bleibt letztlich hohl, wenn ihr der individuelle Ausgangspunkt fehlt. Da gibt es den jungen Muslim, der in der Koranschule schwer geprügelt wurde, die Afroamerikanerin, die keine Berufsausbildung hat, weil die Eltern sie nur verheiraten wollten, den jungen Mann, der vom angepaßten Vater Schläge bezieht, wenn er sich mit der rassistischen Polizei anlegt. Wo die antiautoritäre Auflehnung gegen reaktionäre Traditionen und das Philistertum ausbleibt und einer abstrakten Solidarität mit der »Community« geopfert wird, verkommt die politische Parole zum Einverstanden-Sein mit jenen Strukturen, die den Rassismus hervorbringen. Es läßt sich nun mal nicht erfolgreich gegen rassistisch begründete Ausgrenzung angehen, wenn man selbst andere kleinhält oder kleinhalten möchte. Nicht nur der »schwarze« Zuhälter reproduziert die Logik eines Systems, das ihn ins Ghetto abdrängte.
Sexualität und Herrschaft fallen in den Slackness-Texten des Rap in der Regel ohne weitere Zwischentöne und ohne den Versuch einer Reflexion zusammen. Während im Ghetto »Nutte« und Frau« zu Synonymen werden, diskutiert man anderswo nach den Regeln der political correctness die feministische Kritik, werden an amerikanischen Universitäten Se-

xismen in Sprache, Gestik und Lehrbüchern penibel aufgespürt und in einer leidenschaftlichen hate speech-Kontroverse erörtert, wie man verbale frauen- und schwulenfeindliche sowie rassistische Attacken unterdrücken kann, ohne den Staat anzurufen und ohne einen unpolitischen Benimmkodex zu befördern, der über die schlechten Realitäten nur hinwegtäuscht.

Die Sprache des Rap polarisiert hemmungslos und ohne jeden aufklärerischen Unterton. »A Bitch Is A Bitch« (Ice-Cube). Der Tonfall von Zuhältern und Pushern ist ja gerade deshalb besonders widerlich, weil er in einem Aktionsfeld gedeiht, wo Macht nicht gefestigt, sondern latent instabil ist. Die Menschenverachtung des Pimps wird von seiner eigenen Gehetztheit auf die Spitze getrieben. Die Ordnung im Zuhältermilieu transformiert die Prinzipien bürgerlicher Herrschaft in unmittelbare Gangsterherrschaft und setzt doch die bürgerliche fort. Die Ankündigung: »Ich habe eine 38er im Ärmel, die in den Krieg ziehen will« (NWA) hat nichts mit antistaatlicher Rebellion zu tun, sondern mit dem Willen zur Durchsetzung in den vorgefundenen Verhältnissen. Es ist wie in der Detroiter Trilogie von Donald Goines, wo sich der »schwarze« Gangster Prince der Rhetorik des Aufstandes bedient, um seine kriminellen Ziele durchzusetzen.

»Das Ghetto ist zum modernen Äquivalent jener archaischen Gesellschaftsstrukturen geworden, die anthropologisch zur Bildung einer männlichen Kriegerklasse führten. Wie damals wird auch heute die Stellung des einzelnen innerhalb der Kriegerkaste durch physischen Kampf und sexuelle Eroberungen entschieden. Durch die staatliche Sozialhilfe für alleinerziehende Mütter muß der Ghettokrieger nicht mehr für den Erhalt der Familie sorgen.«

Worte des erzkonservativen Politologie-Professors James Q. Williams von der Universität von Los Angeles.

Williams hat hier in erster Linie einen ideologischen Überbau zu den kommunalen Kostendämpfungsprogrammen formuliert, die sich seit 1980 nicht zuletzt gegen die als »welfare queens« diskriminierten Frauen richten.

Die Vorstellungen davon, was ein »richtiger« Mann leisten muß, sind weltweit ziemlich einheitlich. Je härter allerdings die Umweltbedingungen sind, um so nachdrücklicher werden

Männlichkeitsideale als Inspiration und Ziel betont. Müßten die Ghettokrieger auch noch die von ihnen geschwängerten Frauen unterstützen, so würde der Männlichkeitskult noch aberwitzigere Blüten treiben: Drive-By-Shootings ums Kindergeld sozusagen.

Kings & Queens

Die »schwarzen« Frauen aber sind in vielen Fällen, gemessen an den Kriterien dieser Gesellschaft, ihren Männern sozial überlegen. Weil sie für niedrigere Löhne arbeiten müssen und sich nach einer patriarchalischen Sozialisation bedeutend smarter aufführen, die besseren Schulzeugnisse und höheren Qualifikationen haben, bekommen sie inzwischen mehr Jobs (1968 hatten in de USA 79 % der »schwarzen« Männer und 66 % der »schwarzen« Frauen einen Job, 1988 67 % der Männer und 74 % der Frauen) und deshalb ernähren viele von ihnen nicht nur die Kinder, sondern füttern noch so manchen Ghettokrieger mit durch. Die Mütter und Großmütter sind in den »schwarzen« Communties zwischen London, Kingston und Los Angeles häufig der einzige stabilisiernde Faktor. Das Problem vieler Krieger besteht nicht selten gerade darin, daß sie mit ihrem Potenzgehabe andauernd abblitzen. Oder wie Gwen Guthrie sagt: »Wer mich will, muß sich zuerst mal um einen Job kümmern.« So mancher Rapper, der das Wort »bitch« im Munde führt, hat bisher nur mit Prostituierten zu tun gehabt, weil andere Frauen sich nicht auf ihn einlassen: »Pimpin' Ain't Easy« klagt selbstironisch der abwechselnd als Zuhälter, Liebhaber und Five Percenter auftretende Big Daddy Kane. Ein Motiv für die Gegnerschaft von Ice Cube und anderen zu »interracial relationships« beruht auf der Tatsache, daß eine wachsende Zahl »schwarzer« Frauen auf die Anmaßungen der ultracoolen Machos mit Beziehungen zu Männern anderer Communties antwortet, weswegen in Black Community-Zeitschriften von einem »sexuellen Notstand« junger afroamerikanischer Männer die Rede ist, da sie in einer Gesellschaft, die das Heiratsverhalten nach »ethnischen« Kriterien reguliert, in eine prekäre Situation geraten. Afroamerikanerinnen, die mit anderen als »schwarzen« Männern gehen, werden vor diesem Hintergrund oft aggressiv diskriminiert. Manchen gelten sie als »Feministin-

nen«, umgangssprachlich so etwas wie eine Steigerungsform von »Nutte«.
Den meisten Rappern fällt überhaupt nicht auf – den meisten deutschen Rap-Fans übrigens auch nicht – daß sie auf Frauen eine ganz ähnlich abwertende Überlegenheitsstrategie anwenden, wie sie Rassisten auf »Schwarze« projizieren. Das von ihnen unterstellte hierarchische Naturverhältnis zwischen den Geschlechtern konstituiert die Gesellschaft genauso als heterosexuelle Gemeinschaft wie rassistische Zuschreibungen die weiße Vorherrschaft konsituieren. »Geschlecht« und »Rasse« werden nach den gleichen Mustern erzeugt – über den Zwischenschritt einer »Naturalisierung« sozialer Verhältnisse.
Im Rap-Diskurs erfolgt allerdings eine ganz spezifische Verschränkung von »Rasse« und »Geschlecht«, in die noch Muster eingehen, die mit der Erfahrung der Sklaverei zu tun haben.
Unterstellt man, daß die weltweit üblichen Vorstellungen, wonach sich ein »richtiger« Mann als effizienter Erzeuger, Beschützer und Versorger hervortun muß, auch unter den aus Afrika verschleppten Sklaven gültig waren, so erlitt deren Selbstwertgefühl durch die Versklavung einen völligen Zusammenbruch. Vor den Augen seiner Frau ist der afrikanische Mann zum Knecht geworden, machtlos und den »weißen Herren« über sich. Auch die afrikanische Frau war dem Sklavenhalter ausgeliefert. Der afrikanische Mann konnte sie weder vor Vergewaltigung schützen, noch konnte er sich sicher sein, daß sie diesen mächtigen Herrn, der sich ja nach den gängigen Maßstäben als »wirklicher Mann« erwies, nicht gar heimlich begehrte. An der Seite des Herrn stand – unerreichbar für den Sklaven – die »weiße Frau«. Im Gegensatz zu seiner Frau war sie nicht von der Qual der Arbeit gezeichnet, und als Herrin verkörperte sie ohnehin das Schönheitsideal. Ohne es zu dürfen, begehrte der afrikanische Mann die Frau des Herrn mehr als seine eigene, die er diskriminierte, weil er sich sein Begehren nicht eingestehen durfte und weil er seine entwürdigende Hilflosigkeit kompensieren wollte. Aber der »weiße Herr«, der alle körperliche Arbeit an seinen Knecht delegierte und sich auf die administrative Arbeit beschränkte, verlor dadurch auch die Erotik des Körpers. Deshalb versuch-

te er auch seine eigene Frau um ihre Erotik und Stärke zu bringen und sie zur zarten, emotional zurückgenommenen Frau zu formen. Nachdem er das vollbracht hatte, begehrte er jedoch die proletarische »schwarze« Frau. Von der »Subkultur der Armut« versprach er sich die Wiederaneignung der Sinnlichkeit, die ihm bei der Vollstreckung der kapitalistischen Rationalität abhanden gekommen war. Ihre gehemmte Sinnlichkeit ließ auch die Herrin den Knecht begehren, auf den sie die Vorstellung von einer ursprünglichen Triebhaftigkeit und physischen Vollkommenheit projizierte. Jede dieser Begierden ist jedoch mit einem rassistischen und klassenmäßigen Tabu belegt, dessen Bruch massiv sanktioniert wurde, insofern nur mit schlechtem Gewissen heimlich durchbrochen werden konnte und deshalb häufig die Form der »Perversion« annahm.

Diese Erklärung stammt von Eldridge Cleaver. Sie bietet ein Modell, in das bereits bestimmte Mythen eingegangen sind, z.B. die Vorstellung von der physischen Vollkommenheit und Potenz des Knechtes, der in der Realität oft schmächtig und krank ist. Trotzdem kann es sowohl bei der Interpretation der vielen Äußerungen im HipHop über den Zusammenhang von »Geschlecht« und »Rasse« als auch bei der Beurteilung des gleichzeitig idealisierend-fernhaltenden und diskriminierend-naturalisiernden »exotischen Herrenblicks« hilfreich sein, wie er in den sich häufenden Abbildungen von »Schwarzen« in deutschen Illustrierten, Musikzeitschriften und Stadtmagazinen deutlich wird. Diese Abbildungen sind Verfahrensweisen einer Bedeutungskonstitution oder Symbolisierung, die auf bestimmte diskursive und ästhetische Praktiken von Verdrängung und neu geformter Sichtbarmachung zielen. Der im wirklichen sozialen Leben ausgegrenzte »Körper« taucht als symbolischer, sexualisierter und ästhetisierter Körper im Bildmaterial wieder auf. »It's so trendy to be Black. For many Blacks their bodies are the only cultural capital they have.« (Stuart Hall) Es handelt sich hier um das gleiche Phänomen wie die reale Abwesenheit und imaginäre Allpräsenz des Weiblichen in der patriarchalischen Kultur.

Wo es zur Norm wird, daß man sich an den noch Schwächeren schadlos hält, kann auch das Phänomen der Sisters With Attitude nicht überraschen. Männer, die im Ghetto etwas zu sagen haben, finden unter den gegeben Bedingungen selbstverständlich ihre weiblichen Entsprechungen. Der »Hustler Bill« war schon ein Thema der weibliche Funk-Gruppe First Choice, die Anfang der 70er Jahre, als in Blaxploitation-Filmen wie »Superfly« coole Dandys (mit kritischem Unterton) glorifiziert wurde, über glamouröse Falschspieler, gestylte Zuhälter und ihnen hörige Prostituierte sang. First Choice gelten einigen Rapperinnen heute als Vorbilder, was bei der wohl eindeutigsten Slackness-Rapperin Choice schon im Namen zum Ausdruck kommt. Im HipHop liegt der Anteil der Plattenveröffentlichungen von Frauen lediglich bei fünf Prozent, und davon zählt nur eine Minderheit zur »explicit lyrics«-Fraktion. So wenig wie ein männliches sexuelles Begehren, das sich in »eindeutigen« Wortbildern äußert, per se degradierend für Frauen ist, so wenig gilt das natürlich auch umgekehrt. Manche Rapperinnen stellen sich mit ihren »expliziten« Texten einfach gegen die verbreitete Auffassung, wonach »anständige Frauen« weder eine sexuelle Attraktion auf Männer ausüben, noch Männer offensiv begehren dürfen. Es ist aber auch nicht zu überhören, daß einige Rapperinnen dabei einfach die trostlose männliche Macho-Litanei immitieren: In Chicago rappen die »groovy chicks« HWA (»Hoes With Attitude«) ihren lokalen Hit »Eat My Pussy« (»Eat« ist der Slang-Ausdruck für »lecken«), während die New Yorker Female Rapper BWP (»Bitches With Problems«) sich über Männer mit nervösen Ejakulationen (»2 Minute Man«) lustig machen. Die meisten Rapperinnen halten jedoch einen deutlichen Abstand zu den gängigen Klischees der männlichen Rapper. Bisher hat noch kein »Fly-Girl« damit geprahlt, jemanden mit der Uzi hingerichtet zu haben und selbst die anfänglichen Beleidigungen von »Rivalinnen«, mit denen sich einzelne »Nasty Girls« Zutritt zur Szene verschaffen wollten, sind ganz aus der Mode gekommen. Bei der »weißen« Rapperin Tairrie B aus Kalifornien steht zwar das »B« für Bitch, doch das ist in diesem Fall eher ironisch-provokativ gemeint, denn Tairrie disst auch die Machos. Die elegante Rapperin MC Peaches aus Newark verwahrt sich deutlich gegen die verbreitete Degradierung von Frauen. Das gilt auch für Shelly Thunder (mit der Single »Working Girl«), YoYo (»It's A Man's World«, eine Answer Version auf Ice-Cube. YoYo gründete auch eine »Intelligent Black Woman's Coalition«), Monie Love (»Just Don't Give A Damm«), Queen Latifah (»The Evils That Man Do«). Die weiblichen »role models« Salt 'N' Pepa, die mit »Chick On The Side«, »Tramp«, »Independent Woman« und »Let's Talk About Sex« immer wieder die männliche Doppelmoral aufs Korn nahmen und die sich, nach einem Anfang als »Street Girls«, das Genre des Glam-HipHop schufen und sich inzwischen in einem eleganten »ladylike«-Style präsentieren, argumentieren eher vom Upper Class Standpunkt einer Diana Ross: »Wir sind etwas feministisch orientiert und deshalb beschäftigen wir uns weniger mit den Fehlern der Männer, sondern raten den Frauen zu mehr Selbstbewußsein. Die beste Antwort auf den Sexismus ist, eigenes Geld zu verdienen und sich dadurch unabhängig zu machen.«

Viele Rapperinnen befürchten, wie die »schwarzen« Feministinnen, als Verräterinnen an der Black Community abgeurteilt zu werden. Es gehört nämlich zu den patriarchalen Tricks, opponierenden Frauen Geheimnisverrat vorzuwerfen. Ihre Kritik an den Verhaltensweisen afroamerikanischer Männer werde vom weißen Feind mitgehört und bestätige dort die rassistischen Bilder vom black male als triebstarkem Tier. Deshalb solle frau über solche Themen besser nicht reden. Die Rapperin Roxanne Shante, die 1984 mit »Roxanne's Revenge«, einer Antwort auf einen sexistischen Rap der Männergruppe UTFO, Erfolg hatte, drückt diese Auffassung nur etwas anders aus, wenn sie sagt: »Verglichen damit, wie schwarze Männer sich gegenseitig fertigmachen, sind die Probleme, die wir mit ihnen haben, gering.« Ideologisch voll auf Linie sind die Afrocentricity-Rapperinnen Isis und Queen Mother Rage von der religiös-reaktionären X-Clan Sekte: »Es gibt keine Kings ohne Queens und keine Queens ohne Kings. Es gibt kein Männerproblem und kein Frauenproblem, wir tun zusammen, was wir zusammen tun müssen.«

III. Cosmic Slop

Greetings To All Raggamuffins

Säkularisierter Reggae

Ende August 1988, als auf Jamaika 60.000 Menschen die Dance Hall Night des Sunsplash-Festivals besuchten, stand es um den Ruf des Reggae außerhalb Jamaikas nicht sonderlich gut. Zwar hatte er sich seit Bob Marley als marginaler Bestandteil der zeitgenössischen Pop-Musik irgendwie etabliert, aber was seit Mitte der 80er Jahre da über die Kanäle der Musikindustrie in die Regale westdeutscher Plattenläden kam, waren Hits aus dem Backkatalog oder seichte Neueinspielungen. Der Titel »Sunshine Reggae« des dänischen Pop-Duos Laid Back erreichte 1983 Platz eins der westdeutschen Hitliste. Seither gilt Reggae als Musik für kuschelige und bratwurstduftende Open-Air-Festivals im Stadtpark. Auf solchen Veranstaltungen begegnete man regelmäßig einem eigenartigen Szenario aus liebenswürdigen Normalos und rastaseligen Leuten, die viel Selbstgestricktes in Rot-Gelb-Grün trugen und naive Dreadlockkinderfotos zu unverschämten Preisen anboten, während die auf den europäischen Markt spezialisierten »Roots Reggae Bands« penetrant zu »Ras-Ta-Fareiiii!«-Rufen animierten.

Der deutsche Mainstream wollte Reggae auf diesen schunkelnden Karibikkreuzfahrt-Fernweh-Traum festlegen. Mit traumwandlerischer Sicherheit fand die Volksseele Wege, sich in dieser Musik zu spiegeln. Die Relaxtheit der Reggae Vibes, die von ihrer Intention her einer Verweigerung gegenüber dem kapitalistischen rat race entspringen, wurden mit jener Schlaffheit verwechselt, die sich der lohnarbeitende Mensch erlaubt, wenn er am Feierabend fix und fertig im Fernsehsessel versinkt. Das für das Spannungsmoment im Reggae typische Anziehen und Loslassen, das weich-pulsierende Uplifting-Gefühl, verwechselte man mit einer Rosenmontagslaune:

In Gassenhauern wie »Bruttosozialprodukt« von Geier Sturzflug mutierte Reggae zur Polonäse Blankenese.
Irgendwie war es schon verständlich, daß Menschen mit einem etwas besseren Musikgeschmack Reggae schon bald befremdlich fanden. Diese Aversionen verstellten aber auch den Blick auf den Dance Hall Reggae, dessen Anfänge in den ausklingenden 70er Jahre liegen.
Nachdem die Popularität des Reggae ihren Höhepunkt überschritten hatte, blieb eine kleine Fangemeinde zurück, die voll in der zeitaufwendigen und teuren Jagd nach neuen und alten Platten aufging, und in der eine Minderheit von mehr oder weniger unreflektierten Rasta-Verehrern das äußere Erscheinungsbild prägte. Ihr neoromantisches Gefühl, auf dem Weg in die Moderne den paradiesischen Urzustand verloren zu haben, verleitete sie dazu (darin durchaus dem Exotismuskult ähnlich, den die Pariser Avantgarde der 20er Jahre um die »edle Wilde« Josephine Baker zelebrierte), von der Lebensweise und den Überzeugungen jamaikanischer Rastas die Verwirklichung »alternativer« Träume zu erwarten. Daß Roots Reggae Bands nicht nur ein Haus in den Bergen, sondern auch ein High Tech-Studio im Tal besaßen, konnte ihre europäischen Verehrer nicht irritieren. Auch nicht der Umstand, daß viele Dreads einfache North Coast Hustler waren, die sich die Rolle des Naturburschen von europäischen Touristinnen bezahlen ließen. Chris Blackwell erinnerte 1992 nochmals in dem von ihm produzierten Reggaefilm »The Lunatic« an diese Zeit. Der Film beschreibt die ungleiche Begegnung zwischen der deutschen Sextouristin Inga Schmidt und dem »schwarzen« Obdachlosen Aloysius.
Die damalige Reggaeszene, die über das Geschehen auf Jamaika bestens informiert war, wollte aus Jamaika ein zeitloses Museum der eigenen Projektionen machen.

Linton Kwesi Johnson, Lee Perry und Adrian Sherwood

Neben den rastaseligen Reggaefans gab es in den 80er Jahren noch andere. Gemeint sind nicht die Anhänger von Police, Men At Work, Boy George und Nena, die Rede ist vom Ghetto-Dub-Stil von The Clash (inspiriert von Mikey Dread), den Dub-Arrangements von The Ruts (»Jah War«), dem Reggaebaß des Holger Czukay-Freundes Wobble (der sich 1979 den DJ-Namen »Jah« zulegte), von der seit 1981 aktiven Gitarren-Hardcore/Reggae-Band Bad Brains, von den in experimentellen Dub Reggae verpackten politischen Slogans von Mark Stewart, von Adrian Shewoods On-U-Sound, vom faszinierenden Groove eines Lee Perry und von der Dub Poetry des Linton Kwesi Johnson.

LKJ und später auch auch andere Vertreter des sogenannten Dub Poetry-Stils hatten nicht nur in England, sondern auch hier ein Publikum, das eher aus Punks, Linken und anderen, mehr an London als an Trenchtown orientierten Reggaeliebhabern bestand. LKJ definierte Rassismus nicht wie der Demagoge Marcus Garvey und His Imperial Majesty Haile Selassie, er orientierte sich an den »schwarzen« Marxisten C.L.R. James und Walter Rodney. Daß viele bereit waren, ihm darin zu folgen, ging nicht einmal auf eine generelle Ablehnung religiös begründeter Sozialkritik im älteren Reggae zurück. Jedem halbwegs musikalischen Atheisten war ja klar, daß man etwa von Big Youth's Album »Dread Locks Dread« nicht einfach Inhalte und Vortragsstil abziehen kann, ohne die Musik zu zerstören. Diese Songs waren ja deshalb Klassiker des Reggae, weil sie in unwiederholbarer Weise bestimmte Überzeugungen und Lebensgefühle erstmals über das Medium Schallplatte artikulierten. Diese Resistance-Songs (die rassistische »One Blood«-Rethorik eines Junior Reid ist hier nicht entschuldigt) beeindrucken auch heute noch.

Der Bass klingt da nicht nur drohend, ist nicht nur »Style«, er kündigt allen Ernstes die Armageddeon Time an, Jah's Jüngstes Gericht, den Untergang Babylons und die Erlösung der in die Sklaverei Verschleppten. Im Unterschied zum HipHop oder zum Raggamuffin Reggae, wo die Forderung nach einem *Recht auf Kapitalismus* dominiert, ging es den Roots-Veteranen ja um den Auszug – real oder spirituell – der Gerechten aus diesem kapitalistischen Babylon. Erst später verkam diese Überzeugung bei vielen Künstlern (nicht bei allen – Pablo Moses beansprucht immer noch: »Ich verweigere mich der babylonischen Ellenbogengesellschaft.«) zur Attitüde und darüber wurde Reggae zur peinlichen Angelegenheit, bei der die »Rastafari«-Rufe zum Entertainment gehörten, wie das »All the ladies in the house say hohooooo ...« der Rapper von heute.

Madman

Der exzentrische Madman ist eine (nicht nur) in der »Black Music« häufig anzutreffende Figur mit vielen Vorläufern auch in der europäischen Geschichte. Vom Till Eulenspiegel bis zu den Dadaisten der Situationistischen Internationale ging es dabei immer um das Unterlaufen gültiger Normen mittels Ironie, Sarkasmus und Verrücktheit – unter Ausnutzung der gesellschaftlich akzeptierten Nischen für »abweichendes Verhalten«. Da für die aus Afrika verschleppten Sklaven offener Widerstand nur in wenigen Fällen Aussicht auf Erfolg hatte, wurden gerade unter ihnen bestimmte Irritationstechniken und rhethorische Strategie – uneindeutiges Sprechen, hintergründiger Witz und Sich-Verrückt-Stellen vor allem – zum Mittel interner Verständigung sowie der Subversion gegenüber dem Master.

Diese Techniken haben lange Zeit nur in »volkskulturellen« Nischen überlebt. Im Kontext einer an »history« stark interessierten Black Pride-Bewegung erhielten sie eine neue ideologische Funktion. Nachdem »schwarze« Musiker, Schriftsteller und Literaturprofessoren auf Kinderreime zurückgehende rhetorische Beleidigungsspiele wie auch eine bekannte volkstümliche Parabel vom gewitzten Affen und dümmlichen Löwen zum Beleg für die Existenz einer eigenständigen afroamerikanischen kulturellen Entwicklung überhöhten (während Autoren wie Julius Lester und Stanley Crouch nachweisen, daß Afroamerikaner in den Südstaaten kulturell mit »weißen« Südstaatlern mehr gemein haben, als mit »schwarzen« New Yorkern), ergehen sich auch deutsche HipHop-Konsumenten in bedeutungsvollem Respekt, wenn die Stichworte »Signifying«, »The Dozens« oder »Jive talk« fallen.

Hartnäckig werden die »besonderen kulturellen Merkmale der Schwarzen« hervorgehoben und damit abermals sozial konstruiert statt dekonstruiert. Über die positiven Seiten, die jeder »Oral history« zukommen (Schriftsprache hat schließlich auch mit gesellschaftlicher Hierarchisierung und der Organisierung von Herrschaftswissen zu tun), mag man kaum noch reden, wenn intellektuelle Fans der »Race Music« (wie »Negermusik« bis in die 50er Jahre hieß, bevor sie dann in »Black Music« umbenannt wurde), den Afroamerikanern zum »Fehlen einer intellektuellen Distanz« gratulieren, sich selbst, mit zivilisationsmüdem Unterton, als »Literalisierte« einstufen und dann auch noch behaupten, daß die »schwarze Kultur keine literarische Tradition« ausgebildet habe, obwohl seit über 200 Jahren

in den USA eine »schwarze« Literatur existiert. Um nur ein Beispiel zu nennen: 1773, zu einer Zeit, als auch in Deutschland mündliche Überlieferungen die wichtigste Informationsquelle der Bevölkerungsmehrheit war, wurden in London Gedichte der afroamerikanischen Haussklavin Phillis Wheatley verlegt.
Jenseits aller tradierten oder ideologischen Bezüge, bleibt die Figur des »Madman« in der »schwarzen« Popmusik vor allem deshalb aktuell, weil sie all jenen ein sarkastischer Trost ist, die auch heute noch so manche Anfeindung aushalten müssen, die sie nur wegstecken können, wenn sie so tun, als würden sie »Spaß verstehen«. George Clinton und Screamin' Jay Hawkins spielen diese Rolle oder auch Fela Kuti, der sich damit gegenüber der nicht zimperlichen Regierung von Nigeria zu schützen versucht.
Ihr Reggae-Äquivalent ist Lee Perry, der seine Shows mitunter so eröffnet: »Good evening and greetings, you people of the universe. This is Lee Scratch Perry Pipe Cock Jackson. Madder than mad, greater than great, rougher than rough, tougher than tough, and badder than the baddest ...«

Eine postive Sonderrolle spielte auch der Madman, Dadaist und Antinationalist Lee ›Scratch‹ Perry, dessen mehr collagenhafte und assoziative Bemerkungen über die »Holy Bible« selbst für Ungläubige genießbar sind. Der mittlerweile in der Schweiz lebende Perry, dessen Exzentrik in Europa Kultstatus hat, hält seit 30 Jahren seine herausgehobene Stellung unter den jamaikanischen Künstlern. Als Produzent, Sound-Ingenieur, Komponist und Sänger arbeitete Perry mit Coxsone Dodd, Bob Marley, The Clash, Adrian Sherwood und vielen anderen zusammen. Er war der erste, der das Studiomischpult als Musikinstrument entdeckte, verstand und benutzte. Mit seinen unorthodoxen, Dub-orientierten Freestyle-Experimenten rettete er das Genre vor dem Abdriften ins Banale.
Auch wegen Adrian Sherwoods On-U-Sound sind viele dem Reggae treu geblieben. Der betont unhippe Adrian Sherwood war über Jahre der einzige respektierte Reggae Produzent in England. Er kreierte seit 1978 einen unverwechselbaren Sound-Mix, der dem damaligen Reggae-Verständnis Lichtjahre voraus war, obwohl er im Reggae der Jahre 1973/74 wurzelte. Indem er die Basisstruktur des Reggae eklektizi-

stisch mit Sprachfetzen, Samples, Space Echos und anderen sinnstiftenden Geräuschen von der Diskette auffüllte, schuf er einen intellektuellen Art-Techno-Reggae mit dreidimensionalen Computerbeats, denen phantastische Sänger wie Bim Sherman Wärme einhauchten. Mit Mickey Dread, Dub Syndicate, London Underground, New Age Steppers oder Mark Stewart brachte er Leute zusammen, die eigentlich nicht zusammen hätten spielen dürften: Reggaebassisten und Funkgitarristen, Punk-Musiker und indische Tabla-Spieler.

Fire inna Dancehall
Digital Dance and Fast Style Reggae

Vor zehn Jahren machte es noch einen gewissen Sinn, von *dem* Reggae zu sprechen. Damals begannen zwar schon auf Jamaika und in London die DJs – parallel zum neuen Lovers Rock und zur gerade entstehenden Dub Poetry – den Rockers Style zu verdrängen, aber sowohl die DJs, als auch die Dub Poeten sowie die Lovers Sängerinnen standen anfangs noch auf der selben musikalischen Grundlage: Ihre Musik war »strictly cultural«. Hinter den Kulissen des Downbeat Business war allerdings längst ein Kampf entbrannt, von dem deutsche Konsumenten wenig ahnten. Jede der neuen Richtungen stand nämlich für den – vorsichtigen – Versuch, aus der Roots-Mentalität auszubrechen.
Mit dem Wahlsieg von Seaga's (von seinen Gegnern »CIA-ga« genannt) rechtslastiger Jamaican Labour Party (Ende 1980), der den legendären Coxsone Dodd (Studio One) zur Emigration nach Brooklyn veranlaßte, und spätestens nach der US-amerikanischen Invasion auf Grenada (1983) hatte die Sinnstiftung der Rasta-Bewegung rapide an Anziehungskraft verloren. Was auch immer passierte, die Rastas hatten letztlich nur eine Antwort – »One Love«. Kaum jemand traute ihnen noch zu, eine gesellschaftliche Änderung zu bewirken. Da aber auch andere Perspektiven nicht greifbar waren, sahen sich alle auf sich selbst zurückgeworfen. Wie in England, wo seit Mai 1979 Margaret Thatcher regierte, machten sich auf Jamaika zunehmend Stagnation und Pragmatismus breit. Linton Kwesi Johnson kommentierte den jamaikanischen Reggae 1984 mit den Worten: »Die DJs und Sänger legen nur neue Texte über die alten Aufnahmen. Diese Musik spiegelt den

dortigen Mangel an Bewegung wider. Selbst die Morde, Ausgangssperren und die Lebensmittelknappheit sind zur bloßen Gewohnheit geworden.«
An die Stelle der Roots-Mentalität trat mit der Zeit ein affirmativer Realismus. Die knallharte individuelle Überlebensstrategie rückte wieder in den Vordergrund, das biblische Leitbild vom »humble lion« wurde von der Figur des Ghettofürsten abgelöst. An die Stelle der religiös-sozialkritischen Polemik gegen das »System« trat das unkritische »voicing the harsh realities of jungleness« der Toaster. Da Reggae auf dem internationalen Musikweltmarkt ohnehin auf dem absteigenden Ast saß, fand eine nachhaltige Re-Ghettoisierung statt – in London wie auf Jamaika. In England war Reggae lange Zeit fester Bestandteil der Popkultur gewesen, war also keine Ghetto-Musik. Jetzt wurde Reggae wieder zur Musik einer selbstgenügsamen schwarzen Jugendsubkultur und auch auf Jamaika zog er sich wieder dorthin zurück, wo er herkam – in die Ghettos. Dort aber ist die im Vergleich zu den Bands billigere und mehr »basisorientierte« DJ-Musik die adäquatere Ausdrucksform. Es ist diese langjährige Enstehungsgeschichte unter relativ isolierten Bedingungen, die den Zugang zum Raggamuffin Reggae (übrigens auch für Westinder, die etwas älter sind) auch heute noch schwieriger gestaltet als den zum HipHop. Nachdem lange Zeit überindividuelle Themen (Politik, Afrika, Religionen etc.) eine große Rolle gespielt hatten, bestimmten nun – wie in den Rude Boy-Zeiten – Lokaltratsch, Sex & Crime die Texte der Toaster.
Während die Bands weiterhin die Sinnstiftungsbedürnisse des Metropolenpublikums bedienten, verschwand die Dance Hall-Szene im Underground und wurde für westliche Konsumenten unsichtbar. Jetzt, wo sie sich wieder eingeklinkt hat, schaut sie für viele immer noch so fremd aus, wie ein entfernter Bekannter, den man nach zehn Jahren wiedertrifft. Wenn es in der jüngeren »Black Music« jemals ein ernsthaftes hermeneutische Problem gegeben hat, dann im Falle des Fast Style Reggae. Dabei haben die Raggamuffins gerade in den letzten zwei bis drei Jahren viel von ihrer Kompromißlosigkeit aufgegeben. Der Run auf die Auslandsmärkte ist nicht ohne Auswirkung auf die Musik geblieben. In langjährigen Trial & Error-Versuchen herauszufinden, wie man es denn in

den kaufkräftigen Metropolen haben will, ist immer noch das sicherste Erfolgsrezept für einen Reggaemusiker.

Mythos des Alltags

Auf seinem Weg zum Dance Hall Style und zum Raggamuffin hat sich der Reggae sukzessive säkularisiert, seine Inhalte und Formen »entzaubert«. Auf die frühere Wendung nach innen folgte nun eine andere nach außen. Während versprengte Rastas zu Hare Krishna und zu den Muslims konvertierten (wo sie heute auf junge Rap-Fans treffen), ist Reggae nun auf seine Art im Diesseits angekommen. An die Stelle des religiösen Mythos' ist der Mythos des Alltags getreten. Das Leben, so wie es ist und nicht so, wie es sein sollte, ist das Thema. Statt dem spirituellen Auszug aus dem kapitalistischen Babylon wird das Recht auf Teilhabe eingefordert. Der »clevere« Umgang mit den Sachzwängen ist die einzige gültige Ideologie, ohne daß sie für eine solche gehalten wird. Momentan löst sich selbst die letzte Form der Verweigerung, das nur »taktische« Mitmachen, auf. In London, so erzählte mir Linton Kwesi Johnson, hat heute jeder Raggamuffin zwei Jobs. Die Zeiten, wo die ganze Posse den lieben langen Tag an der Ecke herumlungerte, sind vorbei. Um die erträumten Konsumgüter finanzieren zu können, ist man sogar bereit, bei McDonalds die Klos zu putzen – für einen stolzen Raggamuffin noch vor wenigen Jahren eine Undenkbarkeit.
Mit der Säkularisierung hat sich auch das Outfit in mehreren Schüben verändert: Zunächst fielen die Dreadlocks (etwa bei Sly & Robbie, Daddy Freddy, Steel Pulse) oder sie wurden, wie heute noch bei Aswad oder Maxi Priest zu sehen, als Designer-Dreads zu teuren Klamotten getragen. Linval Thompson hielt damals mit dem Song »Don't Cut Off Your Dreadlocks« dagegen. Vergebens, jetzt wurden sogar die biblischen Namen abgelegt, etwa von Joseph Cotton, der sich früher Jah Walton genannt hatte.
In der Anfangszeit schlug das Pendel besonders weit in die entgegengesetzte Richtung: der pralle Raggamuffin-Goldschmuck – in stagnierenden Verhältnissen seit jeher wichtiges Symbol – wurde Mitte der 80er Jahre zum Vorbild der amerikanischen Rapper.

Raggamuffin – Charakterbild einer Subkultur

Wenn über auswärtige Gebräuche berichtet wird, erscheint oft schon durch die genaue Beschreibung, die man in der eigenen Lebensumwelt selten anstellt, der betrachtete Gegenstand exotischer als er in Wirklichkeit ist. Würde man mit einem ähnlichen exotischen (Fan-)Blick die Aufführungsmuster des Mainzer Karnevals oder einer Techno-Großveranstaltung beschreiben, so würde sich der ethnologische Unterton schnell einstellen. Vor übertriebenen Darstellungen des »Anderen« als total anderes sei daher gewarnt. Die Handlung spielt in Gegenden mit Jet-Anschluß und die meisten Jamaikaner haben mehr von der Welt gesehen als deutsche Österreich-Urlauber.

Was in den 60er Jahren die von Bob Marley auf »Simmer Down« verherrlichten Rude Boys waren, waren in den 80er Jahren die Raggamuffins (ein uraltes Patois-Schimpfwort für Grabräuber). Horace Andy und Tapper Zuckie haben 1981 mit der Single »Raggamuffin« einer bereits existierenden Szene einen Namen gegeben. Der junge Sänger Half Pint schrieb dann 1985 die wunderbare Hymne »Greetings To All Raggamuffins«. Vor dem Hintergrund des momentanen weltweiten kommerziellen Erfolges des Dance Hall Reggae zeigt diese Szene als Subkultur inzwischen deutliche Auflösungserscheinungen, sie wird jedoch von der Musikindustrie als Markenartikel rekonstruiert. Die Raggamuffins sind vorwiegend männliche junge Lower Class Blacks. Die wenigen »Raggamuffin Girls« (so hieß 1988 auch ein Hit von Peter Hunnigale & Tipper Irie), die sich durch viel Schminke und sexy Madonna-Bustiers äußerlich erheblich von der naturverbundenen Rasta Queen vergangener Tage unterscheiden, bleiben trotzdem in einer untergeordneten Position.

Raggamuffins bewegen sich in den von ihnen vorgefundenen unerfreulichen Lebensverhältnissen grundsätzlich mit *Stil* und Cleverness und fühlen sich in dieser Rolle groß. Einerseits angepaßt gegenüber den gängigen Normen, andererseits vernarrt in Style & Fashion und daher rund um die Uhr mit dem Problem beschäftigt, wie man, möglichst ohne für andere den Laufburschen zu machen, zu dem nötigen Kleingeld kommt. Die Leitfiguren der Raggamuffins – wir reden hier von den von ihnen selbst propagierten Stereotypen – sind in der Regel nicht professionelle Gangster, Drug Barons und Zuhälter. Zwar wird, wie die Künstlernamen Ranking Joe, Ranking Dread etc. zeigen, auch der das Viertel kontrollierende »Rankin« (»Yardie« in New York und London) verehrt und ist auch die Heroisierung des »Gun Talk« ein beliebtes Thema von Toastern wie Cutty Ranks, Buju Banton oder Ninjaman (abzulesen auch an Titeln wie »Killing A Soundboy« oder Pseudonymen wie Josey Wales), aber dem Selbst-

Heimat Babylon

Noch Ende der 70er Jahre überwog in den Reggaetexten die Einstellung, daß Jamaika integraler Bestandteil des kapitalistischen »Babylon« sei: Der Ort, der die Leiden der Sklaverei repräsentiert, das »System«, das vermittels einer auf Geld und Privateigentum beruhenden Ökonomie Psyche, Moral und Reproduktionszusammenhänge zerstört. Nachdem jedoch die Idee einer physischen Rückkkehr nach Afrika an Popularität verloren hatte und auf einen spirituellen Afrozentrismus reduziert wurde, stand der positiven Bezugnahme auf die gegebenen Verhältnisse nichts mehr im Wege. »Proud about Jamaica« wurde zur Losung eines neuen nationalistischen Heimatkultes. Der Begriff »Heimat« verlor plötzlich den Beigeschmack von Unterdrückung, Anpassung und Provinzialismus. Statt dessen geriet er in die assoziative Nachbarschaft von Geborgenheit, unzerstörter Natur und vertrauten Moralvorstellungen. Auch die utopische »Back To Africa«-Idee war ein Heimatbild, aber damals war man noch nicht bereit, auch Wellblechhütten und Rassismus in die Harmonievorstellung zu integrieren. Afrika war das Land, in dem Milch und Honig fließt. Die konservative Idealisierung von »Heimat« spielte Ende der 80er Jahre im Dance Hall Reggae eine große Rolle. Admiral Bailey, damals der tonangebende Fast Toaster, führte mit »No One Better Than Yard« die Charts an. Seine Naturmetaphern könnten von Ganghofers »Edelweißkönig« stammen: »Oben in den Bergen / wo der Fluß so kühl ist / schwimmen die Leute im Wasser / Drei Ziegen und drei Widder / Plantagen mit Bananen und Yam / Wenn Du mich fragst, Gott / Nirgends ist es schöner als zuhause«. Ganz ähnlichen Heimatkitsch verzapften die Deejays Macka B (»Love It Jamaika«), Josie Wales (»Water Come In Mi Eye«), Brigadier Jerry (»Jamaica, Jamaica«) und Coco Tea (»Jamaica Sweet«).

bild näher ist die Figur des »Hustlers«, des kleinen opportunistischen Glücksritters, der zwar nicht immer ein »Crimestopper« ist, der aber mit den Gunmen und Crackdealern nichts zu tun haben will (»Mi nah miss mi gun ca' me never born with it« toastete Bibow auf »Gun Hawk« 1992 in Patois), der daher mit diesem und jenem dealt, meistens aber abgebrannt ist und deshalb vor allem eines hat: Zeit zum Abhängen bei einem der unzähligen Sound Systems. Der authentische Raggamuffin ist immer »rough and ready« für spontane Aktivitäten, und er ist überzeugt, jede Situation meistern zu können. Das Phänomen Raggamuffin ist nicht mit Armut und Lohnarbeitslosigkeit zu erklären. Raggamuffin ist eine Haltung, ein Lebensstil, die Antithese zu dem »schwarzen« Yuppie mit dem Portable Phone (kurz »Buppie« oder auch »Boops«/»Sugar Daddy« genannt, wenn er eine Geliebte aushält), und darin den Rastas und Reggae Boys der Roots Reggae-Zeit ähnlich. Die Aversion gegen die Buppies (ein vor allem für die 80er Jahre typischer Sozialcharakter) eint, auch wenn der Raggamuffin-Dandy selbst teure Clarke's trägt, die verschiedenen Rebellengenerationen ebenso wie die Warnung vor dem Ozonloch und chemischen Konservierungsstoffen. Es sind dies die Stichworte, die von »Bewußtsein« zeugen sollen, vom letztendlichen Festhalten an »Roots & Culture«. Zu diesem Szene-Code – es ist, wohlgemerkt, nicht ein Code »der Schwarzen« – gehört auch eine spezielle Sprechweise der Parodie und Selbstironie (Raggamuffins haben mehr Humour als Rapper) sowie eine Praxis sophistischer und alltagsdemagogischer Umdeutungen nach dem Muster: »Raggamuffin ist eine schwarze Subkultur, also laß die Finger von dem weißen Kokain.«

Im Unterschied zum HipHop hält man mit einem Stapel Raggamuffin-Platten kein Lexikon über die soziale Realität und das, was über sie gedacht wird, in den Händen. Hier wird kein Polizeifunk gesamplet, kein »Fuck The Police« getoastet und kaum etwas über die Regierung gesagt. Andererseits wirkt die Entpolitisierung auch dahin, daß nationalistische Töne von »Identität« und »Roots« momentan keine besonders große Rolle spielen, was sich jedoch auch schnell wieder ändern kann. 1991 lösten Songs wie »Love Mih Brownin'«, »Love Black Woman« (beide Buju Banton) oder »Them A

Bleach« (Nardo Ranks) einen öffentlichen Streit darüber aus, wie hell oder dunkel die Hautfarbe der idealen Frau sein sollte, wobei die Black Awareness-Toaster ihre Abneigung gegen »light-skinned women« formulierten. (Auch in der Politik werden, seit Parcival James Patterson die Führung der regierenden People's National Party übernommen hat, soziale Themen häufiger durch nationalistische Parolen ersetzt). Die meisten Texte drehen sich um die Dance Hall-Nächte, um das männliche, heterosexuelle Habenwollen (Slackness), um Konkurrenz zwischen den DJs, den Tanz und den Sound und nicht zuletzt um das Spiel der Zeichen, um Mode und Moral: Auf Jamaica kommt es vor, daß sich über Monate hinweg die meisten Singleveröffentlichungen um die Frage »Hot Pants oder Leggings?« drehen (Joseph Stepper »Pum Pum Shorts«, Sweetie Irie »Leggings«, Peter Metro »Stop Walk Nacked«) oder von Perücken handeln (General Levy »Wig«, Nardo Ranks »Is It Real?«).

Gelegentlich mahnt ein Toaster dazu, Gott und Umwelt nicht zu vergessen, während ein anderer seine Sympathien für die Selbstjustiz in Verse faßt. Das sind die »facts of life«, die heute als solche gelten. Auch wenn die Inflation das karge Einkommen dahinschmelzen läßt – zum Thema wird das nur, wenn es dazu gemacht wird. Die beliebte, auf die »black oral tradition« abhebende Vorstellung, wonach die Texte der Ragga-Toaster so etwas wie eine Tageszeitung oder Reality TV (früher hätte man »Buschtrommel« gesagt) »der Schwarzen« wären, findet im Dance Hall Reggae keine Anhaltspunkte. Es geht hier um die Musik einer jugendlichen Minderheit, die keineswegs die »Meinung des Volkes« repräsentiert (was, wäre es so, nicht viel wäre), sondern ihre eigene sinnhafte Interpretation der Dinge ausdrückt.

Raggamuffin im deutschen Wohnzimmer

Die Sampler, auf denen Ende der 80er Jahre Londoner oder Kingstoner Reggaelabels die obskuren Ragga-Singles zusammenfaßten und zum Beispiel nach Westdeutschland exportierten, mußten auf Uneingeweihte mehr als befremdlich wirken. Diese Musik war zum Tanzen weder geeignet noch überhaupt dazu gemacht und auf Album-Länge für Unvorbereitete sicherlich auch nicht der Hörgenuß, der normalerweise von einer LP erwartet wird. Ein Ragga MC ist nun mal ein »Bubbler«, ein Possenreißer und Imitator. Von seinen Konkurrenten unterscheidet er sich durch größere Schlagfertigkeit, einem speziellen Sprechrhythmus, besonderen Lautmalereien und pointierteren Texten. Daraus resultiert das Problem, daß Ragga Toaster, insbesondere wenn man die Sprache, und somit Witz und Ironie, nicht versteht, eine LP-Länge selten gut überstehen. Wenn die Sound System-Atmosphäre fehlt, sind Raggamuffin-Alben, erst recht solche von Einzelkünstlern, schnell eine nervige Angelegenheit. Die beliebte Stop & Go-Technik mit allen ihren »Break It Up«-Rufen und »Rewinds« ist ja das schiere Gegenteil eines flüssigen Funkbeats und somit für normale Clubs völlig ungeeignet. Dieser computerisierte Fast Style Reggae widersetzte sich bis vor kurzem noch strukturell einer internationalen Vermarktung. Um die Pointe dieser Platten überhaupt begreifen zu können, hätte es solider Informationen über die Sound System-Kultur bedurft. Da es diese nicht gab, endeten die ersten Begegnungen zwischen Fast Style Reggae und neugierig gewordenen westdeutschen Konsumenten meistens enttäuschend.

Die nachdrücklichsten Versuche, dem jamaikanischen Dance Hall Fever ein internationales Publikum zu verschaffen und ihn somit auch ökonomisch profitabel zu machen – Jamaika lebt vom Reggaeexport wie andere Länder vom Rohrzuckerverkauf – gingen entweder von Musikern aus, die sich ohnehin auf internationalem Parkett bewegten oder von den etablierten Reggae Produzenten. Während im HipHop eine ausgedehnte Kultur der Bedroom-Produktion existiert, wird Dance Hall Reggae auch weiterhin von einflußreichen Produzenten kontrolliert. Sie besitzen die teuren Produktionsmittel, sind vor Ort wichtige Arbeitgeber (zumal sie meist Studio und Sound System gleichzeitig besitzen) und produzieren in Serie die Basis Tracks, über die sie möglichst viele talentierte arme Freelancer toasten und singen lassen.

Niemals seit den großen Tagen von Jimmy Cliff und Desmond Dekker war die Jamaican popular music so präsent wie heute. Für den diesem Erfolg vorausgegangenen, jahrelangen Prozeß der Einpassung der so lange selbstgenügsam existierenden Dance Hall-Stile in den Popkontext waren nicht nur ökonomische Interessen entscheidend. Abgesehen davon, daß

Reggae immer im Austausch mit der amerikanischen Black Music stand – auf Jamaica werden amerikanische Radiostationen gehört und viele Frauen und Männer leben als Arbeitsimmigranten auf Zeit oder auf Dauer in den USA – fanden viele Westinder den kulturellen Rahmen von R 'N' B, Soul, Funk und HipHop immer schon glamouröser als das karibische Leben. In London wachsen die jungen Westinder sozusagen bikulturell auf. Da sie sich aber mit britischem Rock und Pop nicht richtig identifizieren können und wollen (zumal es dort sie ausschließende Momente gibt), bleibt vor allem die amerikanische »Black Music« eine wichtige Alternative zum Reggae, der sein Dritte Welt-Image nun mal nicht abstreifen kann. Vor einigen Jahren noch wurden jamaikanische Toaster auf den Plattencovern auf Eseln sitzend abgebildet, und auf der Single »Kolo-Ko« von Clement Irie ist gesampletes Hühnergegacker zu hören – Hühner sind dort das wichtigste private Kleinvieh. Fast die Hälfte der heute in England lebenden Westinder sind auch in diesem Land geboren. Wer sich also in London als »black british« versteht (Mutabarukas »It nuh good fe stay inna white man country too long« ist kein Thema mehr) oder in New York hip sein will, möchte nicht unbedingt als »country boy« gelten. Wie nachhaltig dieser Wunsch ist, zeigt der Umstand, daß junge Westinder in beiden Metropolen heute kein Patois mehr sprechen mögen, den jamaikanischen »Dialekt«, auf den die »schwarze« 68er Generation so stolz war.

Wicked In Bed

Der Amoklauf heterosexueller Männer

»Dem Bow! Dem Bow!« rufen hunderte Frauen im Chor. Shabba Ranks is rocking the venue! »Bow Cat« ist die jamaikanische Bezeichnung für oralen Sex und Shabba fragt die Frauen im Publikum, was sie davon halten: »Hol' up your han' if you now say you don't bow«. Der ehemalige Ingenieurstudent Renton Gordon, seit 1980 unter dem Pseudonym Shabba Ranks aktiv, hatte 1989 mit »Wicked In Bed« seinen ersten internationalen Hit. Seither gilt: Shabba Rules The Dance Hall. Mit seinem Dreijahresvertrag (1991-1993) mit Sony ist er der erfolgreichste Reggae-Popstar seit Bob Marley und der am meisten nachgefragte Gast-Toaster. Mit ihm brach Raggamuffin Reggae zum Overground durch. Shabba Ranks hat alle seine Konkurrenten überrundet: Während Tiger (1987 »King Of The Deejays«) heroinabhängig wurde, Ninjaman (The Prince Of Badness) bewaffnete Gangs glorifizierte und Supercat (New Yorks Hottest Ragga Talker) im Juli 1991 seinen Kollegen Nitty Gritty erschoss, konnte sich Shabba Ranks (dicht gefolgt von zwei Toastern mit ganz gegensätzlichem Images – Buju Banton und Shaggy) als Integrationsfigur etablieren, die »Gun Lyrics«, »Coke Pusher«, aber auch »Batty Boys« (Schwule) ablehnt und nur eine Schwäche hat, die alle verstehen – Frauen.

Shabba Ranks verkörpert einen ruppigen Durchsetzungswillen und einen nach außen gekehrten pragmatisch kalkulierten »Materialismus«. Er ist »stylish« (mit persönlichem Designer), seine auf rauh gestellte Männerstimme, seine X-rated Lyrics und seine unzweideutigen Fick-Bewegungen gelten als sexy. Zum »Ranks Of All Ranks« im internationalen Maßstab wurde er aber auch, weil seine Aufnahmen, bevor sie das breite Publikum erreichen, konsequenter als bei anderen durch die große Remix-Maschine gejagt werden, um sie auf Metropolen-Standard zu bringen.

Der Boom mehr oder weniger pornografischer Texte, der sogenannten Slackness Lyrics, setzte im Reggae mit der politischen Zensur der Seaga-Regierung Anfang der 80er Jahre ein.

Die öffentliche Rede über Sex, nahezu ausschließlich aus der Perspektive heterosexueller Männer, gab es schon vor dieser Zeit. Mit der Verdrängung jeder kritischen Aussage wurde die Slackness jedoch konkurrenzlos. Heute ist sie ergänzender Gegenpol der Toaster zu den auf Romantik spezialisierten Dance Hall Sängern. Viele der Texte sind nur vor dem Hintergrund einer sehr viktorianisch-konservativen karibischen Moral umstritten, aber bekanntlich sind ja gerade die sexualitätsfeindlichen, repressiven Reglements dafür verantwortlich zu machen, wenn sexuelles Begehren herabsetzende Formen annimmt. Auf Jamaika und auch in London werden Reggaeplatten mit »sexual explicit material« manchmal kontrovers diskutiert, und auch schon mal aus dem Programm verbannt, etwa Simpletons Titel »I Na See«, den der »schwarze« Londoner Sender WNK, eine legalisierte Reggaepiratenstation mit der Begründung nicht spielte, daß modernen und emanzipierten »schwarzen« Frauen in England bestimmte Phantasien jamaikanischer Männer nicht mehr zuzumuten seien. Die Potenzprotzerei der Toaster, manchmal auch mit selbstironischem Unterton vorgetragen, liegt im Durchschnitt auf der Ebene deutscher Wirtshauszoten. Zu dieser Schrumpfform der »oral history« zählt auch die im Raggamuffin beliebte Wendung »Give Me Punanny« (Punanny = Möse). Der darin unübersehbar zum Ausdruck kommende emotionale Reduktionismus einer sich allmächtig fühlenden Männlichkeit und der Verlust von Erotik und Genußfähigkeit hat mit dem Verschwinden aller gesellschaftlichen Alternativen aus dem öffentlichen Diskurs zu tun. Immerhin sind auf Jamaika die sozialen Verbindlichkeiten momentan noch so, daß dort, anders als in Teilen des HipHop, weder »woman« und »bitch« als Synonyme verwendet werden, noch in den bekannteren Titeln angedeutet wird, daß man das sexuelle Begehren mit Gewalt realisieren will. Das Schlimmste verhindert da wohl immer noch die Autorität der karibischen Großmütter, die dort die meisten Kinder aufziehen.

Raggamuffin Reggae ist eine male dominated world, was im Pop mit Sicherheit nicht einzigartig ist, aber der hier gepflegte Machismo zeigt seine Geringschätzung von Frauen offener, ist unmittelbarer und triumphierender als jener Durchschnittsmachismo in den Metropolen, der bereits mit den Ar-

gumenten von Frauenbewegung und Feminismus in Berührung kam und sich entsprechend »verfeinert« hat, und der deshalb auch manchmal heimlich fasziniert ist von der anderen Variante, von der er glaubt, daß sie die »natürlichere« sei. In Wirklichkeit ist jener aber überhaupt nicht »naiv« oder »natürlich«, sondern fest eingebunden im katholischen und anglikanischen Fundamentalismus wie auch in einem extrem konservativen »cultural pride nationalism«, in dessen Mittelpunkt fraglos der Black Man steht. Die Schriftstellerin und »Womanistin« Alice Walker, deren jüngstes Buch »Possessing The Street Of Joy« wiederholt als »antiafrikanisches Machwerk« abgetan wurde, weil sie dort die Klitorisbeschneidung in Afrika kritisiert, bezeichnet ihre Kritiker dann auch als »macho pan-Africanists«. Das Ausmaß der patriarchalischen Dominanz wird auch daran deutlich, daß jamaikanische Feministinnen oft keinen anderen Weg sehen als die Auswanderung nach Toronto oder London, oder daß eine in London lebende alleinstehende afrokaribische Lehrerin trotz großen Heimwehs normalerweise nicht zurückkehren wird, weil sie dort als »zu emanzipiert« zurückgewiesen würde. Während jedoch die Beschneidung weiblicher Lebenschancen von heterosexuellen Frauen im Alltag normalerweise (also nicht immer!) nach den lautlosen Regeln des »stummen Zwanges« abläuft, ruft man öffentlich zur Treibjagd auf Schwule auf.
»God Almighty himself hates homosexuals. In Jamaica, if a homosexual is being found in the community, then we stone him to death.« (Shabba Ranks) Zur männerbündischen Gesellschaft gehört unvermeidlich die Diskriminierung von Lesben (das sind im Zweifelsfall alle Frauen, die Männern widersprechen und alle Feministinnen sowieso) und Schwulen (im Zweifelsfall alle weniger offensiven Männer), die in letzter Konsequenz auf gewaltsame Angriffe hinausläuft, die von einem regelrechten »Antigay Reggae« gerechtfertigt werden (die Musik der »black homosexuals« ist deshalb auch nicht Raggamuffin und HipHip, sondern House). Der Toaster Buju Banton (bürgerlich: Mark Myrie), der, nachdem er mit einer scharfen Waffe bei einem Konzert in die Luft ballerte, eine zweijährige Bewährungsstrafe erhielt, erreichte im September 1992 mit »Boom By By« den Spitzenplatz der Reggaecharts. Diese Single endet mit einer Morddrohung gegen

Lesben und Schwule: »Send for the automatic Uzi. Shoot them now come let me shot them.« Black Gay Groups und Black Lesbians zwischen London und New York sprachen von »Hate Music«, verklagten die Plattenimporteure und organisierten über schwarze Radiostationen, Piratenradios und Zeitungen eine Debatte. (Gegen solche Selbstverteidigungsmaßnahmen wird gelegentlich der Vorwurf von Censorship erhoben). »In welcher inneren Verfassung muß sich wohl unsere Community befinden«, so fragte zum Beispiel die New Yorker Organisation »Gay Men Of African Descent«, »wenn tausende junge Männer in die Läden rennen, um sich eine solche Platte zu kaufen, deren wahnsinnige »homophobia« genauso funktioniert wie der Rassismus?«
Von allen karibischen Ländern spielt auf Jamaika eine ausgeprägt militante Zwangsheterosexualität und Homophobie die größte Rolle. Auswanderer tragen sie dann auch in die westindischen Enklaven von London und in die »schwarzen« Wohngebiete New Yorks, wo sie allerdings auf den militanten Widerstand der »post modern African-American Homosexuals« (»I'm black, I'm gay, I'm proud ...«) stoßen. Daß männliche Schwule (»batty boys«) ermordet und lesbische Frauen (»zombie queens«) brutal gedemütigt werden, ist auf Jamaika nicht nur keine Seltenheit, sondern es gehört bei der »Raw & Wild«-Fraktion des Dance Hall-Publikums (jenen, die z.B. bei Konzerten in die Luft schießen und dazu »BOOyahka« skandieren) zum guten Ton, sich mit Angriffen auf wirkliche und vermeintliche Schwule zu brüsten. Entsprechend sprachlos waren dann auch Buju Banton und Shabba Ranks, als sie in England und in den USA von Konzerten und Talk Shows ausgeschlossen wurden und sich »schwarze« House-Sängerinnen unter Hinweis auf die schwulen KünstlerInnen in ihren Szenen von ihnen distanzierten. Während Banton nichts zurücknehmen wollte, rang sich Shabba Ranks zu einem Dementi durch, das in kritischeren amerikanischen Black Community-Zeitungen wie »Village Voice« unter der ironischen Headline »Shabba turns politically correct!« veröffentlicht wurde: »Meine Kommentare über Homosexuelle waren mißverständlich, weil sie als Aufruf zur Gewalt verstanden werden könnten. Wegen seiner sexuellen Orientierung sollte niemand angegriffen oder getötet werden.«[10]

Raggamuffin HipHop

HipHop Reggae und Raggamuffin HipHop sind in den USA die konsequente Fortsetzung der widerspruchsvollen Funk Reggae Connection der frühen 70er Jahre. Aus der Perspektive von Trenchtown (Jamaika) ist diese Musik vor allem eine Stilvariante, die den Zugang zum amerikanischen Markt erleichtert. Für die Londoner Black Community hingegen markiert der Einbruch des HipHop das Ende eines inneren politisch-kulturellen Konsensus über die anzustrebende Stellung in der britischen Gesellschaft.

Eine der ersten Verbindungen zwischen Rap und Reggae auf Vinyl versuchte 1979 Joe Gibs mit seiner Cover-Version des Sugar Hill Gang-Titels »Rappers Delight«. Diese Verbindung lag damals einfach in der Luft, und die Frage war eigentlich nur, ob New York oder London den ersten Schritt machen würde? In beiden Städten gibt es große westindische Communities. In New York leben eine Million karibischer Immigranten, von denen etwa die Hälfte aus den englischsprachigen Ländern kommt. In London leben etwa 400.000 Westinder. Die meisten sind Afro-Caribbeans (die anderen sind Asian-Caribbeans), von denen 50% in England geboren und aufgewachsen sind. Die karibischen Immigranten wurden in den USA mit einer vollkommen anderen Situation konfrontiert als in England. Als sie als »freie Bürger« eines anderen Staates in den 20ern, den 60ern und in den 70er Jahren in den USA ankamen, gab es dort immerhin schon Millionen Afroamerikaner, deren Erfahrungen, Auffassungen und kulturelle Ausdrucksformen in einer vierhundertjährigen Auseinandersetzung mit dem »weißen Amerika« geformt wurden. Mit dieser Mehrheit, die oft nicht verstehen wollte, wieso sich »Schwarze« auch noch freiwillig nach Amerika begeben und die in den häufig besser ausgebildeten Westindern auch Konkurrenten sah, hatten sich die Einwanderer zu arrangieren. Von ihnen hatten sie gefälligst Blues, Jazz, R & B, Soul und Funk zu übernehmen. Als der Reggae aus Jamaika kam, blieben die Afroamerikaner betont reserviert. Sie bevorzugten im

Zweifelsfall den »elegant style« einer schillernden Dancefloor-Musik gegenüber dem »Dritte Welt«-Image des Roots Reggae. Auch die religiöse Orientierung der Afroamerikaner – christlich die Integrationisten und muslimisch die Separatisten – war mit dem karibischen Rastafarismus genauso wenig vereinbar wie das Design einer Diana Ross mit dem einer rootsigen »Africa Woman«. Vor diesem Hintergrund war Reggae in den USA, soweit er über die westindischen Enklaven hinaus wirkte, lange Zeit nur ein Thema für »weiße« Alternativszenen. Unter »Schwarzen« standen amerikanische »Black Music« und karibischer Reggae für verschiedene Interpretationsmöglichkeiten unterschiedlicher Erfahrungen. Ob HipHop oder Reggae, HipHop Reggae oder Raggamuffin HipHop – das war immer auch eine Frage der Interpretationshegemonie. Auch wo der Konflikt durch Berufung auf die gemeinsamen afrikanischen Roots relativiert wird, gehen die Gegensätze nicht verloren.

In England war alles ganz anders. Die karibischen Wanderarbeiter waren von einem England, dem es nach dem 2.Weltkrieg an billigen Arbeitskräften mangelte, förmlich zur Einwanderung eingeladen worden. Sie hatten nicht damit gerechnet, daß sie dort rassistischen Schikanen ausgesetzt sein könnten und in Viertel wie Brixton und Notting Hill abgeschoben werden würden. Doch in ihrem Abwehrkampf waren sie auf sich allein gestellt. Die Einwanderer importierten den Calypso (später Soca) und die Steelbands aus Trinidad sowie Ska und Reggae aus Jamaika. Aus Trinidad kamen die »schwarzen« Marxisten, während aus Jamaika ein ganzes Dutzend konkurrierender Kirchen mitgebracht wurden. Unter dem Druck rassistischer Übergriffe gründeten sich gemeinsame Dachverbände. Anfang der 70er Jahre wurde dann der Notting Hill Carnival ins Leben gerufen – als Verbindung der kulturellen Traditionen der gesamten Karibik.

Der von Jamaika ausgehende Siegeszug des Reggae traf im England der 70er Jahre auf keinerlei Vorbehalte. Auch britische Working Class Youngsters kamen, vorbereitet durch Ska, mit Reggae gut zurecht. So kam es dann, daß die Reggae-Kultur in England, vor allem in London, viel verzweigter war und viel tiefere Wurzeln schlagen konnte als in den USA. Reggae wurde sogar fester Bestandteil britischer Popmusik

und schließlich ebenso britisches Exportgut wie Soul und Funk amerikanische Exportartikel sind.
Aus der HipHop-Perspektive waren Jamaika und London lange uneinnehmbare Bastionen. Jamaika lebt vom Reggae-Export, und so sahen die Toaster eigentlich keinen Grund, sich mit der Bronx-Jugend auf deren ureigenem Terrain zu messen. Auch in London wollte man lange Zeit mit Rap nichts zu tun haben. Reggae war über Jahre hinweg der Sound dieser Community und mit deren Geschichte unauflösbar verbunden. Das erste große HipHop-Festival fand in London erst 1984 statt – organisiert von dem »weißen« DJ Tim Westwood. Der Widerstand der britischen Black Community gegen das Eindringen der amerikanischen Ghetto-Kultur war so stark, daß sich HipHop nur im Gewande eines Generationenkonfliktes durchsetzten konnte, wobei schon die westindische 68er Generation zu den »Alten« zählte. In London existierte bis dahin Konsens über einen gemäßigten, auf die britischen Verhältnisse genau zugeschnittenen »schwarzen« Nationalismus. Die radikalnationalistischen Parolen wie auch die Gangster-Attitüde, die da aus der Bronx kamen, wurden als Bedrohung für die innere Stabilität der Community empfunden. Tatsächlich ist es kein Zufall, daß HipHop in London erst zur Musik afrokaribischer Kids werden konnte, als sich nach der Niederschlagung des großen Bergarbeiterstreiks und dem wiederholten Wahlsieg der Konservativen eine allgemeine Niedergeschlagenheit ausgebreitet hatte. HipHop und Raggamuffin HipHop leiteten in England auch eine neue »schwarz/weiße« Begegnung ein. Für viele junge Westinder, die sich inzwischen als »Black British« definieren (also nicht in die Karibik zurückwollen), stehen beide Genres für einen »schwarzen« Inter-Nationalismus, der die soziale Konstruktion einer »schwarzen Rasse« verfestigt und zum Beispiel in britischen Dancefloor-Subkulturen, mit der Ausnahme House, die Separation verstärkt.

Karo-Modell, Respekt-Modell und fashionable Ethno-Militanz

Die Ska-Bewegung war in England der vorerst letzte Versuch, eine neue aktionsbezogenen Unmittelbarkeit zwischen »schwarzen« und »weißen« Kids herzustellen. Wenn man erst einmal gemeinsam seinen Spaß hat, so die offen ausgesprochene Hoffnung, dann wäre alles so einfach wie die überall angebrachten schwarz/weißen Karos. Doch für das Karo-Modell war es irgendwann zu spät. Reggae beinhaltete ab Mitte der 70er Jahre bereits die Absage an jede Konsenslösung und verkündete den innerlichen Auszug aus Babylon. Die bedrohlich düsteren Afterbeats, die jetzt aus allen Läden wummerten, waren so etwas wie eine Geheimsprache einer enger zusammenrückenden Community. Für viele »weiße« Ska- und Early Reggae-Fans war diese offensive Umkehrung der Ausgrenzungspraxis nicht mehr nachvollziehbar. In dieser Zeit gingen unzählige »schwarz-weiße« Nachbarschaftsfreundschaften in die Brüche. Die individuelle Einstellung zum Rassismus verlor fast jede Bedeutung. Kontakte wurden jetzt auf die diplomatische Ebene kollektiver »Bündnisse« gehoben. Die »Punky Reggae Party« war die erste Begegnung der neuen Art; die Punks hatten sich auf den umgekehrten Separatismus eingestellt. Es war die Geburtsstunde jenes neuzeitlichen »Respekts« vor der »Differenz«, der jede gegenseitige Kritik grundsätzlich ausschloß. Auf der gleichen Ebene respektierten »Schwarze« damals auch die Punks. Ska und die Punky Reggae Party sind zwei unterschiedliche historische Gestalten der »schwarz/weißen« Begegnung in England. Vordergründig sind die Beziehungen zwischen »Schwarzen« und »Weißen« heute recht pragmatisch. Doch dahinter steht, und das zeigt der Zulauf westindischer Kids zum HipHop, der Boom des Modells »Identität«, das in der extravaganten »Ethno-Militanz« der fashionable funk'n'rap scene seinen Pop-Ausdruck findet.

Britischer HipHop war bis Mitte der 80er Jahre ein »schwarz-weißes« subkulturelles Gemeinschaftsprojekt. Die herausragende Rolle, die »weiße« DJs und Produzenten wie Tim Westwood oder Simon Harris heute noch in dieser Szene spielen, geht auf die Anfangstage zurück, in denen »Hautfarbe« bei der Begeisterung für US-Rap noch keine Rolle spielte. Der Trend zur Ethno-Militanz hat inzwischen dazu geführt, daß Leute wie Westwood oder der Reggae DJ Rodigan als »Ausbeuter der Black Music« denunziert werden (auch in anonymen Flugblättern, was von den Black Community-Zeitungen scharf verurteilt wurde), und daß »weiße« Rapper,

selbst wenn sie »gemischten« Crews angehören, ausgebuht werden. Vor diesem Hintergrund spalten sich immer wieder Subkulturen nach »ethnischen« Kriterien. Viele karibische Kids, für die HipHop auch nur ein Importprodukt ist, sind wild entschlossen, die US-Rapper zu kopieren und deren Rhetorik, die schon unter US-Verhältnissen oft fragwürdig ist, ohne Abstriche auf die britischen Verhältnisse zu übertragen. Die Zahl »weißer« B-Boys auf den Rap-Konzerten geht Jahr für Jahr zurück und liegt inzwischen oft bei etwa 1 Prozent des Publikums.
Demgegenüber geben Rapper wie Roodie Rock (die Eltern kommen aus Grenada) und Bionic (Mutter aus Westafrika, Vater aus Jamaika) von der HipHop-Reggae Gruppe London Posse dem britischen Rap keine Chance, wenn er nicht eigene Themen und Stile entwickelt: »Die Parolen der US-Rapper passen nicht zu unserer Realität. Die wenigen schwarzen Wohngebiete sind mit den amerikanischen Ghettos nicht zu vergleichen. Wir kamen nicht als Sklaven in dieses Land und hier wurden in den 60er Jahren auch keine Schwarzen gelyncht. Über Separatismus mag man denken, was man will, aber angesichts der geringen Zahl von Schwarzen in diesem Land ist die Forderung einfach grotesk. Die britischen Westinder schwenken beim Cricket Match UK-Jamaica im Zweifelsfall den Union Jack.«
Obwohl auch in verschiedenen Londoner Stadtteilen »multiethnische« Subkulturen existieren (häufiger im Subgenre Dancefloor-Jazz als im HipHop), erweisen sich solche Zusammenhänge als latent instabil. Ganz anders ist das, und dies gilt auch für die USA, in den Provinzstädten. Zum Beispiel in Bristol. Im Zentrum von Bristol wuchern Bürohäuser und Einkaufszentren und verdrängen dabei den billigen Wohnraum sowie billige Pubs, Clubs und Studios. Zwischen den einzelnen Investitionsschüben setzen sich in den bereits in Auflösung befindlichen Wohngebietsresten soziale Outbounds und Subkulturen fest: Rentner, Lohnarbeitslose, Punks, Rastas, House-, Soul- und Rap-Freaks. Bis zur nächsten Räumung. Eines dieser Stadtviertel ist St. Pauls. Hier haben Smith & Mighty ihr Studio, und hier lebt auch Daddy Gee von Massive Attack. St. Pauls, dessen Black Community nur 3000 Personen umfaßt, war bereits dreimal das Ziel mas-

siver Polizeiattacken – 1980, 1986 und 1987. Beim letzten Überfall riegelten 600 Polizisten das ganze Viertel ab und verhafteten die halbe Szene unter der Beschuldigung, an Drogenhandel, Straßenraub und Prostitution beteiligt zu sein. Die Szene weiß natürlich, daß sich die permanente Belagerung in Wirklichkeit gegen ihre alternative Lebensweise richtet. Hier leben »weiße« und »schwarze« Jugendliche enger zusammen, als dies in London der Fall ist. In St. Pauls haben die Anhänger der verschiedenen Musikrichtungen wirklich miteinander zu tun. Dancefloor-Produzenten wie Rob Smith oder hippe Club Soul-Macher wie Nellee Hooper haben früher in Punk-Bands und dann in Reggae-Bands gespielt. Wie sehr diese St. Pauls-Atmosphäre den persönlichen und musikalischen Werdegang etwa der Mitglieder der Rap-Gruppe Massive Attack prägte, wird besonders an deren Rapper Robert 3-D Del Naja deutlich, einem »weißen« Linken der Punk-Generation. Niemand hat ein Problem damit, daß er der offizielle Sprecher der Gruppe ist – er hat einfach die längste Erfahrung und unüberhörbar auch eine politische Schulung. Vom Auftreten über die strikte Independent-Position bis hin zur Kleidung wirken Massive Attack wie eine Posse von Autonomen aus der Amsterdamer Hausbesetzerszene. Hier gibt es keine Spur von Black Awareness-Attitüde.

Der Fusion von HipHop und Reggae zum gemeinsamen Subgenre kommt heute die Funktion zu, sowohl den Diskurs als auch die Fortsetzung der jeweiligen Eigenständigkeit zu sichern. HipHop konnte Reggae nicht verdrängen. Den Raggamuffins ist es gelungen, sich die technologischen Innovationen des HipHop nutzbar zu machen und zeitgemäße Stile zu entwickeln, die auch die HipHop-Szene beeindrucken. Beide Seiten haben im »cultural nationalism« der Afrozentrik einen gemeinsamen, aber auch unverbindlichen Nenner gefunden.

Kuff!

Shelly Thunder

En Vogue, YoYo oder Neneh Cherry stehen für neue weibliche Selbstbilder in der »Black Music«, ebenso Shelly Thunder. Sie ist das Raggamuffin Girl aus dem ländlichen Jamaika, das sich in der New Yorker Bronx mit veränderten Lebensstilen und Haltungen konfrontiert sieht und sich in einem Balanceakt zwischen alten und neuen Welten neu definiert. »Kuff!« Mit diesem Titel, der 1988 aus allen Radios der Karibik tönte, löste Shelly Thunder ein Jahr später in den USA eine neue Welle der HipHop Reggae-Begeisterung aus.
»Mein Gott, hast du das Cover des Albums der Rap-Gruppe Positivly Black gesehen ... ? Im Grunde ist das fast unglaublich. Als ich Anfang der 80er Jahre von Jamaika nach New York kam, da konnten sich die Black Americans das Grinsen und Lästern nicht verkneifen, wenn sie junge Jamaikaner in solchen Klamotten sahen. In derart grellem grün-rot-gold wäre doch damals kein Rastaman und keine Rastawoman herumgelaufen. Du mußt dir das so vorstellen: Die Jamaica Community blieb Jahrzehnte ziemlich isoliert von den Black Americans. Auch wer schon in den Staaten geboren wurde, orientierte sich immer am Geschehen auf Jamaika. Jeder sparte sein Geld, um wenigstens ein- oder zweimal im Jahr in die Heimat zu fahren. Finanziell ist das kein allzu großes Problem, denn solche Reisen finanziert man üblicherweise durch »persönliche« Mitbringsel, die sich auf Jamaika gewinnbringend verkaufen lassen. Das ist für einige sogar ein regelrechtes Gewerbe. Die Leute, die es betreiben, nennen wir Higglers. Also Du nimmst etwa den Nachtflug von Kingston nach Miami um 3.00 Uhr, saust dort durch die Einkaufspassage und fliegst abends um 11.00 Uhr zurück, mit Uhren, Schmuck, T-Shirts, Cremes etc., und verkaufst das Zeug dann. Solche Einkaufstouren nach New York zu unternehmen, rentiert sich natürlich wegen der Entfernung nicht, aber die Flugkosten kriegst du immer raus, zumal viele Leute auf dem Rückweg auch was zum Rauchen mitbringen, was allerdings viel Ärger einbringen kann. Was ich damit sagen will, ist, daß viele Jamaikaner

sich nie richtig vom Mutterland abnabeln und deswegen auch den Leuten hier lange fremd bleiben. Deswegen konnte sich Reggae in der Bronx oder in Brooklyn lange nicht durchsetzen. Unserer Reggaeszene begegnete man meistens mit einem gewissen Mitleid. Für viele brachte das Konzert, das Bob Marley kurz vor seinem Tod in New York gab, den entscheidenden Durchbruch. Bis dahin hatten sich die Reggaekünstler bevorzugt auf den White American Market konzentriert. In Brooklyn entstanden damals Dancefloor-orientierte Reggae Bands, und die ersten Rapper fingen damit an, den Stil der Toaster zu imitieren. In dem Maße wie wir mehr anerkannt wurden, fingen wir auch an, uns hier zu Hause zu fühlen. Die Rap-Welle, die gerade losbrach, als ich mit meinen Eltern nach New York kam, fand bei uns allen großen Anklang.«

Pause. Luft holen.

Shelly Thunder kann und will erzählen und verliert dabei niemals den roten Faden. Das ließe sich auf ihre High School-Ausbildung zurückführen, aber die haben andere auch. Nein, Shelly möchte sich mit ihrem humorvollen Temperament von jener düsteren Coolness unterscheiden, die auch unter den Raggamuffin Girls in der Karibik und in London angesagt ist – vor allem gegenüber denen, die »nicht dazu gehören«.

Was auf der Pop-Ebene als musikalische Trenchtown-New York-London-Connection erscheint, hat seine materielle Grundlage in den Wanderungsströmen auf dem Weltarbeitsmarkt. Die Dynamik der bürgerlichen Gesellschaft, die Konkurrenz des Kapitals und der Nationalstaaten erzwingt einen fortwährenden »technischen Fortschritt«, der die Lohnrelationen verschiebt und dadurch Wanderarbeiter erzeugt. Gleichzeitig verändern sich mit den technologischen Umwälzungen »Berufsbilder«, und werden die Beziehungen zwischen körperlicher und geistiger sowie zwischen Lohn- und Hausarbeit ebenso fortwährend neu definiert wie das Verhältnis zwischen Stadt und Land im nationalen und internationalen Rahmen. Mit den Sozialbeziehungen ändert sich zugleich auch deren Bewertung. Lange bevor Soziologen, Literaten oder bildende Künstler solche Veränderungen auch nur wahrnehmen, werden sie im Pop, wenn auch nicht begriffen, so doch wenigstens »ausgedrückt«.

Jamaika hat in den letzten 20 Jahren diverse weibliche Idealtypen hervorgebracht. Zum Beispiel die würdevolle, an einem überhöhten Bild von der afrikanischen Frau orientierten Rasta Queen. Diese »Würde« koexistierte aber hervorragend mit einer deutlichen Zurücksetzung gegenüber den Männern. Eine Zurücksetzung, die sich auch selbstbewußte Frauen wie Marcia Griffith oder die Amerikanerin Puma (Ex-Black Uhuru) gefallen ließen. Die Frauen aus den vielzitierten »einfachen Verhältnissen« orientierten sich währenddessen an mittelständischen Leitbildern. Für jene, die diese Ideale verwirklichen wollen, existieren unter den gegebenen ökonomischen Verhältnissen allerdings nur zwei Alternativen: Frau kann versuchen, sich als »Boopsie« einen verheirateten Beamten oder Geschäftsmann zu angeln, der sein schlechtes Gewissen durch teure Geschenke und Restaurantbesuche überspielt. Eine andere Möglichkeit bieten die Schönheitswettbewerbe. Wohl nirgendwo sonst gibt es so viele Miss-Wahlen wie auf Jamaika: Miss Jamaica Teenager, Miss Jamaica Bikini, Miss City Of Montago Bay etc. Auch auf vielen Dancehall-Veranstaltungen wird irgendeine Miss-Sowieso gewählt. Die dabei favorisierten Frauen müssen keineswegs den gängigen westlichen Schönheitsidealen entsprechen, vor allem müssen sie nicht schlank sein. Die schwerelose, androgyne Venus Grace Jones gilt in ihrer Heimat nicht als attraktiv.
Auch wenn sich für die Mehrheit der jamaikanischen Frauen keines dieser Wunschbilder verwirklichen läßt, so strukturieren sie doch den erotischen Alltag. Immerhin ist der betrogene Macho, der Zeit seines Lebens dem Irrtum aufsitzt, die Kinder seiner Frau(en) seien von ihm, eine landesweite Witzfigur, die auch in vielen Reggae- und Calypso-Titeln vorkommt. Junge Frauen mit Kindern geraten auch dann nicht völlig ins Abseits, wenn der Mann sich nach der Schwangerschaft nicht mehr blicken läßt. In der Karibik existiert ein ungewöhnlicher Generationenvertrag zwischen den Frauen, der besagt, daß Großmütter die Kinder aufziehen, damit die jungen Frauen das Leben genießen können.
Wirklich problematisch wird es erst, wenn dieser Hintergrund wegbricht, und das ist der Fall, wenn sich der karibische Lebensstil in den beengten Verhältnissen der Bronx oder in Brixton fortsetzen soll, wo für Kinder wenig Platz ist und

die helfende Großmutter nicht mehr beispringen kann, weil sie nicht auswandern wollte. Vor diesem Hintergrund ist in den Metropolen in den 70er Jahren ein neuer Typus von Reggaesängerinnen entstanden, großstädtische und zugleich kleinbürgerlich orientierte Westinderinnnen wie etwa Kofi oder Deborahe, in deren Songs Mikrowellenherde, Bausparverträge und die ewigen Werte der Kleinfamilie wie Treue, Sonntagsspaziergänge etc. eine große Rolle spielen. Gemessen daran steht Shelly Thunder für eine ganz neue Frauengeneration, die gelernt hat, auch in der urbanen Umgebung autonom zu bleiben. Zerzaust und unbekümmert, sexy und selbstbewußt, weiß sie die Männer mit Humor und Schlagfertigkeit genau auf der Distanz zu halten, die ihr gerade paßt. Daher ist es auch kein Zufall, daß ihr mit »Kuff« der große Durchbruch gelang.

Auf »Kuff« (Faustschlag), ein Dancehall Titel zum schweren Vollpegel Computer Riddim, erzählt Shelly mit genau dosierter Ironie, wie ihr Freund morgens um 7.00 Uhr nach Hause kommt. Sie weiß, daß er von einer anderen kommt und macht ihm klar, was sie davon hält: »Get off ma face before I kuff you, know what am sayin'?«

Mehr noch als mit diesem Satz traf Shelly mit ihrem charmant-sarkastischen Tonfall den Zeitgeist mitten ins Herz. Die aufkommende Eifersucht führt nicht zum weinerlichen Kniefall und auch nicht zur moralischen Belehrung. In der fast kumpelhaften Drohung schwingt ein Verständnis mit, das auch sagen soll: »Wenn ich wollte, könnte ich es jederzeit genauso machen.« Weil der moralische Zeigefinger keinen Sinn macht, darf sie ihrer Empörung freien Lauf lassen und diesem Mann, den sie ja liebt, jetzt eine runterhauen und dann rauswerfen.

»Kuff« eroberte in Windeseile die Herzen der Teenager. Die Mädchen liebten den Song und die Jungens irgendwie auch. In Colorado sang sie vor Tausenden von »weißen« Teenagern, die trotz des Jamaika-Dialektes (Patois) den Text mitsingen konnten. Allein in New York gingen in wenigen Wochen 50.000 Scheiben über die Ladentische. »Kuff« – immerhin ein nur leicht Rap beeinflußter Raggamuffin-Titel – gelangte in die Billboard Black Music Charts und ebnete damit dem ganzen Genre den Weg zum Popmarkt.

»Kuff« war ein Rap, der in der Welt der Raggamuffins heftige Kontroversen auslöste. Selbst schon eine »Answer Version« auf den Slackness Titel »Nasty Girls Gonna Get Licked« des Macho-Toasters Lectures, provozierte »Kuff« etliche männliche Entgegnungen, etwa »Done With The Kuff« von Scringer Ranks und »Original Kuff« von Shabba Ranks.
»Man fragt mich oft, ob ich eine Feministin wäre. So, wie diese Frage gestellt wird, zielt das immer schon auf die Gleichsetzung von Feminismus und Sexfeindlichkeit. Das ist natürlich hinterlistig. Wenn eine Frau den Männern ihre Grenzen aufzeigt, geht es ihr darum, diese Männer erträglicher zu machen. Mich nervt deshalb auch das defensive Verhalten vieler meiner Freundinnen, die ich stets dazu überreden muß, sich von ihren Freunden nicht alles bieten zu lassen. Auf Jamaika werde ich für meine Haltung oftmals heftig angegriffen. Es heißt, ich sei nicht mehr richtig »Jamaican« und der New Yorker Lifestyle hätte mich von meinen Roots entfremdet. Einige behaupten sogar, ich hätte mich vom Reggae entfernt.«

Apache Indian

Bhangramuffin und die Konflikte zwischen afro-karibischen und asiatischen Einwanderergruppen

In New York und London ist das Phänomen nicht neu: Zwischen den einzelnen Minority Communities findet ein reger Austausch von Sprache, Musik, Moden und anderer kultureller Zeichen statt, dessen Umfang von der »weißen« Mehrheit kaum wahrgenommen wird, denn der Blick auf »die Anderen« ist doch immer noch so, daß z.B. aus Gambianern, Westindern und Afroamerikanern ein Kollektiv von »Schwarzen« wird, das, ergänzt durch »Latinos« und »Asiaten«, zum Großkollektiv der »Nicht-Weißen« wird.
Nachdem Teile der »Latin Community« in den USA heute im HipHop und Rap längst ihren festen Platz haben, erobert nun eine wachsende Zahl von »spanglish« oder kreòl-französisch toastenden MCs den Raggamuffin Reggae. In England macht mit Apache Indian (auf einigen Platten auch »Apachi« geschrieben) ein Raggamuffin Toaster mit einer ungewöhnlichen Fusion von indischer Folkore und modernen HipHop Reggae Schlagzeilen. Selbst normalen Tageszeitungen war Apache Indian eine kleine Meldung wert. Sein Debut »Movie Over India« blockierte im Frühjahr 1991 sieben Wochen lang den Spitzenplatz sowohl der Reggae- als auch der Bhangra-Charts. Der kraftvolle HipHop-Remix wurde zum Geheimtip unter DJs. So ungewöhnlich hatte Dancehall Reggae schon lange nicht gegroovt. Daß Apache Indians Crossover in England Aufmerksamkeit erregt, hat politische Gründe. Hier rührt einer an die empfindlichen Grenzlinien, die nicht nur »Schwarze« von »Weißen«, sondern auch »Afrikaner« und »Asiaten«, »Asiaten« und »Latinos« und, und, und ... trennen. Wenn jemand solche Grenzen in eine unvorgesehene Richtung überschreitet, registriert das gleich die gesamte Gesellschaft – ob zustimmend oder ablehnend, ist dabei zunächst unwichtig: die Aufmerksamkeit an sich ist schon bezeichnend.
In vielen britischen Städten leben Menschen asiatischer Herkunft (aus Pakistan, Indien, Bangladesh, Malaysia, der Karibik

und aus Afrika – letztere sind Flüchtlinge) und »Schwarze« (mehrheitlich aus der Karibik) in denselben Stadtvierteln. Sie haben nicht erst seit heute miteinander zu tun. Als nach Aufhebung der Sklaverei in der Karibik die große Mehrheit der »Schwarzen« fluchtartig die verhaßten Plantagen verließ, holten die Grundbesitzer indische Kontraktarbeiter, sogenannte Kulis, auf die westindischen Inseln. Auf Trinidad besteht heute die Bevölkerung je zur Hälfte aus christlich-orientierten Afro-Caribbeans und aus moslemischen und hinduistischen Asiaten. Die Gemeinsamkeiten des Schicksals, wie auch die der gegenseitigen Aversionen (verstärkt durch die Vertreibung von Asiaten aus einigen afrikanischen Ländern), setzen sich im kolonialen Mutterland fort. Ob London, Liverpool, Bristol oder Birmingham – der Raggamuffin Record Shop und der mit Filmmusik und Bhangra House Tapes vollgestopfte indische Music Shop befinden sich meist in der selben Straße.
Inmitten einer dominierenden asiatischen Kultur bewegen sich die Afro Caribbeans im Birminghamer Stadtteil Handsworth. In diesem extrem verarmten, drei Meilen vom Stadtzentrum entfernten Viertel (60.000 Einwohner, davon 61 Prozent »Racial Minorities«, davon 22 Prozent lohnarbeitslos oder lohnarbeitsunwillig) kam es im September 1985 zu einem ziellos-spontanen, vom jugendlichen Frust gegen die real existierende Apartheid (die »weiße« Minderheit besteht aus Einwanderern – Iren, Zyprioten etc. – und englischen Rentnern) getragenen Riot, in dessen Verlauf mehrere Häuser und ein Postamt niedergebrannt und viele Läden geplündert wurden. Unter den Streetfightern befanden sich neben Punks auch einige indische Kids, doch die Mehrzahl der Rioter gehörte zur lokalen Reggaeszene. Dramatischerweise verbrannten in dem Postamt zwei indische Angestellte, die in ihren Büros Schutz vor der Artillerie aus Pflastersteinen und »petrol bombs« gesucht hatten. Auch die niedergebrannten kleinen Läden gehörten ausnahmslos indischen oder pakistanischen Geschäftsleuten. Es schien, als hätte die schwarze Jugend vorsätzlich ihre asiatischen Nachbarn angegriffen.
Diese Ereignisse, die von der Reggaegruppe Steel Pulse schon vorweggenommen (»Handsworth Revolution«) und später in dem hervorragenden britischen Film »Handsworth Song« re-

flektiert wurden, führten zu einer politisch äußerst prekären Situation.
Als dann auch noch die britische Boulevard Presse versuchte, die Spannungen anzuheizen, kam es zu hektischen Krisensitzungen zwischen den Dachorganisationen der beiden Communities. Man kam darin überein, die Beerdigung der Postangestellten zur Demonstration von Gemeinsamkeit zu nutzen. Und so kam es dann auch. Arm in Arm gingen afrokaribische und asiatische Lokalprominenz, Politiker und Pfaffen dem riesigen Trauerzug voran. Die Furcht, es könnte in diesem abseitsgelegenen Stadtteil zu einem Bruch zwischen den beiden Einwanderergruppen kommen, war gewaltig. Doch seither gelten die gegenseitigen »Beziehungen« als »problemlos«.
Eine äußerst wichtige und positive Rolle spielte dabei der erst zu Beginn der achtziger Jahre einsetzende Abnabelungsprozeß der jungen Asiaten von ihrer traditionsverhafteten Elterngeneration. Einige wenige Zeugnisse dieses Generationenkonflikts, etwa der Film »Mein wunderbarer Waschsalon« oder die eine oder andere Bhangra-House Scheibe, sind auch hier bekannt. Für die jungen Asiaten brachte Acid House den Durchbruch. Nicht nur, weil ihre House-verrückten, Turban-tragenden DJs hinter den Turntables plötzlich in »The Face« und »I-D« als das »große Ding« angekündigt wurden. Damals verlegte man auch die House-Parties in die Mittagszeit, damit indische und pakistanische Jungs und Mädchen, ohne Wissen der Eltern, zwischen Schulschluß und Einkaufsverpflichtungen ausgehen konnten – mit der Plastiktüte von Safeway direkt zum Bhangra House Rave! Die Aufbruchstimmung von 1988/89 war beeindruckend. Zwischen Southhall und Brick Lane jagten sich die indischen Underground-Parties. Mit »Gazal & Beat« erschien eine asiatische House-Wochenzeitschrift im NME-Format, die übrigens immer noch existiert.
Mit dem Respekt, den man ihnen nun entgegenbrachte, wuchs auch der Mut zum Crossover und mit dem Spaß am House Sound wuchs auch das Interesse am digitalen Reggae, der ohnehin aus jedem auf Piratenfunk eingestellten Autoradio und aus den Plattenläden herausquoll.
Erst vor diesem Hintergrund läßt sich die Begeisterung für den Ragga Toaster Apache Indian aus Handsworth verstehen

(seine Familie, die übrigens mit den zu Tode gekommenen Postangestellten eng befreundet war, stammt aus Punjabi). »Movie Over India« war eine politisch-musikalische Sensation. BBC-Radio brachte ein Feature über Handsworth, liberale Lehrer spielten die Platte ihren multikulturellen Schulklassen vor, die westindische Gemeinde, zunächst schroff ablehnend (»das ist doch kein Reggae«), gab sich schon bald geschmeichelt (»von Afrika bis Asien mögen alle unsere Musik«) und die im Kampf gegen satanische Verse nicht zimperliche asiatische Gemeinde nutzte die Gelegenheit, ihre kosmopolitische Gesinnung zu unterstreichen. »Movie Over India« fusioniert HipHop Beats, indische Tabla- und Sitar Samples sowie Hardcore Ragga Toasting und Hindu Catchphrases. »Der Track ist den tausenden jungen Asiaten gewidmet«, sagt Apachi »die Ragga Reggae lieben, aber die Texte nicht verstehen. Wir alle lieben Dancehall Reggae, ohne unsere Eigenständigkeit darüber zu verlieren. Meine Lyrics handeln zum Beispiel von Indiens riesiger Filmindustrie, von ›Bollywood‹, wie man ironisch zu Bombay sagt. Der Erfolg meiner Single machte die uns Asiaten auch von Schwarzen zugeschriebenen Sterotypen fragwürdig, wonach wir nur der Tradition verhaftet sind und ausschließlich als Kaufleute auftreten.

Unsere kleine asiatische ›Dread Indian Posse‹ in Handsworth hatte immer einen schweren Stand. Nach dem Riot mußten wir heimlich in Plattenläden in der City nach Reggae suchen, weil uns unsere eigenen Leute wie Symphatisanten schwarzer Brandstifter behandelten.

Viele Leute aus der Reggaeszene wiederum halten indische Kultur für Schrott und geben sich gerne hochnäsig. Nach meinem Erfolg hat sich das ein wenig geändert. Verbindungen gab es eigentlich immer: Ich hörte mit schwarzen Schulfreunden seit jeher auch Soul, Rap und Reggae. In Handsworth spielen einige Sound Systems abwechselnd Ninjaman und Bhangra House. Meine beiden Cousins Simon und Diamond Duggal arbeiten als Session Musiker im Studio von UB 40 und hatten mit ›DJ Badman‹ schon einen Top 20 Hit in den Dance Charts. Mit ihnen habe ich meine Debutsingle als Indie-Produktion produziert. Die ersten 500 Exemplare waren, nachdem die Scheibe von der Birminghamer Radiostati-

on Choise FM gespielt wurde, in den lokalen Plattenläden in wenigen Minuten ausverkauft.«
Apache Indians großes Vorbild ist der jamaikanische Fast Toaster Supercat, der wegen seiner indianischen Vorfahren auch »The Wild Apache« genannt wird. Diesen Namen trägt auch sein Plattenlabel. Supercat, der Anfang 1992 in New York den Toaster Nitty Gritty in einem Streit erschoß, unterstützte Apache Indian bei der Vorbereitung seines Debutalbums, auf dem auch Sweetie Irie, Aswad und Supercat selbst zu hören sind.
Bemerkenswert ist nicht zuletzt seine, bisher nur in England vorgestellte, Stage Perfomance mit drei indischen Tänzerinnen, die eine neue Stilrichtung aus fernöstlichem Tanz und Reggae Skanking kreierten.
Apache Indian ist ein Mensch, der sich von den ihn umgebenden Ressentiments nicht davon abhalten ließ, die Musik zu machen, die er mag. Damit zählt er zu den wenigen wirklichen Helden der Popwelt. Wahrscheinlich wird er vorläufig eine Ausnahme bleiben, wahrscheinlich werden die asiatischen DJs ihren Schwerpunkt weiterhin auf die florierende House-Szene legen und wahrscheinlich werden sich die kulturell zum Westen zählenden Westinder nicht mit indischer Folklore auf Dancehall-Platten revanchieren. Auch der interkulturelle Austausch zwischen den »Minorities« gehorcht der Logik des Weltmarktes und auf dem wiegen HipHop oder Raggamuffin schwerer als indische Musik. »Crossover« meint selten ein gegenseitiges Entgegenkommen.

Ein gescheiterter Modernist

Lieutenant Stitchie

Lange bevor Shabba Ranks und Shaggy in aller Munde waren, galt die Hoffnung ganz Jamaikas Lieutenant Stitchie. Er war der erste Raggamuffin-DJ mit einem Vertrag bei einer Major Company und hatte damit ein Stigma durchbrochen, das bis dahin Raggamuffin, obwohl bedeutenste Richtung des zeitgenössischen Reggae, vom internationalen Popgeschehen fernhielt. Das war 1989. Danach sprach niemand mehr von Stitchie, weil sein Image in den 90er Jahren nicht den Erwartungen des Publikums entsprach. Stitchie war zu aufgeklärt und weder ein Ghetto-Hustler, noch ein Rude Boy. Im Mai 1993 tauchte er überraschend wieder als Gast auf den Platten von En Vogue, Da Youngstas und LL Cool J auf und einen Monat später erschien auch ein neues Album. Es heißt ... »Rude Boy«! Doch Stitchies Imagekorrektur beschränkt sich auf den plakativen (und hintersinnigen) Albumtitel.

Shen-Ola Night-Club im Londoner Osten. Dezember 1988. Lieutenant Stitchie, Josie Wales und Super Cat sind als Höhepunkte einer Dancehall-Reggae-Veranstaltung angekündigt. Londons Raggamuffin-Possees haben den außerordentlich hohen Eintrittspreis von 10 Pfund nicht gescheut, um diese aus Jamaika eingeflogenen Champions Of Rhyme, Riddim & Rhetorics endlich live zu erleben. Diese Veranstaltung hat wenig zu tun mit dem, was man sich in der Konsensrepublik Deutschland unter einem gelungenen Reggaekonzert vorstellt. Daß das Publikum aus den ärmlichen Working-Class-Wohngebieten nicht mit harmonischen Erwartungen kommt, erkennt man spätestens an den bulligen Security-Leuten am Eingang, die jeden Besucher nach Waffen durchsuchen. »Good behavior essential« steht warnend über der Kasse. Wer die Durchsuchung hinter sich hat und alleine kam, schlendert betont lässig durch den fast stockdunklen Saal – einziger Orientierungspunkt sind die Leuchtdioden der noch schweigenden Sound-PA – und plaziert sich, scheinbar desinteressiert am ihn umgebenden Geschehen, an einem strategisch günstigen Standort. Wer zu einer Gruppe gehört, zeigt durch ein demonstratives Begrüßungsritual (Antippen der geschlossenen Faust statt Händeschütteln), daß er hier auf Unterstützung zählen kann. Vorherrschendes Outfit ist ein unauffälliger Yard-Style: Anoraks, Designer Sportwear, Second-Hand-Mäntel. Die Haare sind kurz und meist ohne die in den USA beliebte einrasierte Afrocentric-Dekoration. Dreadlocks oder gar Gestricktes sind überhaupt nicht zu entdecken, aber auch viele der Hustler-Symbole, die noch vor fünf Jahren die Dancehall-Scene ausmachten, etwa schwerer Goldschmuck zu teurem Tuch, sind verschwunden. Die soziale Symbolik wurde, parallel zur HipHop-Szene, stark auf eine Aussage reduziert: »street« sein. Man geht zur Dancehall wie tagsüber zu Woolworth. Wer sich extra für den Abend stylt, gerät in Verdacht, tagsüber im Dienst des Systems zu stehen. Grell gestylt sind hingegen die Ragga-Girls: Dicke Schminke, farbige Fingernägel, Miniröcke, Bustiers unter Bomberjacken und dazu laute Stimmen und rabiate Umgangsformen. Manche stehen da mit einem Glas Whisky in der Hand und warten nur darauf, daß sie jemand im Gedrängel anrempelt, um ihm eine hysterische Szene vorzuspielen, die nur durch den Kauf eines Drinks zu bereinigen ist.

Bevor die drei Dancehall-Stars irgendwann am frühen Morgen auftreten, gibt es einen Sound-System-Clash mit lokalen Toastern. Kaum einer von ihnen trägt mehr als zwei Titel vor. Im Mittelpunkt steht nicht der einzelne Mike-Chanter, sondern die kollektiven, überindividuellen Momente dieser Musik, der von der Crew ausgewählte Sound und der Bass-Drum-Riddim. Der Dancehall-Sound ist eine kontinuierlich tickende und wummernde Maschine, in die die MCs hineinspringen, ihre kurze Show machen und wieder abtreten. Das Mikro wandert von Hand zu Hand. Nur die »Break-It-Up«-Rufe des lautstark mitgehenden Publikums entscheiden, ob ein Toaster ein paar Titel mehr vortragen darf. Der rasche Wechsel der Akteure ist gerade einer der Pointen eines Sound-Systems. Der einzelne Toaster ist nur Teil eines sehr kommunikativen Ereignisses. Selbst die Stars unter ihnen bestreiten niemals eine ganze Show alleine. Wo das doch passiert, sind immer massive Vermarktungsinteressen im Spiel, die das kollektive Spektakel beschneiden und den gängigen

Konsumgewohnheiten anpassen wollen. Die Kunst der MCs besteht zuallererst in der guten Zusammenarbeit mit dem Selector (der Mann, der die Riddims aussucht) und dem Operator (er steuert den Sound). Durch Augenkontakt oder durch Zurufe, »Cut Cut« oder »Pull Up Selector«, muß der MC zu verstehen geben, was er vorhat. Fester Bestandteil dieses Spieles ist es, die Platte zunächst ohne Bässe anzuspielen, dabei einige Worte ans Publikum zu richten, und dann unter »Rewind«-Rufen die Scheibe kreischend zurückzudrehen. Erst beim zweiten Anlauf werden alle Bässe reingedreht und dann, wenn die Berge von gewaltigen Speakers erzittern, rappt der Entertainer los. Eine Dance Hall-Veranstaltung ist keine Disco. Everything depends on the crowd.
Lt. Stitchie, der in dieser Londoner Dezembernacht mit einem fast halbstündigen (und damit längsten) Auftritt zum Star der Show wurde, ist wegen seines Vertrages mit Atlantic der erste Raggamuffin Toaster, dessen Solo-Album weltweit präsent ist. Er steht damit aber auch vor dem Problem, einem Publikum, das von der Sound System-Idee wenig weiß, diesen eigenwilligen Stil nahe zu bringen.
Szenenwechsel. Große Freiheit 36 in Hamburg, Dezember 1989. Ein »Konzert« von Lt. Stitchie. Keine weiteren Toaster, keine Plattenspieler, keine gigantischen Baßlautsprechertürme, keine Sound-System-Crew, stattdessen unterstützt von der jamaikanischen Sagittarius Band, einer der besten Backing-Bands der Insel. Vorgruppe ist eine lokale Roots-Reggae-Band. Als Stitchie auftritt, erkennen manche der durch den Veranstaltungstitel »Reggae Snowsplash« angelockte Interessenten ihren Reggae nicht wieder. Die Reihen lichten sich merklich.
Stitchie und die Sagittarius Band imitieren ein Sound System! Man muß sich das vorstellen: Eine richtige Band spielt live Riddims nach, die schon aus ökonomischen Erwägungen vorzugsweise bis auf das Glockenspiel oder das eine oder andere Gitarrensolo komplett im Studio von programmierten Musikcomputern abgerufen werden. Für die, die sich etwas auskennen, ist diese Band die eigentliche Sensation des Abends. Ihre Stop- & Go-Technik mitsamt imitierten Rewind-Einlagen auf dem Keyboard zieht jeden Raggamuffin-Reggae-Fan unweigerlich in ihren Bann.

Ihr stolpernder, abgehackter und vom dramatischen Aufbau her fast schon dem frühen Punk nahestehender Street Beat (Stitchies Bezeichnung) hat mit dem einer herkömmlichen Reggaeband absolut nichts mehr gemein. Lt. Stitchies Leistung besteht nun darin, etwa eineinhalb Stunden lang ein an richtige Songstrukturen gewöhntes Publikum mit einem Sprechgesang zu unterhalten, der nur an wenigen Stellen liedartige Refrains oder Passagen (»Singjay«) kennt. Eine zusätzliche Schwierigkeit bei einem Auftritt außerhalb der englischsprachigen Welt besteht darin, daß die beim Toasting – zum Teil in Jamaican Creôle – vorgetragenen Texte alles andere als nur phonetisches Beiwerk sind. Fast-Chat-Toaster reden, reden und reden. Das ist nur dann nicht langweilig, wenn man das Gemeinte einigermaßen versteht, zumal der Variantenreichtum der Lautmalerei unmittelbar mit dem Inhalt korrespondiert. Stitchies facettenreiche Stimme kann im »Old Man Style« in die Rolle des strengen Vaters (»Father Beat Me Hot«) oder der englischen Aristokratin (»Visit Of Queen Elizabeth«) schlüpfen. Das sachkundige karibische Sound-System-Publikum tobt bei solchen theatralischen Einlagen vor Vergnügen und feuert den MC lautstark an, mehr davon zu bieten. Im Interview meint Stitchie später, daß es ihn schon verunsichere, wenn solche Höhepunkte, auf die sein Programm ja hin inszeniert ist, nicht aufgegriffen würden: »In place like this ›dancehall‹ is something new to a lot of people.« Jedes Geschnatter, jedes übertrieben rollende »R«, jedes Stottern (»Reality-ty-ty-ty«) ist ebenso sinnträchtig (und wichtig für das Reimschema) wie Stitchies Phantasieuniform oder die üblichen Selbstzitate und aufschneiderischen Selbstüberhöhungen, bei denen Toaster von sich immer in der dritten Person reden. Alle diese Formen entstammen einer, gemessen am Stand der hiesigen Individualisierung und Säkularisierung, mitunter auch naiv wirkenden oralen Kommunikationsstruktur, die einer anderen, weniger mittelbaren gesellschaftlichen Arbeitsteilung entspricht. Vergleichbares an volkstümlichen Witz, Publikumsanmache und Stakkato-Sprechweise findet man hierzulande bestenfalls noch in einigen Überresten vergangener Lebenswelten und Nischen der Volkskultur, etwa bei den Marktschreiern des Hamburger Fischmarktes.

Stitchies Vertrag mit der legendären amerikanischen Plattenfirma machte ihn auf Jamaika fast zum Nationalhelden. Die ganze Insel fühlte sich plötzlich von der Welt wieder anerkannt. Und Stitchie sprach darüber wie ein Botschafter seines Landes: »These are exciting times for dancehall. The world is ready for dancehall.« Ausschlaggebend für die Entscheidung von Atlantic waren jedoch nicht nur Stitchies Rap-Künste, sondern auch die Art und Weise seiner Präsentation hinsichtlich Outfit/Image und Thematik seiner Lyrics. Ins Gewicht fiel auch, daß Stitchie zuvor schon mehrfach als Werbeträger eingesetzt wurde, unter anderem für einen in den gesamten USA ausgestrahlten TV-Spot des Jamaican Tourist Boards. Daß eine jamaikanische Behörde ausgerechnet einen Raggamuffin Toaster als Sympathieträger der Tourismuswerbung heranzieht, war schon mehr als ungewöhnlich. Der jamaikanischen Upper Class galten Rude Boys, Rastas und Raggamuffins bisher als Leute, die einen propperen Tourismusboom eher verhindern. Genau hier jedoch lag Stitchies komparativer Vorteil. Der 26jährige Cleve Laing ist Lehrer für Biologie und Sport, hat entsprechende Umgangsformen, schaffte bei diversen Sprint-Wettbewerben 100 Meter in 10,4 Sekunden und ist weder Rasta noch Rassist und in seiner ästhetischen Orientierung letztlich auch kein Raggamuffin.
Stitchie ist Modernist. Vertreter eines modern sein wollenden Jamaikas und paßte deshalb (ohne selbst in diesem Sinn unbedingt passen zu wollen) ins Konzept des Tourist Board. Er ist weder exzentrisch und elegant wie der ewig mit Koksproblemen ringende Gregory Isaacs noch bäuerlich-derb wie Admiral Bailey und auch nicht slack wie Lecturer. Im Unterschied zur Mehrheit seiner toastenden Kollegen gibt es von ihm keinen einzigen pornographischen Text, und er belästigt auch niemanden mit religiösem Eiferertum.

»In meinen Texten, etwa auf ›Old Time Teaching‹, ›English Class‹ oder ›Father Beat Me Hot‹ stelle ich mich auf die Seite der Jugendlichen, die von den konservativen Prinzipien die Nase voll haben. Viele DJs glauben, sie würden die überkommenen Vorstellungen bloßstellen, wenn sie möglichst drastisch über Sex singen. Tatsächlich handeln sie sich dadurch auch eine Menge Ärger von Seiten der Behörden, der Ra-

diostationen und der Kirchen ein, und gerade das macht ihnen Spaß. Doch in dieser Sorte Provokation stecken auch viele rückwärts gewandte Inhalte, zum Beispiel Sexismus gegenüber den Frauen. Ich versuche hingegen andere Themen anzusprechen, etwa das Weiterbestehen der viktorianischen Erziehungsideale, die Züchtigungen und das Pauken. Auch dort, wo es weniger ernsthaft zugeht, bin ich bemüht, über die klassischen Deejay-Themen – Sex, Crime, Dance Hall – hinauszugehen. Auf ›Body Body‹ beschreibe ich in humorvollen Versen Aufbau und Funktion des menschlichen Körpers: 206 bones make up your body ... Die Dancehall-Lyrics sind normalerweise sehr auf lokale Ereignisse bezogen, die in anderen Ländern kein Mensch begreifen kann. Zudem ist das Vokabular oft mehr als beschränkt, aber das ist keine neue Erscheinung im Reggae. Ich denke nicht, daß wir heute eine neue Message brauchen wie zu Bob Marleys Zeiten. Wir brauchen den Anschluß an den Standard der neuzeitlichen Popmusik.«
Stitchie war fest entschlossen, den amerikanischen Markt zu erobern. Es fiel ihm leicht, für das Coverfoto seiner zweiten LP »The Governor« auf die Raggamuffin-Attribute zu verzichten und sich stattdessen als Allerwelts-T-Shirt-Träger zu präsentieren. Stitchie ist aber keineswegs der Typ, der jedem Streit aus dem Weg geht. Vor zwei Jahren machte er sich mit dem Titel »Natty Dread« nicht wenige Feinde. Dort erzählt er im sarkastischen Tonfall die Geschichte eines Rastas, der von der Polizei angehalten und nach Ganja durchsucht wird. Als die Polizisten grob werden, ruft der Rasta Jah an, der ihm augenblicklich einen Engel zur Hilfe schickt. Doch die Polizisten reißen dem Engel die Federn aus und pieksen damit den jammernden Rastaman. Trotz der Seitenhiebe auf die Polizeibrutalität war das der erste Fast Style Ragga-Titel, der die Rastas durch den Kakao zog – mehr noch im ironischen Tonfall als im Text. Damit wurde zum ersten Mal der schon lange schwelende Bruch zwischen Rasta- und Reggae-Kultur relativ offen angedeutet.
Der Antitraditionalist Stitchie hat viele Dogmen über Bord geworfen. Daß ihm dabei auch der Gestus des treu zur Hinterhof-Posse stehenden Raggamuffins ein gutes Stück verloren ging, ist verständlich. Doch Stitchie wird es leider schwer haben, solange er sich weigert, den Ghettomythos zu bedienen.

The Year Punk-Rock-Rap Broke

Electro Punks, Industrial Avantgardisten und andere HipHopper

In den Augen vieler, deren musikalische Orientierung von Punk und Gitarrenhardcore geprägt ist, passen auch heute noch dissidente Positionen und Dancefloor-Technologie nicht zusammen. Das wachsende Interesse am Rap kann nicht darüber hinweg täuschen, daß die alten Grenzziehungen nicht verschwunden sind. Während dem Rockpublikum viele Momente des HipHop vertraut vorkommen (vor allem das »Band«-Outfit mitsamt der personality show des Frontman), hat sich die alte Aversion gegen »Disco« lediglich auf House und Dance in allen ihren Spielarten verlagert.

Daß ein unreflektierter und daher affirmativer Umgang mit musikalischem High Tech-Gerät tatsächlich oft in eine sozialtechnologische oder gar faschistoide Ästhetik mündet, ließ sich während der EBM-Welle beobachten oder auch an Electro/Techno-Crossover-Gruppen wie Nitzer Ebb und Armageddon Dildos. Doch kritisch-innovative Musiker wie Mark Stewart zeigten schon früh, daß sich solche Macht- und Fortschrittsmythen, die letztlich eine gesellschaftliche Neutralität der Technik (und damit des Kapitals, das als Technik erscheint) behaupten, auch verfremden und angreifen lassen.

Eine extreme Ausprägung des High Tech-Fetischismus findet sich heute auch im HipHop. Hier werden nicht nur die aufwühlendsten Geräuscheloops und interessantesten Rhythmusspuren mit allerneustem Equipement erzeugt, sondern dies geschieht auch mit einem gegenüber den technologischen Fortschrittsmythen erstaunlich unkritischen Bewußtsein.

Die erste »schwarze« Band, die gegen die Unterschlagung des Systemzusammenhangs von Technologie, Arbeitsproduktivität, Zeitökonomie und Standardisierung protestierte und darauf mit einer Fusion von fast atonal interpretiertem Electro Punk und Rap antwortete, waren die Beatnigs aus Oakland/Kalifornien. Aus derselben Stadt wie die Beatnigs, und mit diesen auch befreundet, kommen Consolidated. Für

»America Number One«, einem der besten Titel ihres radikal antikonformistischen Albums »The Myth of Rock«, sampleten sie neben Public Enemys »Dont't Believe The Hype« auch den von Adrian Sherwood später überarbeiteten Beatnigs-Hit »Television«. Vergleichbar klug und sogar noch deutlicher gegen Nationalismus, Rassismus und Patriarchat gerichtet, sind auch die dem Album beigelegten Texte der drei kulturrevolutionären Rotgardisten.

In diesem Crossover aus Industrial-Punk und HipHop, der zunächst einmal das Aufeinanderzugehen von »schwarzem« und »weißem« Underground in einigen amerikanischen Städten reflektiert, steckt die Potenz, die positiven ästhetischen Momente von »Punk«, »Trash«, »Noise Avantgarde« und »Freejazz« in die neue (Computer-) Zeit hinüberzuretten. Das, wozu in den großen afroamerikanischen/latinoamerikanischen Ghettos Amerikas die Voraussetzungen fehlen, findet in kleineren Städten mit kleineren, weniger separierten Communities durchaus statt – gemeinsame Underground-Parties von (Ex-) Punks, Rappern und Dancefloor-Avantgardisten. Daß Leute wie Jello Biafra (Ex-Dead Kennedys) auf einem Ice-T Album auftauchen, hat nicht zuletzt mit dem Respekt zu tun, den etwas weniger bornierte, über ihr Viertel hinausschauende Rapper, durchaus für die oppositionelle Agitprop-Tätigkeit radikaler »Weißer« empfinden. Zudem hat Biafra einen dem Rap ähnlichen Vortragsstil entwickelt (vgl. seine Spoken Word-Doppel-LP »High Priest of Harmful Matter«).

Damit sind die musikalischen Gemeinsamkeiten allerdings auch schon erschöpft, und genau an diesem Punkt sind zum Beispiel Consolidated einen Schritt weitergegangen. Nicht nur sie. Aus dem blühenden Underground der texanischen Öl-Metropole Dallas kommen der »weiße« Rapper- und Sample-Virtuose MC 900 Ft. Jesus und der »schwarze« Scratch-DJ Zero mit ihrer totalen Fusion von Industrial House, HipHop und Raregroove. Ihre LP »To Hell With The Lid Off«, nach eigener Beurteilung »irgendwo zwischen Ministry und Public Enemy« einzuordnen, ist eine der besten Freestyle-Rap-Platten: Verzerrte Klangstrukturen und Sample Vocals über Funky Beats, soulige Balladen oder Fast Raps über zirpenden Sequencern.

Der Verweis auf Ministry ist berechtigt und führt uns nach Chicago, dem Sitz des Underground-Labels Waxtrax. Dort erschien unter dem Namen Acid Horse die gemeinsame Maxi »No Name, No Slogan« von Ministry und Cabaret Voltaire und dazu noch eine Menge anderer maßgeblicher Platten aus dem Fusionsviereck Electro-Punk-Trashmetal-HipHop von Controlled Bleeding, My Life With The Thrill Kill Kult und den Revolting Cocks. Der Erfolg von Waxtrax beruht wesentlich darauf, daß sie das EBM-Techno-Konzept als stupide, inhaltlich und ästhetisch entleerte (und daher für jede Dummheit offene) Veranstaltung durchschauten.

Die Unsitte, alle Spielarten der etwas härteren Computerbeats unter den Begriff »Techno« zu subsumieren, hat den Blick für eine ganz andere Entwicklung verstellt: Die realen Berührungspunkte zwischen »schwarzem«, »weißem«, »irischem«, »asiatischen« etc. Underground in den USA und in England. Wer all die Crossover-Versuche zwischen Rap, Electro, House, Acid, Industrial, Trash, Metal, Punk u.a. als »Techno« bezeichnet, hebt vor allem auf die technische Seite des Phänomens ab. Von der blitzenden Technik fasziniert, bleibt der interessierte Blick an Sample-Computern und Studio-Equipment hängen, um dann in der allerplumpesten, technikfetischistischen Art auszurufen: »Alles geht!«

Klar, »rein technisch« geht heute (fast) alles. Was den von den technischen Möglichkeiten begeisterten Produzenten aber entgeht, ist, daß sozial nicht alles geht. Menschen sind in Milieus eingebunden und haben einen Lebensstil, der als Vehikel der persönlichen Expression fungiert. Davon hängt ab, was ästhetisch akzeptiert wird.

Bei On-U entstand schon in den 80er Jahren aus einem zum »Techno Reggae« weiterentwickelten Dub der Rahmen für allerlei Sound-Experimente. Leute wie Stewart brachten in diese Projekte das Lebensgefühl der Left Wing-Punks, aber auch ein bemerkenswertes Funk-Verständnis ein.

Stewart stellte die von ihm verwendete Technik immer in den Kontext von autoritärer Herrschaft und auf Ausgrenzung angelegten Hierarchien, von politischer Gewalt (Hubschraubergeräusche, Megaphondurchsagen ...) und Ausbeutungsgewalt (Industriegeräusche). Genau das hat man im EBM-Bereich

nie gemacht und genau in dieser Hinsicht knüpfen die Waxtrax-Bands, die mit den HipHop-Beats relativ zaghaft umgehen, bei Stewart an. Bei den ebenfalls vom Punk her kommenden frühen Electro-Minimalisten wie DAF, Krupps, Der Plan etc. überwog hingegen eine dadaistische, spielerische Leichtigkeit. Obwohl diese Musik seit Acid House nachträglich in einem avantgardistischen Licht erscheint, verfehlte sie damals die einzig wirklich relevante Kampfaufgabe: Hardcore-Disco. Das Bedürfnis, gleichzeitig »militant« und »hedonistisch« sein zu können, hat immer existiert. Es wurde vom HipHop im Rahmen eines »identity politics«-Konzeptes verwirklicht, das mit dem popkulturellen, an Lebenstilen orientierten Differenzbegriff nicht beliebig vereinbar ist. Gerade weil HipHop die Idee »Hardcore-Disco« verwirklicht hat, sind politisierte »weiße« Subkulturen von ihm fasziniert, aber sie fühlen sich auf eine passive Konsumhaltung zurückgeworfen, weil nicht klar ist, wie an HipHop musikalisch und inhaltlich anzuschließen wäre.
Als Anfang der achtziger Jahre Rap populär wurde, schien es noch, als sei diese Aufgabe leicht zu lösen. Von beiden Seiten kam es zu spontanen Verbrüderungsversuchen. Die Rap-Crews Fearless Four und Cold Crush Brothers, aber auch The Clash und andere bemühten sich um einen Punk-Rock-Rap. Diese Begegnungen fanden jedoch ein schroffes Ende, als HipHop fast zeitgleich ideologisch »ethnisiert« und auf das High Tech-Niveau modernster Studiotechnik umgestellt wurde. Die Punk-Rock-Rap-Verbindung scheiterte schließlich auf der ideologischen wie auch auf der technischen Ebene: hier die groovende soziale Avantgarde mit dem Sampler, dort die rockende subkulturelle Avantgarde mit der Gitarre. Während die einen vorbehaltlos mit der neuesten Technologie arbeiteten, blieben die anderen in dieser Hinsicht zwischen berechtigter und konservativer Technik-Skepsis mit ihrem vom »technischen Fortschritt« entwerteten Equipment zurück. Die europäische House-Szene hingegen, die technologisch rasch auf dem aktuellen Stand war, hatte mit dieser ganzen Problematik nichts zu tun. Umso bedeutender für die Fortexistenz der Hardcore-Disco-Idee wurden all jene Gruppen, die vor allem in England die Anregungen von Stewart, Clail, Sherwood und LeBlanc aufgriffen und variier-

ten, zum Beispiel verschiedene Acid Funk- und Industrial Funk-Projekte, etwa A2L, 400 Blows und die Industriegeräuschefunk-Punker Skinny Puppy. In diese Reihe gehört durchaus auch die Industrial Gruppe Throbbing Gristle mit ihrem Album »20 Jazz Funk Greats.« Hinzu kam die »weiße« HipHop-Band Meat Beat Manifesto, deren Debutalbum »Storm The Studio« eine nachhaltige Wirkung auf die Gitarrenszenen ausübte. Groove und Sound ihres Industrial HipHop sind zugleich funky und aufbegehrend, Dancefloor- und Pogotauglich, aber an keiner Stelle anbiedernd oder begehrend gegenüber der »Black Music«. Zeitgleich mit MBM suchten Sample-Projekte und -Bands wie Renegade Soundwave (Dub Reggae/Acid/Metal/HipHop) oder Minister of Noise (Hardcore/Reggae/HipHop-Beats) einem konsensfeindlichen Hedonismus neue Terrains zu erschließen. Doch radikaler Dancefloor leidet bisher daran, daß er, wenn er sich gegen die geheuchelte tonale Gemütlichkeit, gegen die alle Lebenszusammenhänge beschönigende Harmonie wendet, meist auch Schwierigkeiten mit dem Groove bekommt und deshalb im Club nicht so gut »funktioniert« wie HipHop. Dem Anspruch von Technofunk, Industrial HipHop, Electro Punk, oder wie immer man diese Freestyle Dancefloor-Stile nennen mag, die alltägliche Monotonie zwar zu zitieren, sie aber nicht affirmativ zu idealisieren, ist jedoch unbedingt zuzustimmen. Die Freestyle-Experimente haben nachweisbare Rückwirkungen auf britischen Hardcore HipHop und auch auf einige amerikanischen Rap-Gruppen. Es lohnt sich, diesen Prozeß sich ständig verändernder musikalischer, sozialer und ideologischer Konstellationen zu verfolgen.

IV. Schwarze Musik und weiße Hörer

The New Power Generation

Kapitalismus als Menschenrecht

»Identität« und »Rebellion« sind im Rock und Pop zu Zauberworten aus vergangener Zeit geworden, als man, in der Nachfolge der Greenwich Village-Generation, noch mehr anschlagen wollte als Töne. Die vom Anspruch her kritischen Impulse und die diffusen Visionen der westlichen »youthculture« scheinen nicht nur unwiederbringbar verloren zu sein, sie erweisen sich im Rückblick, von wenigen Ausnahmen abgesehen, als Varianten eines auf cooler und nonkonformistischer Symbolik bestehenden Konformismus', in dessen Rebellenkostüme heute auch Nazi-Rocker schlüpfen können. Im Rock/Pop-Gewerbe, den »Alternative Rock« eingeschlossen, wird heute mit der Geschäftigkeit von Börsenmaklern und nicht selten auch mit der Skrupellosigkeit von Crack-Dealern agiert. Die Independend-Labels sind, bis auf wenige Ausnahmen, nun auch offiziell zu Talent-Scouts der Major Companies geworden – mit Abnahme- und Marketingverträgen im Erfolgsfall. Die Umschlagsgeschwindigkeit dieser Ware (und damit auch der an ihr klebende »Sinn«) hat sich erheblich beschleunigt.

Obgleich auch Marktprodukt, und nicht minder schnell umgewälzt, ist die »schwarze« Popularmusik immer noch ein Zwischen-Fall. Sie ist auch Zeichen eines sozial konstruierten »afroamerikanischen Lebensgefühls«, Überlebens-Mittel einer aus historischen und ideologischen Prozessen herausgewachsenen und heute sozial gespaltenen »Community«, einem komplexen sozialen Gebilde zwischen den Polen Wertemilieu (»Black is a state of mind«) und Sozialmilieu (eine durch den Druck des Rassismus immer wieder erneuerte Gemeinschaft). Das hebt die Regeln der Verwertung nicht auf, aber relativiert sie, beziehungsweise setzt ihnen Vorzeichen.

Deshalb stehen sich, trotz des Erfolges von Soul und HipHop in der »weißen« Jugendkultur, Rock und »Black Music« nach wie vor schroff gegenüber.
Während sich Nirvana darüber wundern, den Ton des Mainstreams getroffen zu haben und Sonic Youth einerseits noch ihren naiven Beinahe-Protest »Youth Against Fascism« mit einem entschuldigenden »the song I hate« einleiten, andererseits kokett vom »breakdown« des Punk sprechen, finden es dunkelhäutige Agitatoren und Hustler-Typen überhaupt nicht uncool, ihre *Standpunkte* kundzutun, mit drohendem Sprechgesang die Abkehr vom schönen Schein anzukündigen und politische Rebellion, religiöses Sektierertum, Hustlerkultur, Zuhälterattribute, Trade-Mark-Fetischismus und egozentrischen Körperkult in den Rang neuer jugendlicher Leitbilder zu heben. Rap gilt in den gestylten Einkaufspassagen der reichen Länder deshalb als »authentischer« Soundtrack des Ghettos, als dessen musikalische Möglichkeit und soziale Wirklichkeit und nicht zuletzt auch als das Bild von einer für möglich gehaltenen eigenen Zukunft, die man vermeiden und sie gerade deshalb, ästhetisch verfremdet, reflektieren möchte. Die Rapper, die da zur Kasse bitten, sind keine Gentlemen, das Negativ-Image ist einkalkuliert und es paßt auch irgendwie zu der Verhärtung des Konkurrenzkampfes, die als Tendenz die latente ökonomische Krisenhaftigkeit auch hier begleitet. Eine britische Musikzeitschrift meinte vor einigen Jahren, der mit Geld und Sex protzende jamaikanische Toaster Shabba Ranks liefere den Soundtrack zum Thatcherismus. In diesem Sinne wird auch HipHop von vielen »weißen« Konsumenten verstanden – als Beitrag zu einer sich zuspitzenden Realität des »Survival of the fittest« und als Moment einer heterosexuellen Restauration, deren Symbole – Kapuzenpullis und Sneakers – vom männlichen Anspruch auf eine bewegliche Konfliktbereitschaft im Raum des urbanen »congrete jungles« zeugen.
»Bereichert Euch« rufen nicht wenige Rap-Stars ihrem Publikum zu, und die deutsche Musikpresse zeigt begeistert die Galerie der Rap-Mobile von Easy-E (BMW 850i, 80.000 Dollar), EPMD (Mercedes 560 SEC, 86.000 Dollar) und Ice-T (Ferrari Mondial, 140.000 Dollar). Schwere Jungens, die sich mit schönen Mädchen und teuren Schlitten umgeben,

passen in eine Welt, in der zunehmend ungeschützte Arbeitsverhältnisse, eine zunehmende Zahl von Gelegenheitsjobbern und die allgemeine Unsicherheit der Existenz die Prostitution in allen ihren Facetten zum Grundmuster des Verteilungskampfes machen. Die auf Konsum reduzierte Persönlichkeit der 60er- und 70er Jahre, auf die sich die damalige Linke eingeschossen hatte, war ein Denkmal der Langeweile im Vergleich zu dem konsumorientierten Rapper der 90er Jahre. Dessen Haben-Wollen tritt ideologisch als kämpferisch gegen das »System« durchzusetzendes Menschenrecht auf Kapitalismus auf. Der Wunsch nach einem besseren Leben schlägt ins frenetische Einverständnis mit den konkurrenzkapitalistischen Regeln um, nach denen die Lebenschancen verteilt werden. (Bezeichnend in diesem Zusammenhang ist die Firmenbezeichnung von Spike Lee's Produktionsfirma: »40 Acres And A Mule Filmwork« spielt auf ein nie eingelöstes Versprechen gegenüber den ehemaligen Sklaven an, sie nach dem Bürgerkrieg zu entschädigen.) Mit der Warenwelt will sich der aufstrebende Outbound auch allen daran klebenden Sinngehalt aneignen und zwar jetzt und hier, denn morgen könnte es schon zu spät sein. An einer Kritik der marktwirtschaftlichen Konsum- und Produktionsstruktur ist er nicht interessiert. Daß er ihr Opfer ist, macht ihn nicht zu ihrem Gegner, sondern spornt ihn zu größeren affirmativen Anstrengungen an.
Die Annahme der Figur des Pimp in der westlichen Jugendkultur korrespondiert mit deren eigenen geheimen Erwartungen und ist zugleich das Komplement einer zunehmenden Reizbarkeit der Sinne gegenüber der »Barbarei«, die, Adorno zufolge, in der Gleichmacherei der Zivilisation verborgen ist. Viele »weiße« Kids halten gerade die Hustler- und Pimp-Rapper für angemessene Leitbilder der Gegenwart und identifizieren sich besonders stark mit Gruppen wie N.W.A., die von der Mehrheit der »Schwarzen« abgelehnt werden. Der Schrecken der Verelendung wird zur Genußsache und damit banal und alltäglich (so wie der Schrecken von Folter, Vergewaltigung und Todschlag heute selbst auf Theaterbühnen von meist männlichen Regisseuren betont lustvoll und bewußt »skandalträchtig«, jedenfalls nicht als Kritik an der dunklen Kehrseite der Moderne, inszeniert wird). Der nihili-

stische Pimp-Rap schlachtet aus dieser Sicht die letzten Tabus, indem er das Ghetto in Analogie zu der in Europa zum Symbol gewordenen Schutthalde als Deponie aller Hoffnungen ästhetisiert. Die Angeber-Halbwelt der Zuhälter, die im Rap neben den politisch engagierten Gruppen und den an Bibel oder Koran orientierten Anti-Dekadenz-Propheten einen festen Platz hat, hätte noch vor zehn Jahren, als im westdeutschen popkulturellen Milieu die provokante Armutsgeste der 70er Jahre noch ebenso wenig verbraucht war wie handkoloriertes Sperrgut oder der Anspruch auf Emanzipation, als demnach die Kritik an Konsumfetischismus und Körperkult noch als Ausweis progressiven Denkens galt, kein Publikum gefunden.

Heute können nicht wenige Kids im kulturellen Hintergrund des HipHop eine mögliche soziale Zukunft für sich selbst erkennen. Eine wichtige Rolle spielen dabei die Stammessolidaritäten. Die Selbstorganisation in Tribes, Clans, Syndicates, Units, Possees[11] und Five Percent-Eliteclubs, von der ja die Gruppennamen berichten, sind temporäre Zusammenschlüsse von hochgradig individualisierten Männern im Kampf um (ökonomische, sexuelle etc.) Territorien, die von der herkömmlichen Gang bis zur mittelständischen Unternehmenskette mit Studios, Plattenläden, Clubs und Fashion Shops reichen.

Diese Seilschaftsökonomie findet als Durchsetzungsform innerhalb der kapitalistischen Konkurrenz längst ihre Entsprechung auch in westeuropäischen Stadtlandschaften, als Seilschaften von Kommunalpolitikern, als Hype-Bündnis von Musikzeitschriften mit Promoterfirmen und Plattenfirmen und natürlich auch als Jugendgang im Viertel.

Rap – das neue Ding

»Kunst kommt nicht von Können, sondern von Müssen.«
(Arnold Schönberg)

Heute muß daran erinnert werden, daß »Black Music«, insbesondere HipHop, in Deutschland erst in allerjüngster Zeit zum Thema der Mainstream-Jugendkultur wurde (wie jetzt Raggamuffin Reggae). Bis zum Sommer 1986 war Rap selbst in London noch purer Underground, der von der Popwelt als ein nicht ganz ernstzunehmendes Grafitti-Break Dance-Wildstyle-Ding wahrgenommen wurde. Derek B war 1987/1988 der erste britische Homegrown B-Boy, der den Sprung in die Charts schaffte, gefolgt von Hijack, She Rockers, Einstein, M.C. Duke, Trashpack und anderen.
In westdeutschen Musikzeitschriften wurden Rap und HipHop nach Grandmaster Flash (Anfang der 80er Jahre), mit der Ausnahme Run DMC (1986), erst ab 1987 wieder sporadisch zur Kenntnis genommen (Beastie Boys, LL Cool J, Public Enemy, Salt 'N' Pepa). Die wenigen Musikjournalisten, die sich dem Thema widmeten, stießen bei den festgefügten Laibach-Nick Cave-Neubauten-REM-Mehrheiten in Redaktionen und Leserschaft auf massive Ablehnung und mußten um jede Zeile kämpfen. Dem damaligen »Spex«-Redakteur Lothar Gorris gelang es erstmals im August 1988 ein 15-seitiges »HipHop Special« mit den Themen Salt 'N' Pepa, Jazzy Jeff & The Fresh Prince, Eric B., Derek B., B-Boy Records, Afrika Bambaataa und dem Artikel »Krieg der Rassen« durchzusetzen. Damals, als Rassismus in der BRD noch »Ausländerfeindlichkeit« hieß, machte sich eine Redaktion noch wenig Gedanken, als sie den ursprünglichen Titel »Black Nationalism« in die Headline »Krieg der Rassen« umwandelte, obwohl in dem Text die Existenz von »Rassen« ausdrücklich bestritten wird. Das kleine Beispiel erinnert noch einmal daran, wie überrascht und inhaltlich überfordert die Musikpresse damals angesichts des plötzlichen Ansturms der neuen Black Power-Parolen war, die der Polit-Rap über die Kanäle der Musikindustrie in Umlauf brachte. Man ver-

fügte weder über einen Begriff des Rassismus, noch über genauere Kenntnisse der sozialen und kulturellen Hintergründe des HipHop, etwa der Situation in den (längst nicht mehr nur »schwarzen«) Ghettos oder der Programmatik der »Black Muslims«.

Nachdem sich, wer will, in der Abteilung »Internationale Presse« der Bahnhofskioske mit den neuesten Rap-Magazinen aus den USA eindecken kann, kennen zwar immer mehr HipHop-Konsumenten alle Details über die rappenden Unterstützer der Muslim-Sekte »Five Percenter« oder über die Farbsymbolik der Streetgangs von South Central, aber dieses neue Wissen hat die Vorstellung, in den USA würden zwei »Rassen« miteinander im Krieg liegen, eher unterfüttert.

Die proletarischen Kids, darunter viele jugoslawische und türkische Jugendliche, die sich seit 1980 in der Bundesrepublik mit Breakdance, Rap und Scratching beschäftigen, hatten seinerzeit mit der Musikpresse und ihrem Publikum nicht das geringste zu tun.

Den meisten Rock- und Pop-Fans galt HipHop nicht nur damals, sondern noch vor nicht allzu langer Zeit als »Disco-Ding« und auch in den Ex-Punk-Hardcore-Hafenstraßen-Kreisen wurde HipHop noch bis 1989 teilweise aggressiv abgewehrt. Erst von diesem Zeitpunkt an tauchten häufiger Plattenbesprechungen in Stadtzeitungen und Lifestyle-Magazinen auf. Biedere Rockbeamte in Rundfunk- und anderen Häusern absolvierten Crash-Kurse in Sachen »Black Music« und verkauften – zunächst der eigenen Klientel, dann auch dem »Zeitmagazin« und der »Süddeutschen« – die »schwarzen« »By All Means Necessary«-Parolen als den absolut allerneuesten Fruchtjoghurt. Inzwischen haben die gegen jeden Inhalt gleichgültigen und nur am Aspekt des *Neuen* interessierten »geht gut ab«-Rezeptionen der Mainstreammedien auf breiter Front den HipHop entdeckt und endgültig die Interpretationshegemonie übernommen. Die subkulturelle und »dissidente« Avantgarde hingegen, die gegenüber der Industrie einige Jahre Vorsprung hatte, hat es nicht vermocht, das »Thema« so zu behandeln, daß es dem Mainstream unmöglich wurde, vom HipHop zu reden, ohne auch über Rassismus in Deutschland reden zu müssen.

Pop is searching for a new way of being politically correct: The definition of a boombastic rap

Rap ist DJ-Musik. Break Beats und Sprechgesang, später Noise-Samples, Melodien-Samples, andere Samples.

Von Beginn an gab es Angeber-Raps, Beleidigungs-Raps, Klatsch-Raps, Unsinn-Raps, Party-Raps, Sex-Raps und Polit-Raps. Rap bedeutet zudem Lust an Kommunikation, endloses Reden und Argumentieren. So viel Text pro Zeiteinheit hat es nie zuvor gegeben. Eine derartige Worteflut hat nur einen Sinn, wo es ein gesellschaftliches Müssen, ein Bedürfniss nach Selbstaufklärung gibt. Und die Überzeugung, daß Diskurse dabei helfen können. Damit verstieß Rap gegen etliche Grundregeln der jüngeren Pop-Musik, insbesondere gegen den postmodernen Zwang zur Unverbindlichkeit.

Obwohl hinter HipHop heute der gigantische Apparat der Musikindustrie steht, liegen die emotionalen Wurzeln, die Rap seit rund 15 Jahren gegenüber den launischen Pop-Konjunkturen stabilisieren, noch überwiegend in der Erfahrungswelt der jungen Lower Class Blacks in den »schwarzen« Reservaten der nordamerikanischen Städte. Während sich jede andere Musikrichtung lediglich auf die hochgradig instabilen Wertemilieus individualisierter Metropolenszenen stützen kann, ist Rap nicht nur hip, sondern auch sozial geerdet in dem vom äußeren Rassismus zusammengehaltenen Sozialmilieu der Black Community.

Afrika Bambaataas Definition von 1982 stimmt noch immer: »Rap is about survival, economics and keeping our people moving on.«

Die sich um den Rap rankende HipHop-Kultur – Tanzstile, Kleidungsstile, Graffiti, Szenesprache, Gestik – oszillierte von Beginn an zwischen den Polen Black Awareness und Hustler Attitude. Die Linienkämpfe, die es seither darüber im Rap gab, sind beeindruckend. Längst vergessen sind der Adidas Sneakers Karneval, das »dissing« und die Goldketten. Es folgten KRS-One's »Stop The Violence«-Aufruf, die spirituelle Afrocentric-Welle, eine neue Welle von Slackness-Texten und New Jack-Hustlern sowie eine weitere Polarisierung zwischen Muslim-Fundamentalismus und den mehr realanalytisch argumentierenden Rappern.

Bevor sich jedoch die Frage stellt, was HipHop ist, was er vor allem für jene bedeutet, die ihn komponieren, produzieren und inszenieren, wurde in den Importländern bereits geprüft, wozu er sich gebrauchen läßt. Wer sein Geld in den Kauf einer Rap-Platte steckt, hat über deren Nutzen normalerweise eine gewisse Vorstellung. Er hat vielleicht auf »Yo! MTV Raps« ein Video von Public Enemy gesehen und identifiziert sich mit deren rebellischer Attitüde. Oder er erinnert sich beim Blick auf das pubertär-pornographische Cover des 2 Live Crew-Albums daran, daß er seine Unsicherheit in Sachen Sexulität auf ähnliche Weise sprücheklopfend überspielt. Der Fall, daß jemand in Deutschland alleine durch das Anhören der Musik dem HipHop verfällt, ist – abgesehen von langjährigen Soul- und Funk-Liebhabern, die einen ganz eigenen Zugang haben – eher selten. Ohne Video oder ohne begleitende und meist sinnstiftende Presseerzeugnisse gelangt heute kaum ein Musiktitel unter die Leute, und deshalb sind die mit bestimmten Interpretationen aufgeladenen Bilder immer schon bekannt, wenn die Musik das Ohr erreicht.

Allerdings sind diese Interpretationen stets uneindeutig und umstritten, somit Gegenstand von Kontroversen, in denen es den Beteiligten um die Durchsetzung ihrer jeweils spezifischen Art und Weise der Aneignung des exotischen Importproduktes geht. Während sich einige Zeitschriften das Thema brutal aneignen, gibt es andere, vor allem »Spex«, die bemüht sind, den Gegenstand ihres Interesses nicht zu überwältigen, sondern ihm sich kritisch-reflektierend anzunähern. Dabei stand eine Musikszene, die sich eigentlich nur gut unterhalten will, plötzlich ziemlich allein vor einem Berg von Fragen. Weder die Tageszeitungen noch der Buchmarkt boten irgendwelche Hilfestellung. Die Wucht des politischen Teils des Rap zwang dazu, längst begrabene Diskussionen über das Verhältnis von Politik und Pop bzw. Sozialstruktur und Lebensstilen von vorne zu beginnen und relativierte den beliebten, auf Style & Fashion reduzierten Take-It-Easy-Gestus. Immerhin lernten einige tausend Leute in Deutschland erstmals wieder seit dem Interesse der 68er Bewegung an den Black Panthers durch HipHop – und wohlgemerkt nicht über die üblichen Medien – Namen und Sachverhalte kennen, die in keinem Schulbuch stehen: die Situation in den Ghettos und deren unterschiedliche Bewertung innerhalb der Black Community, Geschichte und Gegenwart des afroamerikanischen Widerstandes, Malcolm X und Farrakhan, interracial relationships und »schwarzer« Antisemitismus, Früh-Geschichte Afrikas etc.

Wie ist die »Bring The Noize«-Tour zu bewerten, die Public Enemy im Januar 1992 gemeinsam mit der Hardrock Gruppe Anthrax nach Europa führte? War es ein Ausverkauf der Pro-Black Message, wie manche »schwarze« Fundamentalisten argwöhnten (selbst bei dem Konzert im »schwarzen« Londoner Stadtteil Brixton stellten die Rock-Fans 80 Prozent des Publikums!)? Oder war es die wohlorganisierte Offensive der führenden Polit-Rapper, um die Fahne der »schwarzen Emanzipation« auch in den Kinderzimmern der »weißen« Ignoranten aufzupflanzen und somit die einheitliche Front der Mehrheitsgesellschaft aufzubrechen? Hatte Bob Marley nicht die Hymne »Punky Reggae Party« geschrieben, weil er an die Symphatie der Punks für Reggae-Musik gewisse Hoffnungen knüpfte? Bahnt sich mit der Zusammenarbeit zwischen Public Enemy und Anthrax, R.E.M und KRS-One, Sonic Youth und Chuck D oder Ice-T und Jane's Addiction über ein Jahrzehnt nach den Cold Crush Brothers (Maxi »Punk Rock Rap«) endlich eine neue antirassistische Koalition der Jugendszenen an? Wird der große Respekt, den viele »weiße« Jugendliche der kompromißlosen Rhetorik mancher Rap-Gruppen entgegenbringen, nun von denen so gewürdigt, wie der Black Panther Führer Eldridge Cleaver das seinerzeit gegenüber der Generation der Beatniks tat? (Die linke Club Soul/Jazz/Rap-Gruppe Pressure Drop zitiert Cleaver auf ihrem Album »Upset« in dem Titel »Back 2 Back«). Oder ist es nicht so, daß hier die beiden bedeutendsten Märkte der amerikanischen Musikindustrie zusammengekoppelt werden, nachdem sich zeigte, daß die NWA-Platten in den Rock-Megastores der USA weggingen wie Schnittbrot? Bessern Public Enemy mit diesen Konzerten – Live-Konzerte sind die wichtigste Einnahmequelle von Bands – lediglich ihr Einkommen auf – mit dem Taschengeld der freundlichen White Middle Class Kids, die aus relativ sicherer Distanz nach einer anti-establishment identity suchen? Die mit Dunkelmännerkapuzen an brennen-

den Ölfässern sitzen und Dopebeats aus Ghettoblastern hören wollen – wie die hippen Inner City Guerilleros im Rap-Video auf MTV?
Es ist nicht einfach, diese und ähnliche Fragen eindeutig und abschließend zu beanworten. Die meisten Pop-Konsumenten – und somit auch die von ihnen finanzierten Zeitschriften – haben sich schon für die eine oder andere der oben aufgelisteten alternativen Bewertungen entschieden, ohne weitere Detailinformationen abzuwarten. Ihr Ausgangspunkt ist ihre Haltung, also die Existenz eines orientierungshelfenden Bezugshorizontes, der es erlaubt, die vorgefundenen Gegenstände bedeutungsvoll und im Einklang mit dem eigenen sozialen und kulturellen Milieu zu hierarchisieren.
Folglich wird der Ex-Punk die 2 Live Crew weiterhin nicht als »echten HipHop« durchgehen lassen und Ice Cubes autoritäre und rassistische Statements in antistaatliche uminterpretieren, werden die Leser von »Max« oder »Tempo« weiterhin den als unterhaltsamer und moderater empfundenen HipHop von De La Soul oder A Tribe Called Quest als authentisch empfinden und das freitägliche Club Publikum wird HipHop weiterhin nur in seiner Dancefloor-Dimension wahrnehmen.

Was HipHop *ist*, erfährt nur, wer sich, angetrieben vom Spaß am guten Groove, mit dieser Musik, ihren Texten und dem kulturellen Umfeld ernsthaft auseinandersetzt, was wiederum nur kann, wer »erklären können« nicht mit »verstehen können« verwechselt, wer also auch die Kritik wagt, statt sich gönnerhaft-großzügig zu geben (womöglich noch in scheinheiliger Abgrenzung zum Eurozentrismus), wo Rap-Gruppen Essentials (zum Beispiel die Ablehnung von Sexismus und Rassismus) unmißverständlich verletzten. Konkret: Wer zu Ice Cubes Album »Death Certificate« tanzt, obwohl er/sie die rassistischen Texte versteht, benutzt HipHop nur noch als Pop und verweigert den Rappern die Auseinandersetzung, weil er/sie sich sicher ist, sich das als StaatsbürgerIn einer aufstrebenden »weißen« Großmacht leisten zu können. Von diesem Standpunkt aus ist es tatsächlich egal, wovon die »Neger« sprechen – »Hauptsache, es groovt«.

Fear Of A Black Planet
(Public Enemy, Album-Titel)

Als der gewöhnliche deutsche Rassismus im September 1991 in der ostdeutschen Stadt Hoyerswerda offen und selbstbewußt sein brutales Gesicht zeigte, machten westdeutsche Journalisten umgehend die »sozialistische Plattenbauweise« als »Ursache« aus, um auf diese Weise den »guten Deutschen« im Westen aus dem Hut zaubern und gleichzeitig ihr Verständnis zeigen zu können. Daß der faschistische Mob es damals (und seither in aberhunderten weiteren Fällen) wagte, vor laufenden Kameras eine Unterkunft von Flüchtlingen mit Steinen und Brandsätzen anzugreifen, findet erst in der Rückendeckung eine Erklärung, die ihnen eine langjährige staatsoffizielle und öffentliche Hetzkampagne gegen die »Asylantenflut« bot. Innenminister Schäuble gab sich seinerzeit verständnisvoll gegenüber Tätern und Claqueuren: Zwar empfinde er nun »ein ganzes Stück Scham«, aber man müsse auch »die Sorgen und Ängste der Bürger ernst nehmen, daß unser Land von Flüchtlingen überschwemmt« werde.
Für Rassisten sind unterdessen »Schwarze« (Menschen mit einer dunkleren, als der in Europa vorherrschenden Hautfarbe werden als Angehörige einer anderen »Rasse« angesehen) derart zur bevorzugten Zielscheibe geworden, daß »The Voice«, eine Zeitung der britischen »Black Community« (die von einigen ebenfalls über hell/dunkel-Bewertungen, von anderen politisch und z.B. unter Einbezug asiatischer Einwanderer definiert wird), im Januar 1992 ihren Lesern dringend von einer Reise nach Deutschland abraten mußte.
Doch was ist mit den Zehntausenden, die zu den Konzerten schwarzer Popstars strömen, die die Alben von Prince kaufen und zu den Parolen separatistischer HipHopper tanzen? Sind das die Anti-Rassisten?

Schwierigkeiten beim »Nachempfinden« – die schroffe Variante

In der Musikzeitschrift »Zounds«, in der ich bis zu ihrer Einstellung Pop- und Rap-Platten besprochen habe, erschien im Februar 1992 ein »Report über die Rap-Rebellen« mit folgenden Schlußfolgerungen: »Wenn auch die Ideologie bitter

schmeckt, die daraus (aus der »rebellischen Wut«, G.J.) jeden Tag auf Platten neu entworfen wird, sollten Weiße den Becher (den Kelch?, G.J.) an sich vorübergehen lassen. Diese Sache ist nicht ihre Sache. Genausowenig wie die Emanzipationsbewegung der Frauen eine Sache der Männer ist.«
Wenn also Chuck D fragt: »Where are all the profits from the slavery holocoust?«, antwortet ein westdeutscher Musikjournalist kaltschnäuzig: »Da ich kein Schwarzer bin, so werde ich diese Texte in ihrer Intensität ohnehin nie nachempfinden, geschweige denn bewerten können.« (So ein anderer Autor in dem Dance-Magazin »Network Press«, Heft 84/90.)
Die von Public Enemy diagnostizierte »Angst vor einem schwarzen Planeten« hat viele Gesichter. Es gibt den offenen Rassismus und das systematische »Nicht-Verstehen-Wollen«. Bestreiten wir lieber nichts und sagen den Jungs einfach: »Eure Musik ist voll geil, wir kaufen Eure Platten und demonstrieren damit unser Verständnis. Auch wenn Ihr angesichts unserer Ignoranz immer schrillere Töne anschlagt, von uns braucht ihr weder ein Einsehen zu erwarten, noch eine Kritik an Eurer Adaption der rassistischen Logik zu befürchten. So gehen »wir« (mehr als 90% der Autoren und der Leser von Musikzeitschriften sind Männer) übrigens auch mit der Kritik von Frauen um. Wir sagen nicht (jedenfalls nicht öffentlich), wie manche von Euch, einfach ›bitch‹ zu jeder Frau, wir ignorieren ihre Bemühungen einfach so lange, bis sie sich als keifende Weiber aufführen, oder nennen sie ›starke Frauen‹, wenn sie sich wieder zusammenreißen. Die Emanzipation der Frauen ist schließlich deren Sache.«
Die wichtigsten Auskünfte über den Zusammenhang von ursprünglicher Kapitalakkumulation in Europa und dem lukrativen Dreieckshandel mit Sklaven, Baumwolle, Zucker und Industriewarenexport, sowie über die dadurch bewirkte Entvölkerung und Ruinierung großer Teil Afrikas, stehen heute durchaus in liberalen Schulbüchern. Als gewesene Geschichte begriffen, läßt sich das Thema mit einem verständnisvollen Schulterzucken abhaken. Tatsächlich aber speist sich nicht nur das rassistische, europäische Überlegenheitsgefühl bis heute auch aus dem Anblick eines hungernden und leidenden Afrikas. Liegt es nicht doch an den natürlichen Eigenschaften der Afrikaner, daß sie – so viele Jahre nach diesen »Ereignis-

sen« – auf keinen grünen Zweig kommen? Hätten sie den Abstand zu Europa nicht zwischenzeitlich verringern können? Es läßt sich aber auch anders fragen: Sorgen die Konkurrenzgesetze nicht dafür, daß die ökonomisch und militärisch führenden Nationen ihren Vorsprung ausbauen können (und in diesen Nationen die »weiße« Mehrheit)? Oder pointierter: Ist das unkritische Einverstandensein mit dem olympiareifen Lebensrhythmus hier, mit den allgegenwärtigen und alleine gültigen Kriterien von Funktionalität und Effektivität, nicht die Fortsetzung eines alten Krieges mit modernen Mitteln, und hat die Praxis der Rassifizierung von heute nicht mit dem kolonialen Blick von einst zu tun?
Doch für viele HipHop-Konsumenten sind Public Enemy & Co einfach »Schwarze«, die für ihre Sache kämpfen, nicht für etwas, was auch hier zu ändern wäre. Ein allgemeines, gemeinsames Problem können sie nirgends entdecken und deswegen erübrigt es sich für sie auch, mit ihnen über ihre Vorstellungen zu streiten, wozu übrigens, wäre das Interesse da, niemand extra nach Compton fahren müßte.

Schwierigkeiten beim »Nachempfinden« – die kritische Variante

Die Auffassung, wonach man sich ein Urteil nicht erlauben könne, weil man in *anderen* Verhältnissen lebe (als wären es nicht dieselben, nur eben von der Gewinnerseite her betrachtet), tritt auch bei kritischen Geistern zu Tage – häufig verpackt in eine allzu bequeme Distanzierung vom Eurozentrismus. So schreibt etwa Diedrich Diederichsen in »Konkret« 1/92, daß es »ein Luxus« wäre, die konservativ-patriarchalische Familienpropaganda in dem Ghetto-Film ›Boyz 'N The Hood‹, für den übrigens die US-Kinos mit dem Slogan »... a movie about the power of a fathers's love« (sic!) warben, »von hier aus mit Begriffen zu kritisieren, die nach 200 Jahren Kleinfamilienterror entstanden sind ...« Und weil es »dort doch buchstäblich weder eine Schule noch eine Familie noch irgendwas ... gibt, das sich um Young Black America kümmert«, seien »Familien Minimalforderungen ...«
Hinter dieser Position steht eine verbreitete männliche Klage über das angeblich traurige Los der »armen Singlemütter«. In den USA wird die Forderung von Black Nationalists aufge-

stellt, die in einem reglementierten Heiratsverhalten die Vorraussetzung zur Schaffung einer (notwendig imaginären) Gemeinschaft des »schwarzen Volkes« sehen. Sie ist auch ein Hit »schwarzer« und »weißer« Konservativer (wozu auch etliche Rapper zählen) und ehemaliger Sozialliberaler (»Kinder brauchen Liebe und Disziplin. Der Scheck vom Sozialamt ist kein Ehegatte. Der Staat ist kein Vater«, usw.). Den Singlemüttern, so heißt es, fehle der Mann im Haushalt, der sie unterstützt und die Kinder mit starker Hand zu ordentlichen Menschen macht. Intakte Familien würden den Kindern in den Ghettos die Chance bieten, nicht chancenlos aufzuwachsen. Doch in Schweden wird heute die Hälfte der Kinder unehelich geboren, ohne daß sie deshalb zu Hustlern werden. Es muß demnach doch wohl andere Gründe für die Marginalisierung geben.

Dummerweise geht die »Minimalforderung Familie« an allen Realitäten vorbei. Abgesehen davon, daß hier jede Begründung fehlt, warum sie überhaupt positiv zu bewerten sei und keine Erklärung gegeben wird, warum sie unter den spezifischen Vorraussetzungen nicht funktioniert, ist vor allem dies wichtig: Die Forderung kommt *nicht* von Frauen, sondern von Männern, und das ist kein Zufall. Die »armen schwarzen Singlemütter«, die ich in den USA kenne, wollen überhaupt keinen Mann in ihrem Haushalt. Sie haben Freunde, Väter, Brüder, Ex-Lover und Liebhaber, die ihnen auf Nachfrage helfen. Und wenn sie heiraten würden, würden ihnen verschiedene staatliche Leistungen gestrichen werden. Soweit zu den Fakten.

Aber es geht nicht nur darum, sondern auch um die lässige Umgangsweise mit bestimmten Aussagen männlicher, afroamerikanischer Rapper und Filmemacher. Indem gesagt wird, die hätten ja mangels Erfahrung mit »200 Jahren Kleinfamilienterror« (was sachlich falsch, aber ein beliebtes Vorurteil ist) die Begriffe noch nicht entwickeln können, die »wir« schon haben, empfiehlt man ihnen, die Erfahrungen selbst zu sammeln, deren Konsequenz man in Europa natürlich schon kennt: Terror. Die Botschaft lautet: Die müsssen da durch, das kann ihnen nicht erspart bleiben, weil niemand Bewußtseinsstufen überspringen und etwas gedanklich vorwegnehmen kann! Es ist dies ein traditionsreiches Essential linker

Denkart, deren bekannteste Ausformung das taktisch-instrumentelle Umgehen mit »Bündnispartnern« ist, mit denen man sich auf »Minimalforderungen« einigen will, um ihnen die ganze Wahrheit zu ersparen – in der Hoffnung, daß sie später selbst darauf kommen und um sich selbst nicht zu »isolieren«. Auf diese Weise läßt sich die unangenehme Realität, daß die meisten Menschen doch etwas anderes wollen als Linke, so drehen, daß diese Menschen zwar prinzipiell auf dem richtigen Weg, aber halt konkret »noch nicht soweit« sind. Ihre ganz anderen Ziele tauchen dann im linken Weltbildkatalog als »Teilforderungen« auf. So läßt sich dann, wohin man auch schaut, überall »Fortschritt« ausmachen und jede Kritik an dem falschen Wollen der anderen vermeiden. Auch die Rapper, was immer sie auch wollen, sind deshalb unsere Freunde.

Ähnlich auch Hans Nieswandt in »Spex«: Er hält die Mitgliedschaft bei den »Five Percentern«, einer rassistisch-elitären Abspaltung von der Nation Of Islam, »für eine rein taktisch durchaus angebrachte Art, in Amerika Oppostionen zu beziehen« (3/92). Er reiht sie in sein Weltbild ein und dadurch »gewinnt Five-Percenter-sein eine ähnliche Qualität wie etwa in Europa das Anarchist-Sein ...«

Selbstverständlich gibt es paradoxe Ebenen und versteckte Voraussetzungen im politischen Geschehen. Nicht alle dreadlockigen »schwarzen« Jugendlichen im London der 70er Jahre waren Rastas. Viele ließen sich einfach die Haare wachsen, um einen Generationenkonflikt mit den angepaßten Eltern auszutragen. Doch dann setzte eine ziemlich hart geführte Auseinandersetzung darum ein, wer ein »echter« Rasta sei und wer nicht. Die wirklich Überzeugten sammelten sich in festgefügten Sekten. Damit war »Rasta« so klar definiert wie heute »Five Percenter«.

Eine ähnliche »unsichtbare Inszenierung« kann man bei afroamerikanischen Intellektuellen und Künstlern beobachten, wenn es um den Black Muslim-Chef Farrakhan geht. Unter Studenten und Buppies galt es lange Zeit als schick, Cassetten mit Farrakhan-Reden zu besitzen. Unzählbar auch die älteren HipHop-Alben mit Credits für den großen Führer (»Farrakhan is a prophet so I think you ought to listen to what he can say to you« – Public Enemy, »Bring The Noise«). Auffällig

blieb jedoch, daß diese ganze Popularität der Nation Of Islam mitgliedermäßig nicht viel einbrachte. Das Problem des ehemaligen Calypso-Sängers Walcott aka Farrakhan ist nämlich, daß die meisten ihn nur als Druckmittel instrumentalisieren, um ihre reformistischen Ziele durchzusetzen. Wenn Farrakhan dabei stört, etwa 1984 im Wahlkampf von Jesse Jackson, läßt man ihn sofort fallen. Man droht (so erging es schon Malcolm X) der Gegenseite also mit einem extremistischen Programm (ökonomische und politische Autarkie), das man selber für völlig unrealistisch hält. Auf Dauer kann das aber nicht funktionieren. Nicht nur, weil Mainstream America das Spiel längst durchschaut hat. Auch die Muslims sind enttäuscht, werden immer schriller, fordern von den »trendy people« endlich Taten und beginnen, sie zu vergraulen.
Der Weg des NOI-Führers Farrakhans hingegen führt in die massenhafte Resignation und zu immer absurderen Verschwörungstheorien. Der Konspirationswahn, die Volksausgabe der Kausalitätsphilosophie, führt dazu, daß auf den Büchertischen »schwarzer« Nationalisten die antisemitischen »Protokolle der Weisen von Zion« verkauft werden. Nicht nur HipHop wiederholt sich inzwischen selbst, die ganze amerikanische Black Community steckt in einer dramatischen Krise. Sie ist sozial gespalten, angesichts der Veränderung der »ethnischen« Zusammensetzung der USA ohne Strategie und ohne Unterstützung einer breiten antirassistischen Bewegung. Der deutsche HipHop-Journalismus stellt sich daneben, genießt, verwaltet Berge von Detailinformationen und ... schweigt sich – lautstark über »für Weiße undurchschaubare schwarze Traditionen« theoretisierend und damit eine »künstlich gesteigerte Sichtbarkeit« (Horkheimer) der »Anderen« betreibend – aus. Genau aus dieser Haltung heraus, und nicht etwa um die Black Community gegen falsche Kritik zu verteidigen, rechtfertigt er häufig noch die absurdesten Statements, die von dort kommen. HipHop wurde zum ersten »Waterloo« einer selbstgefällig in ihren eigenen Ritualen erstarrten und im »Kult der Differenz« befangenen Subkultur. Das Aufkommen eines neuen »Rechtsrocks« stürzte dann den Mythos einer weltumspannenden, irgendwie rebellischen »youthculture« in die nächste Krise.

Wenn die Faszination umschlägt ...

Die Mainstream-Jugendkultur pflegt ihre ganz eigene Rezeption von HipHop. Die überall ventilierte Information, Rap sei »Musik aus dem Ghetto« (was übrigens die Existenz mittelständischer Werte nicht ausschließt), macht bei den Jungs und Mädels mit den aufgeräumten Jugendzimmern zunächst mal mächtig Eindruck. Der Begriff »Ghetto« erinnert die ökologisch geschulten Ohren irgendwie an »Biotop«, wo es ja auch ziemlich »authentisch« sozialdarwinistisch zugehen soll. Die HipHop-Mode mit ihrem Survival- und Risiko-Design (Kapuzenpulli, Allround-Sportschuhe, aber auch »Patrol«-Jeeps etc.) wird als weiteres Signal einer notwendigen Mobilmachung für die allgemein erwarteten »härteren Zeiten« verstanden und akzeptiert. Die Rapper bedienen diesen Markt mit Verve. Sie wissen, daß ein »Straight Outta Compton« auf dem Plattencover ungefähr die gleiche Wirkung hat wie ein »Garantiert ohne Konservierungsstoffe«-Sticker auf der Schulmilch ihres europäischen Publikums. Mit Rap, so das Lob, wird niemand betrogen wie beim satten Rock, wenn hier »Elend« draufsteht, ist auch wirklich welches drin.

Die Faszination, die heute die verschiedenen Spielarten des HipHop auf die sozial und kulturell heterogenen europäischen Jugendszenen ausüben und die von der Pimp-Begeisterung über ein nur am Groove interessiertes Publikum bis zum Hausbesetzer mit Public Enemy-Tape im Ghettoblaster reicht, wird unter bestimmten Umständen vom latenten Rassismus empfindlich gestört. Was soeben noch die ästhetisch vermittelte Antizipation einer *möglichen* Zukunft war, vielleicht aber auch nur die Folie, vor deren Hintergrund man sich heimlich dazu gratulieren konnte, ein besseres Los gezogen zu haben, wird zu einer ernsten Sache, wenn die idealisierten Figuren näher rücken oder in der eigenen Lebenswelt realer werden.

Für viele war HipHop nie mehr als ein greller und paradoxer Videoclip, dessen Code zu knacken, manchen auch schon mal eine intellektuelle Anstrengung wert war. Besonders für die professionellen Schrittmacher des schönen Scheins, die ständig auf der Suche nach »interessanten und unverbrauchten Positionen« sind, war und ist HipHop nie mehr als eine

ästhetische Geste mehr. Ein Artikel über die Ideenwelt der »Five Percenter« paßt hervorragend in dieses Konzept. Nicht zuletzt farblich.
Wie dünn die schicke Decke von »Toleranz und Weltoffenheit« bei den schreibenden City Slickers ist, zeigte sich zum Beispiel Anfang 1992, als Tageszeitungen und Stadtmagazine den Film »Boyz 'N The Hood« rezensierten und dabei erstmals rassistische Untertöne aufkamen. So schrieb zum Beispiel die Stadtillustrierte Prinz: »Schade, daß der Film unfreiwillig von der ersten bis zur letzten Minute signalisiert: Die Ausländerhasser in Hoyerswerda und anderswo haben völlig recht. Denn sämtliche Filmprotagonisten haben die kriminelle Energie buchstäblich in den Genen, wollen nur randalieren. Singleton, selbst schwarz, hat den reißerischen Effekten zuliebe seine eigene Rasse diskriminiert. Und im Hintergrund groovt der Rap. Schlimm!«
Ein Artikel in der Springer-Zeitung »Hamburger Abendblatt«, zur gleichen Zeit erschienen, schlug in die selbe Kerbe: »Dieser Film produziert Rassenvorurteile und ist deshalb überflüssig wie ein Kropf.«

Neben dieser offen rassistischen Position (»in den Genen«, »eigene Rasse«) hält sich jene, die in den 80er Jahren im Kulturjournalismus dominant war. Zeitschriften wie der »Wiener« offerieren ihrem Publikum das Leben in den amerikanischen Ghettos weiterhin als genußvoll-geilen Action-Thriller, berichten begeistert vom Gangsta-Rap als dem Neuen Ding oder South Central als dem »modernen Wilden Westen«. Sie verstecken ihren Rassismus in Reden vom »wildwuchernden Asphaltdschungel« und der »authentischen Glaubwürdigkeit der Ghettoidentität«.

Club Culture

Die feindseligen Töne, die anläßlich der Trauerfeierlichkeiten für Marlene Dietrich aus dem deutschen Volkskörper herausgrollten, belegen abermals die tiefe Abneigung des »deutschen Wesens« gegenüber jenen großstädtischen subkulturellen Szenen, die erstmals in den 20er Jahren sichtbar wurden und die schon damals mehr *neben* dem völkischen Mainstream als *gegen* ihn standen. Die heutige subkulturelle Avantgarde ist allerdings, im Unterschied zu der der 20er Jahre, nicht groß- oder bildungsbürgerlich, sondern sozial heterogen. Sie hat vor allem den *Club* zu ihrem sozialen Ort gemacht, einem Ort, der losgelöst von allen ungleichen Lebensbedingungen zivilisierte Geselligkeit bietet. Doch auch der dort praktizierte kosmopolitische Antiprovinzialismus steht meist nur neben dem nationalistischen Trend und quer zu ihm, nicht aber aktiv gegen ihn.

More Than Just A Sex Symbol
Josephine Baker

Gehört Josephine Baker in die »Hall Of Fame« der amerikanischen Black Community? Bei der Beantwortung dieser Frage sind sich die Verwalter der Ahnengalerie bis heute nicht ganz sicher. Da ist einerseits der Stolz über »the world's first black woman superstar«, die die lange Liste der erfolgreichen Afroamerikanerinnen hervorragend ergänzt: »The first black woman councillor« (Jean Bernard), »the first black model to appear on the cover of »Vogue« (Naomi), »the first ordained black woman« (Reverend Nan Peete), »the first black woman mayor« (Janet Adegoke) oder »the first black woman astronaut« (Mae Jemison).
Aber da gibt es auch die Josephine Baker, die im Bananenröckchen die Phantasien eines »weißen« Publikums vom animalisch-sexuellen, afrikanischen Eros bediente, die den größten Teil ihres Lebens in Europa verbrachte, fast ausnahmslos mit »weißen« Liebhabern und Ehemännern lebte und sich auch noch vehement von der Black Power-Bewegung abgrenzte.
Josephine Baker wird 1906 im schwarzen Ghetto von St. Louis/Illinois geboren. Schon im Alter von 13 Jahren verläßt sie per Heirat ihr Elternhaus und verschafft sich eine Anstellung beim Booker T. Washington-Theater als Bühnenhelferin und Tänzerin. Mit 15 wechselt sie als Tänzerin in das pulsierende Harlem der 20er Jahre und heiratet dort bereits zum zweiten Mal. Ein Jahr später nimmt sie einen Job als Tänzerin in dem Blues Musical »Shuffle Along« an. Die junge Josephine gilt zu dieser Zeit als gummibeinig und schieläugig, und ihre Rolle ist die einer »komischen Nummer«.
1925 erhält sie das Angebot, in Paris in der »Revue Nègre« (!) aufzutreten. Dort sieht man sie mit anderen Augen als in Amerika. Eine »zivilisationsmüde« Pariser Avantgarde schwelgte damals in ästhetisierenden Vorstellungen von einem »unbefleckten Urzustand«, in denen mythologische Exotismusschwärmereien, wie die vom »edlen Wilden«, eine zentrale Rolle spielten. Sie glaubte an die bezwingende, ur-

sprüngliche Kraft afrikanischer Skulpturen und blieb darin doch den Vollkommenheitsidealen der abendländischen Kultur treu. Man schwärmte von der »überschäumenden Lebenskraft, tiefen Emotionalität und Authentitzität der Negroes«. Dieser schöngeistige, dekorative Rassismus, dessen ehrfürchtiger Blick auf den »schwarzen Körper« die hegemoniale Herrschaftsposition immer schon voraussetzt, trägt Josephine Baker als »Kleopatra des Jazz« in kürzester Zeit nach oben. Sie tritt nackt auf, lediglich drapiert mit Federn oder afrikanischen Symbolen, tanzt mit hüpfendem Hintern den »Black bottom«, läßt sich mit Leoparden fotografieren, und wenn sie dann mit verrenkten Hüften und ausgestrecktem Po die ineinander verflochtenen Arme in phallischer Beschwörung emporreckt, erscheint sie vielen Franzosen als Sinnbild »natürlicher« Leidenschaft und »diabolischer Intensität«. »La Baker« war eine Sensation.

Bis dahin mehr Objekt als Subjekt der Ereignisse, entwickelt sie zunehmend eigenes Profil. 1928 geht sie, zu diesem Zeitpunkt schon bestbezahlte Chortänzerin der Welt, auf eine ausgedehnte Europatournee und lernt in Wien und Berlin bald auch die ordinären Formen des Rassismus kennen. Sie denkt ernsthaft daran, den Exotikkult um ihre Person zu beenden und mit dem Tanzen aufzuhören.

Anfang der dreißiger Jahre kehrt sie aus Buenos Aires als Sängerin zurück. Ihr »J'ai Deux Amours« verzaubert die Pariser tatsächlich so, wie es früher ihr Tanz tat. Josephine Baker führt ein ausgedehntes Luxusleben. Dazu gehörte auch, daß sie freizügig über ihren Körper und ihre Gefühle verfügt, aus einer Liebschaft in die andere stolpert und sich keineswegs dem gültigen Moralkodex fügt. Politisch ist sie zunächst völlig naiv. Sie unterstützt wortreich Mussolini in seinem (Golf-) Krieg gegen den (von den Rastas heute als Gott verehrten) äthiopischen Kaiser Haile Selassie. Doch 1931 setzt sie durch, daß für ihre Shows mehr »Schwarze« als Bühnenpersonal und Musiker angeheuert werden und während des 2.Weltkrieges tritt sie mit der für sie typischen Deutlichkeit (»You Can Kiss My Ass«) gegen den Ku Klux Klan an, der sie aus der Ferne bedroht. Nachdem sie 1938 einen französischen Juden heiratet, wird sie Aktivistin in der »Liga gegen Rassismus und Antisemitismus«. (Zur gleichen Zeit veröffentlicht die afroamerikanische Schriftstellerin Zora Neale Hurston ihr berühmtes Buch »Ihre Augen schauten Gott« und singt Billie Holiday »Strange Fruits«, ein Song gegen die Lynchjustiz, der ihr eigener Vater zum Opfer gefallen ist). Während der Besetzung von Paris durch die deutschen Faschisten schlägt sie sich auf die Seite der Resistance und riskiert ihr Leben, weil sie für die Alliierten spioniert. Gleichzeitig macht sie es bei ihren Auftritten vor den siegreichen amerikanischen Soldaten zur Bedingung, daß afroamerikanische Soldaten ihre Plätze während der Show frei wählen können.

Nach dem Krieg setzt sie ihren Kampf gegen den Rassismus auf sehr private Weise fort. Sie adoptiert ein dutzend Kinder aller Hautfarben, die sie ihren »Rainbow Tribe« nennt. Bei einem USA-Besuch 1951 wird sie verdächtigt, Kommunistin zu sein und wird für kurze Zeit in Haft genommen. 1961 folgt sie einer Einladung Castros nach Kuba, woraufhin ihr bis 1963 die Einreise in die USA verweigert wird. Als sie später wieder in die Staaten zurückkehrt, nutzt sie ihre Popularität, um auf Kundgebungen gegen die Apartheid in den USA zu protestieren. Anfang der 70er Jahre – in den USA wird Angela Davis der Prozeß gemacht und erscheint Alice Walkers Buch »Die Farbe Lila« – existieren bereits mehr als ein dutzend Baker-Biographien. Nach nahezu 54 Jahren auf der Bühne stirbt sie am 12. April 1975 in Paris. Die Debatte um ihre Person – insbesondere unter den Afroamerikanern – ist bis heute nicht beendet. Fast jedes Jahr erscheint eine weitere Baker-Biographie und werden neue Filme über ihr Leben gedreht – mit Stars wie Diana Ross und Lynn Whitfield. Josephine Baker hat das Bedürfnis einer grundsätzlich rassistischen und patriarchalischen Gesellschaft an einer »exotischen Schönheit« (ein Begriff, der die ideologische Konstruktion von »Geschlecht« und Rasse« wie auch die soziale Konstitution von »Natur« komprimiert) als Sprungbrett aus der Armut und Bedeutungslosigkeit genutzt und das Spiel mitgespielt. Doch sie wandelte sich vom bloßen Objekt anderer zu einer Person mit eigenem Willen.

Welcome To The Terrordome

Public Enemy

Die entscheidende Wende zur Politisierung des Rap ging von einer Gruppe aus, die Anfang 1987 noch als Supporting Act von LL Cool J und den Beastie Boys auftrat: Public Enemy. Chuck D, Flavor Flav, Terminator X und Professor Griff knüpften der Form nach wieder stärker an die herkömmliche »Band«-Idee an, allerdings so, daß sie die klassischen Band-Rollen (Gitarrist, Schlagzeuger, etc.) in politische Posten (Informationsminister, etc.) verwandelten. Die »Band« kümmerte sich hauptsächlich um Inhalte und Symbolik, bei der Musik verließ man sich weitgehend auf hervorragende Produzenten. Public Enemy instrumentalisierten von Anfang an das Interesse an Rap für die Darlegung ihrer Standpunkte. Der offen ausgesprochene Ausgangspunkt war die Propaganda, unter Berücksichtigung zwar der gängigen Konsumgewohnheiten (Audio/Video), aber ohne allzuviel Rücksicht auf den üblichen Künstlergestus, Standpunkte nur metaphorisch anzudeuten und analogiehaft in schöne Poesie zu verpacken. Schon der Gruppenname ist unter diesem Gesichtspunkt gewählt. Für sich genommen sprengt er noch nicht die Pop-Regeln (»Radical chic«), aber vor dem Hintergrund der sehr gespannten Situation in den Ghettos der Marginalisierten spricht er pointiert aus, wo Millionen Afroamerikaner heute ihren sozialen Standort sehen. Um eine ihrer Agit-Prop-Absicht abträgliche, allzu ernste und trockene Ästhetik zu vermeiden, haben Public Enemy ihre sinnlosen Uhren und die Clown-Rolle von Flavor Flav geschaffen. Ihr uniformierter Kollektivismus wird so auch für bunte Individualisten akzeptabel. Um sich gegen ein Meer konkurrierender Stimmen durchzusetzen, bedient man sich des Hour-Of-Chaos-Prinzips: Sirenen, Searchlights, atemlos durcheinanderredende Stimmen, enervierende und apokalyptische Geräusche – kurz alles, was Streß verursacht und dennoch ein Hinschauen/Hinhören erzwingt. Doch darunter liegt der Groove, der auch jene auf die Tanzfläche zieht, denen der Inhalt von »Fight The Power« gleichgültig ist, die aber dann doch nicht ganz ignorieren können, daß der Rap »Fear Of A Black Planet« die »weiße« traumatische Angst vor einer »gelben« oder »schwarzen« Gefahr thematisiert, die heute »Asylantenflut« heißt oder in Fernsehfilmen als verzweifelter Sternmarsch der Armen auf die Metropolen dargestellt wird.

Public Enemy sprengen den Pop-Diskurs

Nach einem spektakulären Aufstieg zur ton- und richtungsweisenden Rap-Gruppe sind Public Enemy überraschend in die Defensive geraten, nachdem die antisemitischen Äußerungen von Professor Griff das für ihren Wortführeranspruch konstitutive Moment von Geschlossenheit aufbrechen ließen. Im Grunde hatte Griff nur wenig mehr gesagt als auch Chuck D bisweilen in früheren Interviews sinngemäß äußerte. Umso erstaunlicher war es dann, daß man Griff erst zehn Monate nach seinen rassistischen Ausfällen rauswarf und sich dann einerseits von ihm distanzierte, andererseits auf den Singles »Terrordome« (»Crucifixion ain't no fiction«) und »Anti-Nigger-Machine« (»Once they never gave a fuck about / what I said / now they listen and they want my head«) verschlüsselte Erklärungen und Rechtfertigungen nachschob. Offensichtlich wurden Public Enemy von der Hartnäckigkeit, mit der man sie 12 Monate lang in die Zange nahm, überrascht. Ihr Lavieren zwischen halbherzigen Dementis und halbherzigen Selbstkritiken hat den Mythos zerstört, für den sie bisher standen. Der Anspruch, die Presse und überhaupt die herrschenden Strukturen souverän auszunutzen und zu benutzen, erwies sich als Fiktion. Was aber veranlaßte die Musikpresse und die Trendmagazine dazu, Public Enemy so hartnäckig zuzusetzen? Anders gefragt: Seit wann ist die Mainstreampresse derart engagiert, wenn es um die Zurückweisung von Antisemitismus geht? Ganz offensichtlich wurden hier zusammen mit dem (eindeutig zutreffenden) Antisemitismus-Vorwurf noch einige andere offene Rechnungen beglichen. Denn Public Enemy sind in jeder Hinsicht »zu weit gegangen«. Sie haben einige Regeln verletzt, die im (Pop-) Kulturbetrieb sakrosankt sind.

Public Enemy haben sich in eine Situation manövriert, die sie aus der Sicht der Musikpresse zu sperrig macht. Durch ihren insistierenden Rekurs auf das im Pop zunehmend verdrängte

Soziale wollten sie der Musikkritik eine Reflexion über das Verhältnis von Pop und Politik aufzwingen. Schon die Strukturen der Pop-Welt sind auf politische oder gar theoretische Erörterungen, streitbare Diskurse etc. überhaupt nicht ausgelegt. Aus diesem Blickwinkel gab es bei Public Enemy immer schon einen inhaltlichen Überschuß, mit dem man nur schwer fertig wurde, den man mühevoll beschneiden, umformen, wegkürzen mußte. Über einen kurzen Zeitraum hinweg schafften es Public Enemy immerhin, harmlos-friedliche Pop-Blätter vorübergehend in Debattenorgane zu verwandeln und sie damit in eine kleine Identitätskrise zu stürzen: Soviel Ernst und Schwere widersprach vollständig dem Selbstverständnis eines auf Coolness & Hipness selbstverpflichteten Musikjournalismus und auch dem eines an leichtsinnigem Habitusrohstoff interessierten Publikums.

Anfangs waren Public Enemy vielleicht noch eine faszinierende, exotische Abwechselung, die den Bedarf nach immer drastischeren Genüssen befriedigte, und für manche stellten sie sicher so etwas wie eine Herausforderung und neue Sinngebung dar. Weil sie jedoch immer neue Argumente nachschoben, empfand man sie bald schon als penetrant. Mit den üblichen Mitteln der subkulturellen Popschreibe ließen sich Public Enemy irgendwann nicht mehr verwalten, denn der dem »Black nationalism« zugrundeliegende Differenzbegriff gehört einer anderen Ebene an als das Streben nach Unverwechselbarkeit im popkulturellen Milieu. Selbst wo die Platten von Public Enemy akribisch nach kleinen Gags, unverbindlichen Allerweltsthemen, Sex und geilen Samples abgeklopft wurden, war am Ende doch nicht zu übersehen, daß das Thema verfehlte, wer zu den politischen Inhalten schwieg. Die aber sind so präzise formuliert, daß sie nicht mit flotten Worten als interessant-extravagante Geistesblitze abgetan werden können. Damit saß der internationale Pop-Betrieb fest, und je länger sich Public Enemy hielten, desto unerträglicher erschienen sie. Dummerweise konnten sie aber angesichts ihrer musikalischen Bedeutung nicht einfach ignoriert werden, andererseits waren sie aber auch nicht im Vorbeigehen zu wiederlegen. Dazu hätten Musikredaktionen, deren zentrales Thema die ästhetische Glorifizierung des Wirklich-

keitsverlustes hedonistischer Individuen ist, sich intensiv mit den von Public Enemy angesprochenen Thematiken beschäftigen müssen.
Zur Verteidigung der bundesdeutschen Musikszene muß allerdings erwähnt werden, daß sie keinerlei intellektuelle Unterstützung und Zuarbeit von außerhalb erhielt. Im Grunde wurde hier eine Szene, die sich ausdrücklich und ausschließlich mit Unterhaltung beschäftigen will, via HipHop-Import in ein Thema hineingerissen, das in dem Land, das ein paar Jahrzehnte vorher die faschistische Rassengesetze hervorgebracht hatte, Ende der 80er Jahre noch »Ausländerfeindlichkeit« hieß. Über HipHop und wohlgemerkt nicht über andere Medien wurde vielen plötzlich die sozialökonomische Lage der Afroamerikaner ins Bewußtsein gebracht. Minister Louis Farrakhan, Malik El Shabazz, Fruits Of Islam, Geronimo Pratt, African heritage ... Namen, Begriffe, Symbole tauchten plötzlich auf und verlangten nach Erklärung, die zusammenhängend in keiner Schule gelehrt werden.
Als dann Professor Griff der rechten Washington Times sein antisemitisches Interview gab, in dem er über den »normalen« und daher bisher geduldeten Antisemitismus ein Stück hinausging, d.h. öffentlich sagte, was auch privat viele denken, da bot sich dem internationalen Kulturjournalismus endlich die Gelegenheit, Public Enemy platz- und gedankensparend auszuzählen.
Hatten bisher Public Enemy anderen ihre Themen diktiert, so wurde nun an ihnen ein Thema festgemacht. Ihr Hinweis auf die vielen Gesichter des Rassismus konnte nun überhört werden. Jetzt saßen sie erstmal auf der Anklagebank. Der Skandal daran ist zunächst, daß ihre Aufdeckung des »weißen« Rassismus keinen Skandal auslöste und daß Leute, die über diesen Rassismus lieber schweigen, nun über den (zweifellos falschen und bornierten) »reverse racism« zu Gericht sitzen. Aber indem der Idi Amin-Fan Professor Griff einige im »harmlosen« Antisemitismus angelegte Konsequenzen offen ausplauderte und damit ein gesellschaftliches Geheimnis ausplauderte, ergab sich die Gelegenheit, sich über den »schwarzen« Rassismus zu empören, ohne den vorausgegangenen »weißen« einzubeziehen. Jetzt konnte man moralisch werden und auf Argumente verzichten.

Das in einigen Musikzeitschriften zwischen den Zeilen angedeutete Bild, wonach »einflußreiche jüdische Kreise« dabei sind, Public Enemy zu Fall zu bringen, entspricht selbst den klassischen antisemitischen Vorstellungen von einer jüdischen Mafia, die die Presse, die Plattenindustrie und was sonst noch alles kontrolliert. Tatsächlich verlieh die bürgerliche Öffentlichkeit dem jüdischen Protest diesmal nur deshalb etwas Gewicht, weil sie mit Public Enemy eigene Rechnungen zu begleichen hatte. Am Ende bleiben der »schwarze« Rassismus und die »Macht der Juden« übrig, während der »weiße« Rassismus rausgekürzt wurde.
Die deutsche Easy Listening/Black Music-Szene setzte die Akzente allerdings etwas anders als die amerikanische oder britische Presse. Sie spielte den Antisemitismus von Griff herunter, hielt ihn entweder als »interessantes Phänomen« genüßlich in der Schwebe oder trug zur Demontage von Public Enemy bei, indem sie Griff mit kaum verhüllten eigenen antisemitischen Argumenten verteidigte.

»Die Macht der Juden«

Wer jemals mit afrikanischen, afroamerikanischen und afrokaribischen Black Power Aktivisten, d.h. mit Leuten, denen der »Rassenkampf« als Motor der Geschichte gilt, zu tun hatte, weiß von den dort verbreiteten antisemitischen Phantasien, CBS, die Süddeutsche Zeitung, die gesamte amerikanische Presse, das halbe englische Unterhaus und der amerikanische Kongreß seien fest in »jüdischer Hand«. »Black & Jews – An Old Confrontation« – Bücher mit solchen Titeln werden seit Jahren in Black Liberation-Buchläden angeboten. Dieser Antisemitismus, gegen den viele Afroamerikaner leidenschaftlich ankämpfen,[12] ist eine ebensolche Tragödie wie die Ressentiments selbst diskriminierter Türken gegenüber Kurden und zeigt nur erneut, daß Unterdrückung nicht einfach klug macht. In verschiedenen afrikanischen Staaten werden seit langem Juden verfolgt. Über Idi Amin soll Professor Griff gesagt haben: »He rounded up all the Jews and murdered them, when they tried to sneak into Uganda and take the land.« Wer um solche Aussagen ein wichtigtuerisches Palaver veranstaltet, ob sie wirklich genau so gesagt und so gemeint waren, oder doch vielleicht etwas anders (weniger »vereinfachend«), hat sich auf die Logik des Antisemitismus längst eingelassen. Amin hat Juden (und Inder) umgebracht und Griff, die »Skandalnudel« (»Network Press«/NP), benannte ihn auf seinem Solo-Album als einen seiner Helden. Daß Idi Amin durchaus das Richtige gemacht habe, ist im übrigen eine Bemerkung, die bei besonders hitzigen Debatten mit Black Power-Aktivisten immer wieder herausrutscht. Um diesen Antisemitismus kritisieren zu können, muß man nicht nur einiges über die Ideologiegeschichte des »schwarzen« Selbstfindungsprozesses wissen, sondern zuallererst – besonders in Deutschland! –, den Antisemitismus überhaupt zu kritisieren wissen.

Wer sich auf die »Sach-Argumente« von Antisemiten einläßt, hat nicht begriffen, daß Antisemitismus eine irrationale Leidenschaft ist, eine dummdreiste Verschwörungstheorie, die im verwirrten Kopf eine Scheinordnung herstellt, indem sie für die erlebten Widersprüche dieser Welt eine beliebig modelbare »Erklärung« bietet. Der Antisemitismus hat nichts mit dem »Verhalten von Juden« zu tun, weil jedes jüdische Verhalten jeweils eine andere Sorte von Antisemiten aktiviert. Nichts ist daher gedankenloser als das von Public Enemy in »Welcome To The Terrordom« indirekt vorgebrachte »Argument« widerlegen zu wollen, die Juden hätten Jesus umgebracht. Und das »Argument«, Griff könne kein Antisemit sein, weil er immer noch mit Juden Geschäfte mache, ist schon zusammen mit der drastischen Bebilderung jüdischer Drahtzieherei (Boykottaufrufe »einflußreicher« Judenorganisationen etc.) der Übergang zur klassischen Stereotype von der verschwörerischen Macht des »Weltjudentums« (»NP«). Diese Macht hat es nie gegeben. Außer im Staate Israel haben Juden als »Gruppe« keine politische Macht, und dort, wo jüdische Journalisten oder Geschäftsleute Einfluß haben, haben sie diesen nicht als Agenten eines Judentums, sondern als Privatleute. »Die Juden« waren weder in der Lage, die Bombardierung der nach Auschwitz führenden Gleise bei den Alliierten durchzusetzen, noch Reagans Besuch der SS-Gräber in Bitburg zu verhindern, noch konnten sie die »ethnisch« begründete deutsche »Wiedervereinigung« verhindern.

Für Antisemiten sind Juden entweder durchweg schlitzohrige Ausbeuter (»linker« Antisemitismus) oder drahtzieherische

Sozialisten (rechte Variante). Wenn sich Juden gegen diese Bilder wehren, die zu Auschwitz führten und auch heute noch eine Rund-um-die-Uhr-Bewachung aller Synagogen notwendig machen, dann spricht man von »Überempfindlichkeit und Dünnhäutigkeit« von »albernen« Leuten, die den Antisemitismus mit der Lupe suchen (»Wer suchet, der findet«) und jeden »starken Tobak« (dazu gehört der von dem Chicagoer Demagogen Steve Cokely 1988 erhobene Vorwurf, jüdische Ärzte machten Aids-Experimente an afroamerikanischen Babys) allzu ernst nehmen und bewußt die »unglücklich-plakativ ausgefallenen Vereinfachungen« ihrer Kritiker aufbauschen (»NP«). »Die Juden« wollen also letztlich noch die Redefreiheit beseitigen. Wie schon Adorno 1962 feststellte: »Ein besonders hintersinniges Argument ist: ›Man darf ja gegen die Juden heute nichts sagen.‹ Es wird sozusagen gerade aus dem öffentlichen Tabu über den Antisemitismus ein Argument für den Antisemitismus gemacht.« Mit anderen Worten: Die Juden wollen demnach verhindern, daß man über ihre Verbrechen offen redet. Das zeige wiederum ihre Macht und auch, daß sie etwas zu verbergen hätten. Daß man nach Auschwitz – nach dem »Gaskammer-Bullshit« (»NP«) nicht mehr offener Antisemit sein kann, wird offenbar als Einschränkung empfunden. Man würde ja nur so gern »frei und offen« über Israels Verbrechen in Palästina und Südafrika reden, aber diese für Juden »unbequemen Inhalte« würden von ebendiesen abgewürgt. Doch das »Problem«, über Palästina nicht offen reden zu dürfen, haben nur Menschen, die »Staat Israel« sagen und »Weltjudentum« meinen. So wird die Verurteilung des Nazi-Antisemitismus zur Voraussetzung eines »normalen« gedankenlosen Antisemitismus: »Antisemitism is if you cannot stand the Jews more than it is natural« (in den USA üblicher Kalauer). Der »normale« Antisemit präsentiert sich daher als verfolgte Unschuld, die sich über den ganzen Wirbel wundert, den einige »Vereinfachungen« auslösen können. Womit die Juden wieder die Täter sind. Daß man sich diesmal hinter einem Rapper versteckt, macht die Angelegenheit nicht erfreulicher.

HipHop in Deutschland

Zuerst waren es die Beastie Boys, dann 3rd Bass, danach machten sich die (als »weiß« geltenden) Chicanos mit ihren Mexiko-Medaillons breit, und schließlich griff die blonde Tairrie B, unterstützt von Easy-E, nach dem Erfolg. Vergessen wir nicht den vom Rhyme Syndicate geförderten Rapper Everlast aus Long Island (heute bei House Of Pain) und die von Public Enemy aufgebauten Young Black Teenagers, bei denen es sich bekanntlich ebenfalls um vier »weiße« B-Boys handelt.
Während tonangebende afroamerikanische Rapper bleichgesichtigen Acts auf die Beine helfen, bleiben nicht nur viele, die auf ihre »black identity« großen Wert legen, gegenüber »weißen Rappern« mißtrauisch (»White boys can't play the dozens«), sondern auch »weiße« Anwälte der »Black Music«. Doch auch europäische Rapper, die wegen ihrer bleichen Hautfarbe nie Zielscheibe rassistischer Angriffe waren, müssen nicht zwangsläufig komische Poser-Figuren abgeben. Sie können dieser Musik, wie schon zuvor andere, die sich mit Jazz, Blues, Soul, Funk oder Reggae auseinandersetzten, musikalisch gerecht werden. Zu Posern werden sie erst, wenn sie Inhalte und Haltungen imitieren, die in ihrer eigenen Lebenssituation keine oder nur ästhetisch vermittelte Voraussetzungen haben.
HipHop geht, und daran sind seine Produzenten ja interessiert, von den USA aus um die Welt und beeinflußt dort das Publikum. In Europa hat Rap längst seine eigenen Stile hervorgebracht und daran waren nicht nur »schwarze« Gruppen aus England oder Frankreich beteiligt, sondern auch »weiße« Musiker und Rapper, etwa die Stereo MCs und Galliano (England), Lucas (Dänemark), Gotcha (Holland), PC Keyo (Schweden) oder Saliha (Frankreich). Und Deutschland?

Vol.1: Wild Turntable – die absoluten Anfänge

Für viele deutsche Rap-Fans der ersten Stunde war der Film »Wild Style« mit den Cold Crush Brothers (1983) das zentrale Erlebnisparadigma. Nachdem sich jedoch die frühe westdeutsche Rap-Szene Anfang der 80er Jahre von einer großen Jugendzeitschrift und einem großen Sportswear-Hersteller auf Abwege hatte führen lassen, war das erste Old School-Spektakel auch bald vorbei. Zurück blieb eine sehr kleine Subkultur interessierter Fans, die sich in den folgenden Jahren ein qualifiziertes Verständnis für die musikalische Seite des HipHop erarbeiteten. Erst 1987, als HipHop zum zweiten Mal in die Offensive ging, traten diese aktiven Konsumenten wieder aus der engen Privatheit heraus. Es gab wieder ein Publikum und man traf sich wieder an öffentlichen Orten. In diesem Jahr entstanden viele lose Vereinigungen, in denen sich Rapper, Breaker und Writer zusammenschlossen. In Westberlin nannte sich damals eine solche Posse »Imperial Nation«. Auf dem gleichnamigen Label erschien später eine EP von Rock Da Most, die als einer der ersten ernstzunehmenden deutschen Genreversuche gelten kann.

Vol. 2: Rock Da House

Januar 1989: Dumpfe Breakbeats erschüttern das Stadtteilzentrum von Hamburg-Barmbek. In der Eingangshalle empfängt einen eine geplünderte Graffiti-Austellung. Rund dreihundert Personen, alle zwischen 14 und 20 Jahren, drängen sich vor der Bühne. Designer Label Sportanzüge, Run DMC T-Shirts, B-Boy Mützen und Goldketten sind verbreitet, aber keineswegs obligatorisch. Das Gesamtbild ist unscheinbar. Es könnte sich hier auch um die Vollversammlung einer Berufsschule handeln, auf der gerade der Schulsprecher gewählt werden soll.
Die Atmosphäre ist entspannt. Bereitwillig wird dem Aufruf gefolgt, den Breakdancern einen kreisförmigen Platz freizumachen. Eine harmlose Auseinandersetzung wegen dem dabei entstehenden Geschubse wird rasch durch offensichtlich allen bekannte Handzeichen beendet. Differenzen zwischen Breakern und Rappern über den Fortgang der Veranstaltung werden mit kollektiven Einheits-Sprechchören »Rapper And Breaker Unite« beigelegt. Der Konsum harter Drogen kommt einem Selbstausschluß aus der Szene gleich. Pragmatische Begründung: der Spaß an Rappin', Scratchin', Breakin' soll nicht durch Schlägereien und geschäftliche Konkurrenzen zerstört werden.

Auf der Bühne sind Batterien von Turntables aufgebaut. Sechszehnjährige Scratch & Mix DJs aus Hamburg, Kiel oder Westberlin clashen gegeneinander. Vierzehnjährige Hype Girls, die ausschauen wie in Wochenendkluft gesteckte Friseusen, feuern die MCs an. Die Mike Chanters wechseln sich für Vier-Minuten-Gigs am Mikro ab. Es gibt einige Pannen, aber auch immer neue Höhepunkte. Nur wenige Auftritte bewegen sich am Rande pubertärer Stümper, die meisten beherrschen die – durchweg englischen – Reime und Rhythmen mit erstaunlicher Sicherheit. Viele sind schon seit 1986 dabei, einige schon länger. Boris von Easy Business aus Hamburg und die Rapperin Cora E von den Kieler Unique Rockers sind besonders perfekt. Cora E hat ein Jahr in den USA gelebt, um ihren Stil zu verbessern. Ihr Freund Kami KC stellte 1987 den »Weltrekord« in Windmill, einer schwierigen Breakdance-Figur auf. Die Partners Of Crime aus Westberlin, Durchschnittsalter sechzehn Jahre, können sich auf ihren Rapper Tolga-T etwas einbilden.
Daß auch zwei Graffitiwriter zu der Gruppe gehören, ist typisch für diese Szene. Rock Da Most überraschen mit einem hervorragenden Scratch-DJ. Hinter dem Namen Islamic Force verbirgt sich eine Rap Crew aus jungen Türken und Jugoslawen aus Westberlin. Ihr Beat Box-Imitator ist genial. Zwischen den Auftritten der Rapper zeigen die DJs ihr Können, oder eine längere Musikeinlage vom Plattenteller kündet vom Beginn der Breakdance Battle Time. Tanz und Rap gehören hier untrennbar zusammen. Fast jede der »Gruppen« hat auch ihre Tänzer dabei, die aus dem Auftritt erst eine richtige Show machen. Es sind choreographische Artisten, die da im atemberaubenden Tempo den HipHop in Bewegung umsetzen. Als sich dann einer der Breaker beim Rückwärtssalto den Arm bricht, heißt es im Publikum übereinstimmend: »Ab Zwanzig ist man dafür zu alt.«
Anwesend sind an diesem Wochenende etwa 25 Rap Crews – Rapper, Scratcher, Mixer, Beatbox-Imitatoren, Breaker, Hype Dancer, Writer. Mit wenigen Ausnahmen leben sie alle in der BRD oder Westberlin. Der Anteil junger Immigranten und von Leuten mit wenigstens einem Elternteil aus Afrika, Asien oder Südeuropa ist auffallend hoch. Das und auch die internationalen Kontakte zu anderen europäischen Rap-Sze-

nen und zu US-Rappern läßt diese Posses angenehm weltoffen wirken. Man macht einfach, was man liebt und betrachtet es eher als Zufall, in Germany zu leben. An einen »deutschen HipHop« denkt dabei niemand.
Die ganze Veranstaltung hat etwas von einer geschlossenen und selbstgenügsamen Gesellschaft an sich. Man kämpft nicht um öffentliche Aufmerksamkeit und bedauert nicht, von anderen Szenen nicht wahrgenommen zu werden. Auch will niemand irgendwelche Spießer schocken oder eine Botschaft unter die Leute brigen. Wenn sich die ganze Posse nach den Jams im Straßenbild auflöst, wird niemand sagen »Schau her – da sind die HipHopper.« Die Symbolik der Sportklamotten verliert im normalen Straßenbild völlig den Bedeutungsgehalt, den sie im Veranstaltungssaal hatte.
Diese B-Boys und Fly-Girls wissen, daß sie da einer Musikrichtung anhängen, die teilweise im Kontext der Black Awareness-Bewegung steht und daraus ihre Kraft und Erneuerungsfähigkeit bezieht. Für sie ist HipHop jedoch in erster Linie das Spiel mit den schnellen Reimen und der Spaß an der technisch-handwerklichen Seite des HipHop: Scratching, Sampling, Breaking etc. Den Goldketten oder dem »Stop The Violence«-Slogan unterschieben sie einen ihrer eigenen Lebenswelt entsprechenden Sinn. Sie gehen mit HipHop so um, wie andere, die italienische Pizza essen, eine komplette britische Punk-Kultur importieren oder sich mit Jazz, Blues und Reggae beschäftigen. Rap bietet eine interessante musikalische Lösung für alle, die viel mitzuteilen haben. An diesem Problem hatten in Deutschland schon Ernst Toller, Kurt Eisner und auch Brecht gearbeitet und mit ihren Sprechchören eine Lösung gefunden. Aber es scheint nicht in erster Linie der Mitteilungsdrang zu sein, der diese eher unpolitische Szene umtreibt. Der hohe Anteil an Einwanderer-Kindern ist jedoch ein Hinweis darauf, daß man HipHop hier als Minoritäten-Kultur rezipiert.

Vol. 3: Schnauze Deutschland!

(Eine Konzertankündigung aus dem Jahr 1990)[13]

Als mit dem Zusammenbruch der DDR die kühnsten Träume westlicher Politiker und Bürger wahr wurden, war von den Linken nicht viel zu hören. Die meisten benötigten Wochen,

um zu begreifen, daß nicht die »Reisefreiheit für Frau Müller aus Dresden« oder die »positive Überwindung des bürokratischen Sozialismus« auf der Tagesordnung standen.
Als die Leipziger Montagsdemonstranten dann »Wir sind ein Volk« skandierten, hatte sich ein Teil der Linken, tüchtig und volksnah wie eh und je, bereits an den Gedanken gewöhnt, fortan als großdeutsche Linke den erneuten Griff nach den Sternen kritisch zu begleiten – als fürsorgliche Anwälte der Vereinigungsverlierer. »Ein wie schnell auch immer vereinigtes Deutschland braucht auch eine starke sozialistische Linke«, stellte die »Sozialistische Studiengruppe Hamburg« fest. Nach dem Motto: »Ihr neuer PKW braucht einen guten Kraftstoff« verwandelt sie, ebenso wie ehemalige DKP-Mitglieder, den nationalistischen Taumel in eine Chance für linke Politik. Es bleibt ihr Geheimnis, wieso Linke und Alternative ausgerechnet in einem Großdeutschland schaffen wollen, was sie hier nicht erreichen – die Lösung der sozialen und ökologischen Frage.
Außerhalb der populistischen Linken gibt es immer noch Menschen, die die »Wiedervereinigung« auf keinen Fall wollen – weder mit altem noch mit neuem Grundgesetz. Ihnen wird speiübel, wenn Helmut Kohl, Willy Brandt und ihre Statthalter aus der DDR zu Wort kommen. Der Volksempfänger spuckt ohnehin nur ein Thema aus: Deutschland muß noch fetter und gemeiner werden. Wer so empfindet, weiß, daß eine linke Mitgestaltung des Vierten Reiches der größte Fehler wäre.
Allerdings wissen sie auch, daß die politische Realität selbst die intelligentesten Menschen blendet. Plötzlich erzählen integre Personen, daß es beispielsweise reizvoll sei, einen Plattenladen in Leipzig zu eröffnen. Man muß schon aufpassen, das eigene Wissen angesichts der neuen Tatsachen nicht für pure Halluzination zu halten.
Von der populistischen Linken war nichts mehr zu hören, nachdem die ersten Trabis durchs Land fuhren. Radikale Linke verschiedener Fraktionen trafen sich hingegen schon im Dezember 1989 auf Initiative des »Roten Forum« in Hamburg zur Diskussionsrunde »Nie wieder Deutschland«. Unter demselben Motto wird am 12. Mai in Frankfurt eine bundesweite Demonstration und anschließend ein Konzert mit

Rock-Gruppen und HipHop vom Plattenteller stattfinden. Für diese Demonstration findet am 7.Mai in der Fabrik ein Benefizkonzert unter dem unzeitgemäßen Titel »Schnauze Deutschland« statt, bei dem populäre Undergroundbands wie die Kolossale Jugend oder die Goldenen Zitronen auftreten und auch HipHop aufgelegt wird.

Wer »Schnauze Deutschland« sagt, will keinen Respekt vor dem Willen des Volkes haben. »Schnauze Deutschland« ist darüber hinaus die Absage an die linke Tradition, den besseren Deutschen herauskehren zu wollen. Als Berthold Brecht im Exil von der Bombardierung Dresdens hörte, empfand er Genugtuung. Brecht war er selbst und kein Deutscher.

Wenn die von einer Flut völkisch-biologistischer »Argumente« begleitete »Wiedervereinigung« die Westmark ruiniert und die großdeutschen Ambitionen einen Verlust von Weltmarktpositionen einbringen würden, wenn sich also die BRD beim hektischen Einverleibungsvorgang verschluckte – dann würden die Antinationalisten das nicht bedauern. Sie würden sich auch nicht als die Interessensvertreter der »kleinen« Nationalisten aufspielen.

»Schnauze Deutschland« bedeutet auch, daß die Form der Überwältigung – gemäß Grundgesetzartikel 23 oder 146, hart oder sanft – nicht weiter von Bedeutung ist. Es ist lediglich unter analytischen Gesichtspunkten aufschlußreich, wie der Anschluß vor sich geht. Die schnelle »Vereinigung«, die in der Form einer erpresserischen Überrumpelung durchgezogen wird, sagt bereits alles über die Umgangsformen des künftigen Großdeutschland.

Der brachiale Vernichtungsfeldzug zielte seit November 1989 offen auf die Schaffung einer nationalistischen und völkischen Massenstimmung in der DDR und darüber hinaus auf eine bedingungslose Kapitulation. Am Ende wird eine Übernahme des gesamten BRD-Systems stehen – von der Wirtschafts- und Sozialgesetzgebung über den DGB bis zur Alternativszene, von der Redefreiheit bis zum Wasserwerfer.

Alle machen mit. Jede Westpartei hält ihre DDR-Ableger, schwarz-rot-goldene Westgewerkschaften gründen Konkurrenzvereine zu bestehenden DDR-Gewerkschaften, die »taz« erstickt flächendeckend die junge Alternativpresse in der DDR. Rund um die Uhr mit dem aufdringlichen Geschrei konfrontiert, verdichtet sich das Lebensgefühl zu einem Wunsch: Schnauze Deutschland!

Vol. 4: I Got The Power

Sommer 1990: Die eigenartige Mischung aus Hardcore und Kommerz im HipHop fasziniert immer neue Publikumsgenerationen. Die Szenen, die sich bisher um diese vom Mainstream kaum beachtete Musik gruppierten, sind meistens nach kurzer Zeit wieder zerfallen. Einzelne ihrer versprengten Fraktionen machen gelegentlich noch Schlagzeilen – als S-Bahn-Surfer oder anonyme Sprayer. In diesem Jahr nun laufen wieder einmal 11–17jährige klassenweise zum HipHop über. Seit »The Power« von Snap, »Got To Get« von Leila K. und »Humpty Dance« von Digital Underground in die Playlists der Radiosender eingesickert sind, ist Rap kein Geheimtip mehr, aber auch noch nicht bei Karstadt zu finden, denn dazu müßte sich eine Single vorher wenigstens 15.000mal verkauft haben. Zu finden ist stattdessen etwas HipHop-Mode: Designer-Sportswear, teure Michael-Jordan-Sneakers, Jeansjacken im Used-Look, Baseballmützen, Drei-Finger-Ringe, Biker-Hosen, Overknees und Bustiers. Seit dem Erfolg von Snap ist bei den Studioeignern und Plattenfirmen eine gewisse Hektik zu beobachten, diese typische Hektik, die immer dann einsetzt, wenn die Geldgier schon geweckt ist, das Risiko aber noch nicht abgeschätzt werden kann. Um nichts zu verpassen, aber auch nichts zu riskieren, binden Studios, die von HipHop noch nie gehört haben, vorsorglich unbedarfte lokale Rapper – die verursachen keine Flugkosten – vertraglich an sich, ohne sich selbst zu viel zu verpflichten. Als besonders interessant gelten junge Afrikaner, afroamerikanische GIs und Westdeutsche, die wegen eines afrikanischen Elternteils den amerikanischen Rap-Stars ähnlicher sehen als die meisten westdeutschen oder türkischen Rapper. Der Markt reproduziert also die weltweit gültigen Muster und richtet sie als Forderung an die einheimische Szene, in der »Hautfarbe« bisher kein Thema war. Jetzt sollen sie sich um einen Frontman aus Ghana bemühen und, falls schon vorhanden, ihn stärker herausstellen und dem Publikum als Bronx-Rapper verkaufen. MC Afrika True, in Ghana geboren und in Hamburg aufgewachsen, oder Boris von Easy Business,

Vater aus Kamerun und Mutter aus Hamburg, lassen sich da nicht hineinziehen. Ansonsten erstaunt die Unbefangenheit, mit der die Rap-Gruppen von einem großen Plattendeal träumen. Sie erinnert daran, daß die Zeit des Punk schon lange zurückliegt. Die B-Boys dieser Tage – Girls gibt es nur wenige – sind nette Jungs, weder gewalttätig noch politisch militant oder sonstwie aufsässig. Mit der politischen Dimension des HipHop wissen sie nichts anzufangen.

Vol. 5: Krauts With Attitude

Ein Jahr weiter: Der Erfolg von Snap hatte bei den HipHop-Aktivisten in Westdeutschland große Hoffnungen geweckt, die alle nicht in Erfüllung gingen. Zum einen waren die Hits von Snap nicht HipHop, sondern Dancefloor mit Rap, zum anderen gab es in Germany genügend afroamerikanische GIs, die für deutsche Studioproduktionen – und darum geht es ja – zur Verfügung standen. Obwohl deutsche Plattenfirmen immer verzweifelt bemüht sind, den Anteil ihrer »nationalen Produktionen« (was nicht notwendig meint: deutschsprachige Titel) wenigstens bei 10% zu fixieren, hatte vor diesem Hintergrund für ein Projekt »100% German HipHop« niemand eine richtige Verwendung. Unter Marketinggesichtspunkten interessanter wäre da schon ein Konzept »100% deutscher Sprechgesang« gewesen, aber darauf wären die an New York, L.A. und London orientierten Rap-Gruppen in der alten BRD nie von selbst gekommen. Jetzt, wo in deutscher Sprache gerappt wird, sind zwei Dinge bemerkenswert: Zum einen taucht »Sprechgesang« erstmals nach der völkisch begründeten »Wiedervereinigung« auf, zum anderen ist er von vorneherein kommerziell. Sicher ist hier viel Zufall im Spiel, aber sicher ist auch, daß die öffentliche Nachfrage nach deutschsprachiger Musik in einer Zeit, in der Superdeutschland angestrengt nach seiner aktuellen »Identität« sucht (Homogenisierung von DDR und BRD nach innen und »Übernahme neuer Verantwortung« nach außen), deutlich zugenommen hat.
Die Geschichte des deutschen Sprechgesangs beginnt mit den »Fantastischen Vier« aus Stuttgart. Ihr Debut-Album »Jetzt geht's ab« ist ganz schrecklich, und das ist durchaus schade. In deutscher Sprache zu rappen, ist ein naheliegender und auch

HipHop-immanenter Gedanke, weil Rap »Word« ist und nicht nur der Groove, auf den HipHop heute gerne reduziert wird, und weil beides verstanden gehört. Das Problem (und aus einer bestimmten Perspektive zugleich die Lösung) ist nun, daß die Fantastischen Vier diese Idee zwar aufgreifen, aber ... nichts zu sagen haben. Wenn aber Deutsche »exotische Kulturen« imitieren, und sei es noch so perfekt, verfallen sie gerne in Rosenmontagslaune, in den Stil von Frank Zander (Rap-Single »Absolut gut«). Diese krampfhafte Albernheit ist dann nicht weit entfernt von Helmut Albrechts Türkenwitzesprechplatte »Allo Chefe«. Textbeispiele der Fantastischen Vier: »Schönen guten abend, meine damen und herren, wir machen rap-musik und wir hören sie gern« oder auch »ringel, reihe, rosen, schöne aprikosen, jetzt gehts ab, wir hauen euch auf die hosen.«

Dieses Niedrigniveau zielt sichtbar auf einen breiten Einstieg in den deutschen Markt. Ist der erst einmal geschafft und damit die Rentabilität gesichert, kann man später immer noch »anspruchsvoller« werden, »Verantwortung« zeigen etc. Der Boden wird aber ganz anders bereitet: Wie sehr es Deutsche nötig haben sich auf abwertende Weise, kulturelle Äußerungen, die sie nicht verstehen, aber in den Griff bekommen wollen, anzueignen, zeigt eine ganze Welle von in Deutschland veröffentlichten volkstümlich-»witzigen« Rap-Titeln, etwa »HipHop« von der (östereichischen) Ersten Allgemeinen Verunsicherung, der »Zillertaler Hochzeitsmarsch – HipHop Remix« von MC Eugster, der »Schi-Wax-Rap« von Werner Grissmann, der »Trabi Rap« von DRD, auch ein »Ali Rap« von Yarinistan oder der »Möllemann Rap« von Kohl & The Gang. Obwohl kein Rap, ist in diesem Zusammenhang auch an den »witzig«-rassistischen Dancehit »10 kleine Negerlein« von Time To Time zu erinnern.

Das Verlangen nach einem »deutschen Sprechgesang« zeichnete sich also schon vor dem Debut-Album der Fantastischen Vier ab und hatte schon eine erkennbare Richtung. Die Konsequenz zogen vorerst nur die Vier aus Stuttgart. Die anderen hatten sich bis dahin noch nicht einmal als »German HipHop« konstituiert.

Das sollte sich 1991 ändern. Als einzige deutschsprachige Sprechsänger sind die Fantastischen Vier neben vierzehn weiteren Gruppen auch auf einem HipHop-Sampler vertreten, der – ätzend! – in den Nationalfarben gehalten ist und den Titel »Krauts With Attitude – German HipHop Vol.1« trägt. Die Headline »Krauts With Attitude«, die im März 1990 bereits eine Titelstory von »Spex« ankündigte (von der sich »Spex«, nachdem man diesen Sampler bereits zur Abo-Werbung eingesetzt hatte, wieder distanzierte), wurde von meinem ehemaligen »Network Press«-Kollegen Michael Reinboth übernommen, der das Album für das Marlboro-Label »Boombastic« kompilierte.

Mit dem Titel »Krauts With Attitude« wird die ironisch-offensive Umkehrung, mit der die US-Rapper »Niggers With Attitude« (N.W.A.) das rassistische Schimpfwort »Nigger« gegen seine Schöpfer zurückschleudern, auf das gegen deutsche Landser gemünzte Schimpfwort »Krauts« im Verhältnis 1:1 übertragen. Die Deutschen sind nun die Nigger, die sich wehren müssen, zurückschlagen müssen, aber dabei trotzig ihren überlegenen Stil und Stolz beweisen. Was unter »German HipHop« sonst noch zu verstehen ist, erklärt ein Booklet, das über weite Strecken um einen »authentischen« Jargon bemüht ist, dessen zentrale Definition sich dann aber wie ein offizielles Statement des deutschen Außenministers liest: »Es ist jetzt an der Zeit, dem Selbstbewußtsein der Engländer oder Amerikaner irgendwie entgegenzutreten.« Hier äußert sich zumindestens ein untergründiges, nicht unbedingt bewußtes »imperialistisches« Haben-Wollen gegenüber der HipHop-Kultur und der Frust über die Tatsache, daß man trotz jahrelanger Bemühungen, angesichts des endlosen Stroms hervorragender Importplatten, keinen musikalisch und inhaltlich überzeugenden Weg gefunden hatte, aus einem unfreiwilligen »Underground«-Dasein auszubrechen. Mit »Krauts With Attitude« haben HipHop-Gruppen (darunter »multikulturelle« wie die nigerianisch-jugoslawisch-deutsche Ethno-Hop-Crew Exponential Enjoyment), die zufällig zwischen Hamburg und München leben, den unverzeihlichen Fehler gemacht, sich unter dem schwarz-rot-goldenen Label »deutscher HipHop« vorführen zu lassen. Das widersprach dem internationalistischen Ansatz, der noch 1989 für die zahlreichen, aus jungen Türken, Kurden, Jugoslawen, Afrikanern, sowie dunkleren und helleren deutschen Paßinha-

bern bestehenden Rap-Gruppen verbindlich war. Diese Szene, die damals nie auf die Idee gekommen wäre, sich unter dem Logo »100% German HipHop« vermarkten zu lassen, teilte allerdings den ungebremsten »Materialismus« ihrer amerikanischen Vorbilder. Der Traum vom lukrativen Plattendeal und einem dicken Porsche endete aber vorläufig in schmierigen Vorstadtdiscotheken, wo man sich nicht zu blöde ist, vor einer Jury aus Kneipenwirten und Plattenladenbesitzern für 500 Mark Preisgeld um die Wette zu rappen. Andere, wie IQ und Easy Business aus Hamburg kooperieren mit Indie-Labels aus dem Post-Punk-Umfeld, deren Strukturen dazu ausreichen, Singles in kleinen Stückzahlen unter die Leute zu bringen und die die HipHop-Szene, die aus eigenen Kräften bisher weder eine Infrastruktur noch ein »Image« aufbauen konnte, ökonomisch und politisch in ihre Obhut nehmen. Einen Star hat die westdeutsche Rap-Szene hervorgebracht:
Den Hamburger David Fascher, zweimaliger Sieger bei den DMC World Championships in London. Zu erinnern ist auch an die vielen in Deutschland lebenden, rappenden Ex-GI's (P.M. Sampson, Deskee, P.Smurf, Turbo B. etc.). Zu denen sind auch The Criminals zu zählen, eine ungewöhnliche 15-köpfige Posse aus der Nähe von Mainz, die je zur Hälfte aus aktiven GIs und politisch aktiven Vietnamkriegsveteranen bestehen. Während des Golfkrieges produzierten sie die Rap-Single »Just Say No« und verschickten hunderte Exemplare an die Front. Diese Gruppe wurde, obwohl bekannt, bisher von keiner Musikzeitschrift erwähnt.

Vol. 6: 80 Millionen Hooligans

Genaugenommen sind von den ca. 5.080.000.000 Erdenbewohnern nicht weniger als 5 Milliarden Ausländer. Als solche stören sie zunächst nicht weiter. Das ändert sich erst, wenn sie »uns« einen Besuch abstatten, obwohl auch dann keineswegs alle über einen Kamm geschoren werden. Einem amerikanischen Präsidenten wurde es seinerzeit sogar hoch angerechnet, als er sich als »Berliner« bekannte. Bei Türken, die dabei sind, sich dauerhaft in Kreuzberg einzurichten, sieht man es schon ein wenig anders. Richtig kompliziert wird es wiederum, wenn eine deutsche Regierung massenhaft »deutschstämmige Aussiedler« in einer »Heim ins Reich«-Kampagne ins Land lockt, weil sie damit Druck auf andere Staaten ausüben will. Manche können da nicht recht folgen und behandeln sogar die Deutschlandfans aus der ehemaligen »Zone«, die endlich auch einmal auf Kosten auswärtiger Völker leben wollen, wie sonst die »Wirtschaftsflüchtlinge«. Wie bitte, so fragt sich das irritierte Staatsvolk am Biertisch, kann man einen richtigen Deutschen von einem Ausländer abgrenzen?

Bei aller Differenzierung in der »Ausländerfrage« steht aber allemal eines fest: Man urteilt als Inländer als Untertan einer bestimmten Staatsmacht und als Repräsentant eines nationalen Standpunktes. Diesen Standpunkt haben Fremdenhasser und kosmopolitische Ausländerfeinde gemeinsam. Beide nehmen positiv Bezug auf die nationalstaatliche Aufteilung des Weltmarktes. Und beide haben sich in der ganz normalen lebensweltlichen Alltagskonkurrenz, in der sie lernen, Verlierer auszugrenzen, die Qualifikation angeeignet, die sie zum Rassismus auch dann befähigt, wenn sie noch nie in Kontakt zu »Fremden« gekommen sind. Ihnen ist auch klar, daß »wir« den Weltmarkt für Werkzeugmaschinen, PKWs etc. erobern und um einen vorderen Platz auf dem Weltmarkt kämpfen müssen. Daß dabei auch einige Opfer anfallen, vom Herzinfarkt bis zum Atommüll, wird in der Regel in Kauf genommen, weil man gelernt hat zu wollen, was man ohnehin muß. Diese konstruktive Angepaßtheit der »kleinen Leute« ist wiederum die Voraussetzung dafür, daß deutsche Manager und Politiker in fremden Gegenden so herausfordernd auftreten können. Zum Ausgleich dürfen die Untertanen inzwischen auch mal hinlangen – in Hoyerswerda zum Beispiel. Der Materialismus ihres Mitmachertums besteht in der Spekulation auf Teilhabe am Reichtum und zwar auf Kosten Dritter. Sich als Bürger einer reichen Exportnation mit legitimen weltweiten Interessen zu verstehen, das ist die allgemeine Grundlage des deutschen Überlegenheitsgefühls, das durch das verdrängte kollektive Wissen um die faschistische Vergangenheit noch eine spezielle Prägung erhält. Bevor man diesen ganzen Zusammenhang in Frage stellt, schlägt man lieber jene tot, die als Opfer des Weltmarktes in die reichen Zentren kommen, um hier überleben zu können. Das nationalistische und rassistische Pogrom – es ist dies die dunkle Kehrseite der rationalen Moderne – das sicher nicht immer auf der Linie der offiziellen Außenpolitik liegt, bleibt jedoch durchaus in der Logik der nationalistischen Sache.

Als im September 1991 der rassistische Mob in Hoyerswerda wütetete und danach die Anschläge auf Immigranten nicht mehr abrissen, entstand bei vielen Musikern die Idee, mit Musiktiteln und Konzertreihen darauf zu antworten. Statements gegen »Ausländerfeindlichkeit« kamen von den Toten Hosen, von Westernhagen und sogar aus der Techno-Fraktion, die den Sampler »No More Ugly Germans« beisteuerte. Bei der Plattenfirma Intercord erschien der Sampler »Kein Haß im wilden Süden«. Mit dabei sind die Fantastischen Vier, Pur, David Hanselmann, No Man und 14 weitere Gruppen. Der gemeinsame Titelsong »Niemals vergessen« beginnt mit einem massiven nationalistischen Bekenntnis: »Wir haben Mauern eingerissen / Ein Volk (!) zu werden als Ziel / Wir haben gejubelt und geschrien / Als der eiserne Vorhang fiel«. Einen Zusammenhang zwischen ihrem völkischen Geschrei und dem anschließenden »Blutvergießen auf den Straßen«

Made in Germany: Das Boot

Eine sich U-96 nennende DJ-Clique aus Hamburg-Altona erwies sich als skrupellos genug, den Techno-Boom und die anhaltende Popularität des von Millionen Patrioten geliebten maritimen Landserstreifens »Das Boot« (mit dem rockenden Ruhrpott-Leutnant Grönemeyer in der Hauptrolle) zusammenzukoppeln und daraus einen Megahit zu machen. Die Kombination von hundertprozentig teutonisch unraffiniertem Techno und hundertprozentigem großdeutschen Selbstbewußtsein schlug wie ein Torpedo ins deutsche Gemüt ein: Die Maxi »Das Boot« erreichte ohne jede Promotion mit 250.000 verkauften Scheiben Platz 1 der Charts. Auf dem Debutalbum von U 96 wird dann der Einsatz BRD-Fregatte »Hamburg« vor der jugoslawischen Küste vorweggenommen: »Langsame Fahrt voraus ... 7 Grad Backbord ... Beeilung Jungs ... wo ist der Kommandant?« »Alles Made in Germany«, verrät stolz eine quäkende Sprechfunkstimme. U-96 bereiten das Dancefloor-Publikum auf die Perspektiven deutscher Außenpolitik vor. Die ersten DJs trugen übrigens Uniform – als Truppenunterhalter im 2. Weltkrieg.

will diese »Initiative gegen den Ausländerhaß« nicht erkennen. Ihr geht es offenbar um nichts anderes als den guten Ruf ihrer teuren Heimat und um den Erhalt der notwendigen Billigarbeitskräfte für eine florierende Exportproduktion.

Sommer 1992: Eine ganz andere Platte zu diesem Thema heißt »80 Millionen Hooligans« mit dem B-Seiten-Titel »Die Bürger von Hoyerswerda und anderswo«. Es ist eine HipHop-Maxi. Texte und Gesang wurden von den Goldenen Zitronen beigesteuert, der Rap und die Scratches von der Hamburger Rap Gruppe Easy Business und die Produktion von dem afroamerikanischen Rapper Eric »IQ« Gray sowie von Matthias Arfmann (Kastrierte Philosophen). Interessant an dieser Maxi ist die Zusammenarbeit einer linksradikalen »Punk-Band« mit Vertretern der normalerweise unpolitischen norddeutschen HipHop Old School sowie einem US-Rapper, und was dabei herausgekommen ist: Midtempo Rap und Hardcore Agitprop HipHop mit deutschen Texten gegen Faschismus, Hooligans und Rassismus. Hier werden erstmals die Möglichkeiten, die Rap bietet, genutzt, um in deutscher Sprache etwas wirklich Maßgebliches mitzuteilen. Hier wird tatsächlich ausgesprochen, wie die Hooligans im Schutze der Normalbürger agieren: »Eine Angstkarawane zog zum Städele hinaus, ein Stein fliegt, Blut fließt, »Treffer«, »Applaus« ...« Der Zusammenhang der Mordanschläge mit der völkisch begründeten »Wiedervereinigung« wird ebenso angesprochen wie die Quintessenz der öffentlichen Verarbeitung der Pogrome: »Ohne ›Scheinasylant‹ folglich keine Gewalt«. Diese Platte zeigt, daß Rap, auch deutschsprachiger Rap, ergänzt durch Samples, dem Rockschema mit seinen leerlaufenden Refrains überlegen ist, wenn es darum geht, Bleiwüsten in Musik umzusetzen. Rap in deutscher Sprache war bisher eine Katastrophe. In diesem Fall wurde er zum Ausdrucksmittel von Leuten, die etwas zu sagen haben. Vielleicht hätte die Sache mit dem »deutschen Rap« eine andere Richtung genommen, wenn nicht die Fantastischen Vier, sondern diese Platte den Anfang gemacht hätte.
Rassismus empört da am meisten, wo er direkt von Personen geäußert oder direkt an Personen vollstreckt wird. Dadurch entsteht der Eindruck, mit der Bekämpfung der Rassisten al-

leine ließe sich der Rassismus bekämpfen. Doch die Vorstellung »Nazis raus = Rassismus raus« funktioniert nicht. Bei der Vorstellung, Rassismus existiere nur »durch« einzelne Rassisten, bleiben die rassistischen Reproduktionsstrukturen der Moderne außerhalb des Denkens. Die schlichte Betroffenheit führt dann unter Umständen dazu, das »gute Deutschland« gegen seine schlechte Wirklichkeit verteidigen zu wollen und zu einem Kampf um die Wiederherstellung einer Normalität, die längst eine andere geworden ist und in der es inzwischen schon als Erfolg gilt, wenn Flüchtlinge (die übrigens keine einheitliche Opfergruppe sind) nicht oder nur selten totgeschlagen werden. Zu reden ist also von dem Rassismus einer weltmarktorientierten Gesellschaft, deren »Überlegenheit« auf Konkurrenz, hierarchischer Sozialstruktur, politischer Herrschaft und ökonomischer Macht über andere Menschen beruht.

Da der Weltmarkt in Nationalstaaten segmentiert ist, findet die Konkurrenz zwischen den Individuen zunächst im Rahmen von Nationen statt. Die Nation ist für das einzelne Markt-Subjekt Jagdrevier und »Heimat« zugleich. An ihr Schicksal ist es gekettet, auf sie muß es sich beziehen, ihr muß es im Konfliktfall dienen und von ihr erwartet es Schutz: »Deutschland den Deutschen« meint nicht unbedingt »Ausländer raus«, sondern »Deutsche Paßinhaber zuerst«. Weil »Deutscher« zu sein im Verteilungskampf einen greifbaren Vorteil gegenüber »Fremden« verschafft, wird es in Zeiten flauer Konjunkturen zusehens attraktiver, sich öffentlich zu dem »eigenen Land« zu bekennen. Doch mit dem Zücken eines BRD-Personalausweises ist es dabei nicht getan, denn Nationen wollen mehr sein als eine Versammlung von Leuten mit einheitlichen Ausweispapieren. Ihre Untertanen sollen eine gemeinsame »Identität« entwickeln, zum Beispiel indem sie sich als »blutsverwandtes Volk« mit einer gemeinsamen Abstammungsgeschichte verstehen. Wenn diese imaginäre Gemeinschaft atomisierter Menschen sich erst einmal eine solche Geschichte und auch eine gemeinsame »Kultur« ausgedacht hat – und damit eine gewisse Vorstellung, wie die Inhaber eines BRD-Passes auszusehen und sich zu benehmen haben – dann kann es passieren, daß es Leuten mit dem »falschen« Aussehen nichts mehr nützt, wenn sie die Papiere ihres »eigenen Landes« zum Beweis der Zugehörigkeit vorzeigen.

Vol. 7: Fremd im »eigenen« Land?

Advanced Chemistry gehören zu den vorerst noch wenigen Pionieren, die politische Reime in deutscher Sprache zum HipHop vortragen und damit auch die hippen Gourmets unter den Rap-Konsumenten herausfordern. Leider ist die harte minimalistische Musik ihrer Maxi »Fremd im eigenen Land« nicht so, daß sie jene wirklich unterwanderungsmäßig packen könnte. Public Enemy haben ihre Message immer über einen Groove gelegt, der im Club funktioniert. Der Text von »Fremd im eigenen Land« ist aus der Perspektive eines jener »Afro-Germans« geschrieben, die hier geboren und aufgewachsen sind (die Nazis ließen »schwarze« Deutsche als »Bastarde« zwangssterilisieren) und die – weil sie im Unterschied etwa zu »weißen« Linken für Rechte immer erkennbar bleiben – vom »Außenseitersein« nie entspannen können. Ein »schwarzer« Hamburger oder Münchner muß sich die rassistischen Blödheiten sein ganzes Leben lang anhören. Das war schon vor »Rostock« so, nur daß heute die Dummheit häufiger einen Baseballschläger in der Hand hält. Advanced Chemistry sind »Deutsche« – also Leute mit deutschem Paß –, bei denen ein Elternteil als Bürger anderer staatlicher Mächte geboren wurde: Italien, Ghana, Haiti. »Fremd im eigenen Land« wurde seit 1992 mehreren Plattenfirmen angeboten, die alle dankend ablehnten. Der Entschluß, den Titel selbst zu produzieren, zog sich bis in die Wochen hin, in denen in Rostock die Flüchtlingsunterkunft brannte. Die Nachrichtensamples aus diesen Tagen aktualisieren diese Single und bestätigen brutal ihr Anliegen. Der Text der Platte ist wohldurchdacht, bis auf die Stelle, wo »Gastarbeiter« mit dem Argument verteidigt werden, sie machten sich schließlich für Deutschland nützlich.
Solche falschen Nützlichkeitskriterien, die auch »Asylanten« ins Abseits stellen, interessieren Fremdenhasser überhaupt nicht. Daß sie aufgestellt werden, das sei noch nachgetragen, ist allerdings in dem argumentativen Muster von AC schon angelegt, im Insistieren darauf, daß man schließlich »auch Deutscher« sei, auch einen deutschen Paß besitze. AC unter-

scheiden leider sehr genau zwischen jenen, die im »eigenen Land« leben, den nützlichen Ausländern und dem »Rest«. Vom Standpunkt des Antirassismus ist das äußerst kontraproduktiv.

Vol. 8: Kill The Nation With A Groove

Die Faszination, die die verschiedenen Spielarten des HipHop mittlerweile in der BRD auf ganz unterschiedliche subkulturelle und mainstreamkulturelle Milieus ausüben, hat in Hamburg zweifellos eine spezifische Ausprägung erfahren: Viele (meist männliche, aber auch nicht wenige weibliche) DJs, Musiker, Plattenkäufer/Verkäufer und Clubgänger verstehen sich als Linke, Autonome, Alternative oder so ähnlich. Leute mit Punk/HC-Vergangenheit basteln an HipHop-Loops und Raggamuffin Riddims, kooperieren mit einheimischen und eingewanderten Rappern und Toastern gegen Superdeutschland und machen HipHop-Sampler unter der Parole »Kill The Nation With A Groove«. Diese Besonderheiten vorschnell und aus der Ferne zu einem »St.-Pauli-Punk-HipHop-Sound Of Hamburg Underground« zusammenzuziehen, unterschätzt jedoch die realen Widersprüche und Probleme bei der Rezeption und Adaption dieser Musik. Zudem war der Terminus »Underground« noch nie so unpassend wie heute: Bei vielen, die dazugehören wollen, weiß man nicht, ob sie sich wirklich nicht anpassen wollen, oder ob sie nur niemand kaufen will und der Underground-Status ihnen nur notgedrungener Zwischenhalt bei der geplanten Geschäftsausweitung ist. Remember: The Bass, the trebble, don't make a rebel.

Als sich im Januar 1989 in Hamburg HipHop-Crews aus der gesamten BRD unter dem Titel »Rock Da House« trafen, bekamen das in der »St.Pauli«-Szene nur wenige mit. Die Hamburger Rap-Gemeinde hingegen hatte für die sozialkritischen und »militanten« Momente des HipHop keine richtige Verwendung. Die Begeisterung galt dort vor allem den handwerklichen Fertigkeiten der Old School-Pioniere, der Cut & Mix-Technik mit zwei Turntables und der Reimtechnik. Auf der anderen Seite lehnte die Mehrzahl derer, die heute in und um St. Pauli HipHop hören, diese Musik 1988 noch ab. DJs, die damals schon Raggamuffin- und Rap-Platten auflegten, können darüber die schönsten Geschichten erzählen. Dann aber nahm zunächst einmal das »Fight The Power«-Mißverständnis seinen Lauf. Hinter dem drohenden Unterton, der noch in jedem Dope-Beat und auch in der Sprechweise des HipHop steckt, steht nämlich allzu häufig ein Haben-Wollen, dem jede Kritik *kapitalistischer* Reproduktion fremd ist. HipHop ist daher schon etwas anderes als der den Punk ersetzende/ablösende »Soundtrack zum Untergang«, weil er mehrheitlich *nicht* für den »Untergang« plädiert, den Punk einmal provokativ-kokett auf seine Fahnen geschrieben hatte. Weil jedoch diese affirmative Perspektive der meisten Rapper in oft sehr drastische, wütende, ironische, kritische Beschreibungen des rassistischen Ist-Zustandes eingewoben ist, läßt sie sich leicht übersehen, aber sie taucht doch wieder überdeutlich im Pimp- und Gangsta-Rap auf.

HipHop hat bei vielen Musikern aus der Punk/Hardcore-Ecke das dramatische Gefühl ausgelöst, sich nicht mehr zeitgemäß ausdrücken zu können. Es gab gute Gitarristen, die diesen Groove aufsaugten und danach ihr Instrument in die Ecke werfen wollten. Darin liegt ein Moment der Selbstenteignung von Fähigkeiten. Es stimmt eben nicht, daß »radikale HipHop-Standpunkte anscheinend problemlos mit Indielinken Positionen korrespondieren«. Man hat den »Punk« verloren, aber HipHop konnte ihn, so wie er ist, nicht einfach ersetzen. Der importierte HipHop kann etwas auslösen; formulieren muß man es mit eigenen Worten.

Vol. 9: Neuer Deutscher Sprechgesang

Deutschland im Frühjahr 1993. Je näher man hinschaut, desto fremder schaut es zurück. Nach den ersten Wellen der Pogrome hat sich die politische Mitte soweit nach rechts verschoben, daß die Forderung nach dem Einsatz deutscher Soldaten gegen andere Staaten bis hinein in alternative Kreise gesellschaftsfähig geworden ist.
Vor dem Hintergrund eines weltweiten »ethnical revival« und eines massiven deutschen Beitrages dazu ist das hohe Ansehen, das die vom HipHop postulierte »Ethno-Militanz« inzwischen auch in der deutschen Mainstreamjugendkultur genießt – bei gleichzeitiger toleranter Gleichgültigkeit gegen-

über dem konkreten Anliegen der Afroamerikaner –, heute sicher noch kritischer zu beurteilen als vor einigen Jahren. Deutscher Sprechgesang könnte vor diesem Hintergrund, vor allem wenn er vom Mainstream nachgefragt, geschaffen und geformt wird, als Anwendung und Konkretisierung des Ethno-Postulats auf deutsche Verhältnisse wirken. Ob es so oder anders kommt, hängt natürlich davon ab, wer die verschiedenen Felder inhaltlich besetzt.

Vielleicht ist es ein Glücksfall, daß ein Teil der Rap-Szene, zu einem Zeitpunkt, als niemand von ihr etwas wissen wollte, infrastrukturelle und politische Hilfe aus dem linkssubkulturellen Milieu bekam, ohne die ein Sampler mit dem Titel »Kill The Nation With A Groove« nicht denkbar gewesen wäre. Vielleicht werden damit aber auch Erwartungen geweckt, denen die Sprechsänger nicht oder nur in aufgesetzter Polit-Manier gerecht werden. Vielleicht wird diese Verbindung von der Nachfrage der Major Companies wieder gesprengt, die bereits einige Sprechsänger unter Vertrag genommen haben.

Momentan ist allerdings das Interesse der Medien an einem deutschen Sprechgesang größer als das der Musikindustrie. Die geht ziemlich realistisch davon aus, daß der Mehrzahl der deutschen Rapper Profil und Charisma für eine Pop-Karriere fehlt. Um dies wenigstens perspektivisch zu ändern, organisiert der Tonträger- und Hardware-Multi Sony Music 1993 unter der Bezeichnung »HipHop Jam« bereits seinen dritten »bundesweiten Nachwuchswettbewerb«, bei dem sich ambitionierte Sprechsänger nach den Kriterien einer Jury aus »Künstlern, Produzenten und Vertretern der Industrie« für einen »Homeboy-Award« qualifizieren können. Wer dabei durchfällt, hat immer noch die Chance, es den Bremer Rappern 2 Faces gleich zu tun und eine Hymne zur nächsten Adidas-Streetball-Challenge zu schreiben.

Die linken Hoffnungen richten sich dann auch auf Gruppen wie State Departmentz, Absolute Beginner oder Anarchist Academy, die einige gute Raps gegen Staatsgewalt, »Wiedervereinigung« und Faschisten in ihrem Repertoire haben. Doch hinter starken Worten verbergen sich im HipHop nicht selten konsensfähige Multikulti-Entwürfe. Auch die in der

Szene so beliebte maskuline Survival-Rhetorik findet längst allgemeine Anerkennung: »In der ›Frankfurter Bronx‹ wuchern Hoffnungslosigkeit und Verbrechen« rappte am 13.März 1993 die Frankfurter Allgemeine Zeitung.

(Stand: 14.5.93. Die Fortsetzung steht in Musikzeitschriften wie Spex, Zap, MZEE)

Anmerkungen

1 Die Vorstellung, die verschiedenen Positionen in den Black Communities seien mit der »Lage der Schwarzen« zu erklären, unterstellt diesen eine ernsthafte Bewußtseinstrübung, ein kontinuierliches An-Sich-Sein, das ohne Lücke bis ins Bewußtsein reicht. Gegen diese falsche Logik des kausalen Erklärens, die den Unterschied von Wirkursachen und Motivationen unterschlägt – Handlungen sind nicht verursacht, sondern motiviert – führte der zu lebenslänglicher Haft verurteilte Ex-Black Panther Geronimo Pratt in einem Interview im Herbst 1992 folgendes Beispiel an: »Als die Black Panther Party vom Staat zerschlagen wurde, war klar, daß die Vorbilder für die jüngere Generation die Drogendealer und Zuhälter sein würden – das war genau das, was die US-Regierung wollte. Die nächste Entwicklung war die Entstehung von Gangs und der damit verbundenen Gangstermentalität anstelle der revolutionären, progressiven Identität, die wir den Jugendlichen vermittelt haben.«
Zur historischen Darstellung, die dieses Vorwort einleitet, vgl. meine Besprechung des Buches von Peter Martin »Schwarze Teufel, edle Mohren« in ›konkret‹ 6/1993.

2 Dieser Beitrag wurde nur wenige Monate vor den Riots in South Central und anderen Städten für das Buch ›Yo! Rap Revolution‹ geschrieben. Zu diesem Zeitpunkt hatten South Central und Compton in der deutschen HipHop-Rezeption den früheren Bronx-Mythos bereits abgelöst. Die New Yorker Bronx, Geburtsort des Rap, hatte für das Publikum an Attraktivität verloren, nachdem sich dort unter dem Einfluß von Bauinvestitionen, »ethnischen« Wanderungsbewegungen und erfolgreichen lokalen Initiativen gegen das Bandenwesen die soziale Struktur verändert hatte. Die Frustration der South Bronx-Rapper über das plötzliche Desinteresse an HipHop aus der South Bronx und die steigenden Verkaufszahlen des Gangsta Rap aus L.A. äußerte sich unter anderem in dem Titel »Fuck Compton« von Tim Dog. Wie die Lebensbedingungen der Marginalisierten von deutschen Rap-Fans häufig wahrgenommen werden, beschrieb ich im Juni 1992 in ›Spex‹: »Bevor South Central in den ersten Maitagen explodierte, war es für viele HipHop-Konsumenten längst zum militanten Disneyland des Rap geworden, zum comichaften House Of Horror, zu dem, was die Hamburger Hafenstraße für die Leser von ›Bild am Sonntag‹ bedeuten könnte, würden sie den Trick mit der Ästhetisierung beherrschen.«

3 Gleich mehrere dieser Eigenschaften vereinigt der New Yorker Baptistenprediger Reverend Al Sharpton in seiner Person. Sharpton initiierte mehrfach Aktionen gegen koreanische und jüdische Händler. In Chicago rief der Prediger Steve Cokely 1987 zu Angriffen auf »Jewish owned stores« auf. Als Zeitpunkt wählte er den Jahrestag der »Reichskristallnacht«-Pogrome der deutschen Faschisten.

4 Eine Kritik an Haley veröffentlichte im Frühjahr 1993 der afroamerikanische Historiker Eddy L. Harris mit seinem Buch »Native Stranger«.

5 Dank an Albert Niehaus und Michael Hahn, die während und nach den Riots aus Los Angeles aktuelle Informationen und kritische Anmerkungen schickten.

6 In der ökonomischen Analyse kennzeichnet die Kategorie »Klassen« die antagonistische Existenz von Lohnarbeit und Kapital. Ob jedoch Menschen, denen die Abhängigkeit von Lohn gemeinsam ist, die aber unter anderen Gesichtspunkten keineswegs eine homogene Gruppe bilden, sich ausgerechnet als »Klasse« definieren, ist eine ganz andere Frage. Die Interpretation von sozialem Widerstand gegen ökonomische und kulturelle Ungleichheit als »Klassenkampf« ist nur eines von vielen möglichen ideologischen Identitätsmustern. Umgekehrt gilt, daß mit dem Verschwinden der sozialen Konstruktion »Klasse« im Zuge der »Individualisierung« keineswegs auch das Kapitalverhältnis verschwunden ist. Vgl. zu dieser Problematik meine Beiträge »Persönliches Pech« in: ›Spex‹ 3/1989 und »Kapitalismus und Lebenswelt« in: ›17 Grad Celsius‹, Hefte 3/1992 bis 5/1993.

7 Die von Public Enemy verbreitete Argumentationslinie der NOI findet gelegentlich auch bei »entschieden antirassistisch« eingestellten männlichen deutschen Rap-Fans Anklang. Weil der ebenfalls wegen des Vorwurfes der Vergewaltigung angeklagte William Kennedy freigesprochen wurde, sehen sie in der Verurteilung von Tyson eine rassistische Ungerechtigkeit und vergessen über diesen Vergleich ebenfalls die betroffenen Frauen. Hinter diesem »Antirassismus« wird ein merkwürdiges Männerbündnis sichtbar: Vertreter einer Szene, die Feminismus bisher bestenfalls als eine weitere Form von Differenzkultur respektiert hat, geben im Zweifelsfall einer ihnen offensichtlich näher stehenden »Minderheit« den Vorzug.

8 Diese Gewalt, die mit der »stummen« strukturellen ökonomischen Gewalt und mit der Gewalt des Staates nicht zu verwechseln ist, dieser aber nacheifert, zielt auf die Brechung eines anderen Willens und somit auf Unterwerfung. Jede auf die Erlangung von Dominanz gerichtete Gewalt bedient sich einer Symbolik, die die andere Seite jederzeit an die Bereitschaft zur Gewaltanwendung erinnern soll. In der Ästhetik des HipHop vermischen sich Zeichen des Widerstandes gegen das »System« mit den Zeichen eines territorialen und patriarchalischen Hegemonieanspruches.

9 »Je nachdem« umschreibt hier einen komplexen Prozeß, in dem Individuen zu einer dauerhaft verfolgten, im Habitus entäußerten Orientierung kommen und in dem sich ihre sozialen Beziehungen in ihrer Psyche verhärten. Mitunter erscheinen den Individuen ihre Handlungen und Einstellungen, etwa ein »autoritärer Charakter«, selbst wie »angeborene Eigenschaften«. Bei der Entwicklung dieser und anderer Überlegungen zu den Geto Boys halfen mir besonders die Unterhaltungen mit Jochen Distelmeyer, Christoph Gurk und Herbert Zorn.

10 Danke an Katrin Wildner für aktuelle Informationen aus New York.

11 Der Begriff »Posse« – eigentlich »Possee« – kommt aus der Welt des amerikanischen Wilden Westens: Wenn ein Sheriff engagierte Gemeindemitglieder zur gemeinsamen Verfolgung von Gesetzesbrechern aufrief, bildete er eine Posse. Über die Italo-Western der 60er Jahre verbreitete

sich der Terminus unter den Afroamerikanern und auch in der Karibik, wo Filme mit Black Cowboys besonders beliebt sind. Die Wild West-Posses und damit die Vorstellungen von Selbstjustiz und Männerbündelei wurden dort Vorbilder der Rude Boys. In den Jahren des Thatcherismus wurden Posses fester Bestandteil britischer Subkulturen. Besonders im Brit Hop sind Namen wie London Posse oder X-Posse verbreitet. In dem im Mai 1993 in den USA angelaufenen Black Western »The Posse« von Mario Van Peebles spielt der Rapper Biz Markie den Cowboy Jones.

12 Dafür gibt es, abgesehen von afroamerikanischen Komitees zur Unterstützung Israels, auch viele individuelle Beispiele. Nicht wenige Afroamerikaner konvertierten seit den 60er Jahren zum jüdischen Glauben. Der am 16. Mai 1990 verstorbene Sammy Davis Jr. bezeichnete sich, nachdem ihm die Nase platt geschlagen wurde, er bei einem Autounfall ein Auge verloren hatte und er zum jüdischen Glauben übergetreten war, als »A one-eyed coloured Jew« (zu seinem Lebenslauf: s. ›Network Press‹ 87/90). Der Jazzmusiker George Coleman trägt bei seinen Auftritten häufig einen »Kiss Me, I'm Jewish«-Badge. Die jüdischen und afroamerikanischen Produzenten des amerikanischen Dokumentarfilms »Liberators. Fighting on two fronts in World War II« (Dezember 1992) gingen bei ihrem Versuch, die rassistischen Parolen jüdischer Fundamentalisten und afroamerikanischer Nationalisten zurückzudrängen, soweit, die allseits beliebte Berufung auf die »Geschichte« durch eine Manipulation positiv ausnutzen zu wollen. Wahrheitswidrig behaupteten sie, afroamerikanische Einheiten hätten die jüdischen Insassen der KZ's von Buchenwald und Dachau befreit. Als sich diese Behauptung nicht halten lies – die Einheiten trafen einige Tage später in Buchenwald ein, befreiten aber ein Nebenlager des KZ Mauthausen –, ernteten sie einen heuchlerischen Sturm der Entrüstung. Beschimpfungen von allen Seiten mußte sich auch der jüdische Cartoonist Spiegelman gefallen lassen, nachdem er für den Titel der Zeitschrift »New Yorker« (April 1993) ein sich küssendes jüdisch/afroamerikanisches Paar gezeichnet hatte.

13 Konzertankündigung in der ›Szene Hamburg‹: »Schnauze Deutschland! Das erste Konzert gegen die »deutsche Einheit«. Am 7. Mai 1990 ab 22 Uhr in der Fabrik. Mit Das Moor, Daisy Chain, Die Erde, Kolossale Jugend, Goldene Zitronen und HipHop von DJ G.Jacob.« Die Initiative zu der Aktion »Schnauze Deutschland!« ging von Jochen Distelmeyer aus, heute Musiker bei Blumfeld. Einen Einblick in den damaligen Stand der Diskussion über die »Wiedervereinigung« gibt der Artikel »Weltniveau« in ›Spex‹ 1/1990.

14 Für die Ratschläge hinsichtlich der Auswahl und Zusammenstellung der Beiträge und auch für inhaltliche Diskussionen danke ich Andreas Fanizadeh.

Texthinweise

Die Beiträge veröffentlichte der Autor in den letzten Jahren in verschiedenen Publikationen. Für diesen Band wurden sie durchgesehen und überarbeitet.[14]

South Central I Auszug aus: Yo! Rap Revolution, Buchverlag Michael Schwinn, Neustadt, 1992

South Central II aus: Konkret, 6/1992

»Krieg der Rassen«? aus: Spex, 8/1988

Malcolm X für alle aus: Konkret, 3/1993 und »Zur Aktualität von Malcolm X«, Nachwort zu: Malcolm X – Die Autobiographie, Agipa-Press, Bremen 1993

Black Radical Tradition Auszug aus: Die Angst vor einem schwarzen Planeten, in: ak 343/Juni 1992

Assata Shakur aus: Network Press, 91/1990

Broadwater Farm aus: ak, 284/Juni 1987

Linton Kwesi Johnson aus: Spex, 10/1991

Jungle Brothers aus: Spex, 10/1990

X-Clan aus: Network Press, 87/1990

Arrested Development aus: Szene Hamburg, 3/1993

The Disposable Heroes Of HipHoprisy aus: Spex, 5/1992

Jimi Hendrix aus: Zounds, 9/1992

Ice Cube aus: Szene Hamburg, 3/1993

Let's Talk About Sex And Violence aus: Yo! Rap Revolution, 1992

Greetings To All Raggamuffins und *Wicked in Bed* aus: Worte wie Feuer – Dance Hall Reggae und Raggamuffin, Buchverlag Michael Schwinn, Neustadt 1992

Madman aus: Interview mit Lee Perry, Network Press 87/1990

Heimat Babylon aus: Network Press 55/1988

Hip Hop Reggae aus: Network Press, 14/1988

Shelly Thunder aus: Network Press, 83/1990 und »Interview mit Massive Attack« in: Network Press, 2/1991

Apache Indian aus: Spex, 4/1992

Lieutenant Stitchie aus: Spex, 3/1990

The Year Punk-Rock-Rap Broke aus: Black, Arts & Dance, 2/1990

Rap – das neue Ding Auszug aus: Yo! Rap Revolution, 1992

Josephine Baker aus: Network Press, 4/1991

Public Enemy aus: Spex, 6/1990

The New Power Generation aus: Yo! Rap Revolution, 1992

Wild Turntable aus: Network Press 68/1988

Rock Da House aus: Network Press, 81/1989

Schnauze Deutschland aus: Szene Hamburg, 5/1990

I Got The Power aus: Szene Hamburg, 8/1990

Krauts With Attitude aus: Yo! Rap Revolution, 1992

80 Millionen Hooligans aus: Beiheft zur gleichnamigen EP, Sub Up Records, 1992

Fremd im eigenen Land aus: MZEE, Ausgabe Nov.92 – Jan.93

Kill The Nation With A Groove aus: Spex, 9/1992